O Livro das Origens

CONSELHO EDITORIAL

Beatriz Mugayar Kühl – Gustavo Piqueira
João Angelo Oliva Neto – José de Paula Ramos Jr.
Lincoln Secco – Luís Bueno – Luiz Tatit
Marcelino Freire – Marco Lucchesi
Marcus Vinicius Mazzari – Marisa Midori Deaecto
Paulo Franchetti – Solange Fiúza
Vagner Camilo – Wander Melo Miranda

Geraldo Holanda Cavalcanti

O Livro das Origens

UMA LEITURA DESCOMPROMETIDA DO GÊNESIS

Ateliê Editorial

Copyright © 2021 Geraldo Holanda Cavalcanti

Direitos reservados e protegidos pela Lei 9.610 de 19 de fevereiro de 1998.
É proibida a reprodução total ou parcial sem autorização, por escrito, da editora.

Dados Internacionais de Catalogação na Publicação (cip)
(Câmara Brasileira do Livro, sp, Brasil)

Cavalcanti, Geraldo Holanda
O Livro das Origens: Uma Leitura Descomprometida do Gênesis / Geraldo Holanda Cavalcanti. – Cotia, sp: Ateliê Editorial, 2021.

isbn 978-65-5580-025-8

1. Bíblia A.T. Gênesis 2. Bíblia. A.T. Gênesis – Crítica e interpretação I. Título.

20-46584   CDD-222.1106

Índices para catálogo sistemático:
1. Gênesis: Interpretação e crítica   222.1106

Cibele Maria Dias – Bibliotecária – crb-8/9427

Direitos reservados à
Ateliê Editorial
Estrada da Aldeia de Carapicuíba, 897
06709-300 – Granja Viana – Cotia – sp
Tel.: (11) 4702-5915
www.atelie.com.br | contato@atelie.com.br
facebook.com/atelieeditorial | blog.atelie.com.br
2021

Printed in Brazil
Foi feito o depósito legal

Ambos lemos a Bíblia dia e noite;
Mas você lê preto onde eu leio branco!
WILLIAM BLAKE[1]

Não são as partes da Bíblia que eu
não entendo que me preocupam,
mas aquelas que eu entendo.
MARK TWAIN[2]

1. "*The Everlasting Gospel*", em *The Oxford book of English Mystical Verse*, 2000, on-line edition, Bartleby.com, Inc. ("Both read the Bible day and night; / But you read black where I read white!").
2. Citado em Dan Barker, *Godless*, p. 222. ("It ain't those parts of the Bible that I can't understand that bother me, it is the parts that I do understand").

Sumário

Apresentação 13

Introdução 15

I. A Bíblia, Livro Revelado 19
    revelação e ciência 20
    autoria 22
    tradição e tradução 28
    os nomes de deus 34

II. A Criação 37
    por que a criação? 37
    o homem: a tese criacionista 39
    o criador 41
    as etapas da criação 45
    primeira versão 46
        Cosmologia de Bolso 51
    primeiro dia 53
    segundo dia 58
    terceiro dia 59
    quarto dia 60
    quinto dia 61
    sexto dia 62
        Rudimentos de Antropogênese Científica 71

SÉTIMO DIA (CAPÍTULO 1) 73
Por que Sete Dias? 74
SÉTIMO DIA (CAPÍTULO 2) 76
A CRIAÇÃO DA MULHER 79
OS NOMES DE ADÃO E EVA 82

III. A "Queda" 85
A SERPENTE 86
O FRUTO PROIBIDO 89
O TENTADOR 91
Noções Sumárias de Demonologia 93
AS MALDIÇÕES 96
A EXPULSÃO 98
O PECADO E O PECADO ORIGINAL 99
OS GUARDIÕES DO ÉDEN 104
O FIM DO "PARAÍSO" 105

IV. Caim e Abel 109

V. Os Gigantes 113

VI. O Dilúvio 115

VII. Noé 125

VIII. A Torre de Babel 129

IX. Abraão 133
O RISO DE SARA 143
JOSUÉ: UMA HISTÓRIA INTERCALADA 144
O CRIME DO POVO DE GABAÁ, SEGUNDA HISTÓRIA INTERCALADA 149
LÓ: TERCEIRA HISTÓRIA INTERCALADA 151
VOLTANDO A ABRAÃO 155

X. Isaac 159

XI. Jacó 169

XII. José 189
O COMEÇO 189
INTERLÚDIO SOBRE A HISTÓRIA DE TAMAR 191
O FIM 193

XIII. As Doze Tribos de Israel 199

XIV. Do Amor de Deus e do Amor a Deus 203

APÊNDICES

I. Os Mandamentos, os Estatutos e as Normas da Lei Divina

I. Os Mandamentos 211

II. Os Estatutos e as Normas 219

III. As Punições 225

II. Tratado Mínimo de Angeologia

I. Aproximação à Angeologia 235
 O anjo no antigo e no novo testamento 235
 Hierarquia angelical 236
  Primeira Tríade: Serafins, Querubins, Tronos 236
   Os Serafins 236
   Os Querubins 239
   Os Tronos 242
  Segunda Tríade: Dominações, Potestades, Virtudes 243
   As Dominações e as Potestades 243
   As Virtudes 244
  Terceira Tríade: Principados, Arcanjos, Anjos 244
   Os Principados 244
   Os Arcanjos 246
   Os Anjos 250
    O que são os Anjos 250
    A Criação dos Anjos 251
    O Número dos Anjos 252
    A Aparência dos Anjos 253
    O Sexo dos Anjos 255
    As Funções dos Anjos 257
    O Anjo do Senhor 259
    O Anjo Exterminador 260
    Os Anjos da Guarda 266
    Os Anjos das Igrejas 268

II. Rudimentos de Demonologia 271
    O DEMÔNIO: PRELIMINARES 271
    ORIGEM DOS DEMÔNIOS 272
    A CRIAÇÃO DOS DEMÔNIOS 275
    O NÚMERO DOS DEMÔNIOS 276
    O DEMÔNIO NO ANTIGO TESTAMENTO 277
    O DEMÔNIO NO NOVO TESTAMENTO 278
    OS NOMES DO DEMÔNIO 282
        Asmodeu 282
        Beelzebu 282
        Belial 284
        Lúcifer 284
        Satã 284
        Satanás 285
        Diabo 288
        Outros Nomes 291
            O Maligno 291
            A Serpente 292
            O Dragão 292
    A APARÊNCIA DO DEMÔNIO 292
        (*Parêntese sobre o Enxofre*) 292
    A MORADA DO DEMÔNIO 293
        O Inferno 295
        O Xeol 298
        Abismo, Hades, Tártaro 300
        O Inferno 301
    AS RELAÇÕES ENTRE DEUS E O DEMÔNIO 302
    O FIM DOS DEMÔNIOS 305

Referências Bibliográficas 307

Apresentação

O *Livro das Origens: Uma Leitura Descomprometida do Gênesis,* como diz o título, busca ser uma leitura imparcial do Gênesis da Bíblia cristã. O texto bíblico é analisado, na medida do possível, como narrativa autorreferente, livre da carga exegética de natureza semântica, sectária, erudita ou confessional. O leitor terá a atenção chamada a todo instante para a literalidade da narração, com suas incoerências e contradições.

Documento literário histórico, o Gênesis terá sofrido a irremediável influência de mitos e de textos literários religiosos de civilizações a ele anteriores ou dele coetâneos. O presente texto detém-se constantemente nesse aspecto intercultural e literário.

Diferentemente do que faz a bibliografia mais corrente sobre o tema, a obra pretende ressaltar a concomitância da criação dos seres humanos com a dos seres espirituais. A história de uma não pode ser narrada sem a presença da outra. Isso se torna aparente desde o primeiro momento da narração da vida do par adâmico com o surgimento do mal dentro do jardim do Éden.

Para não desviar o leitor do fluxo narrativo da história da criação do homem, uma breve sinopse sobre a criação dos seres espirituais foi incluída, em anexo, como subsídio, sob o título de "Tratado Mínimo de Angelologia", que inclui, como é óbvio, um capítulo dedicado aos anjos fiéis, e outro, intitulado "Rudimentos de Demonologia", dedicado aos anjos infiéis.

No que respeita à criação do ser humano é dada a necessária atenção à divergência entre as duas opostas narrações bíblicas sobre a criação do homem e da mulher, contidas no primeiro e no segundo capítulos do Gênesis, das quais resulta a desqualificação da mulher na história da humanidade nas sociedades herdeiras da Bíblia judaico-cristã.

O livro trata sucintamente da contribuição trazida pelos patriarcas – Abraão, Isaac, Jacó e José – para a consolidação da história do Povo da Bíblia, dando o necessário realce ao que cada um trouxe para a tradição histórica.

Embora se restrinja ao primeiro livro da Bíblia, para seu correto entendimento são indispensáveis incursões em outros livros da Bíblia onde estão registrados os Mandamentos, os Estatutos e as Normas que devem reger o comportamento do Povo Eleito de Iahweh, o que requer a consulta aos capítulos apropriados do *Êxodo*, de *Números* e do *Deuteronômio*.

O Autor

Introdução

Há uma longa tradição católica que ensina a usar a Bíblia como fonte inesgotável de sabedoria, conselho e conforto espiritual, bastando, para tanto, abri-la, aleatoriamente, e ler o texto onde se fixem os olhos. Esse procedimento divinatório procede, em linha direta, do costume pagão, oriundo da Grécia antiga e vigente até princípios da Renascença, conhecido com o nome de *Sortes Virgilianae et Homericae*, que consistia em buscar na *Eneida*, ou na *Odisseia*, vaticínios quanto à fortuna pessoal do consulente. O cicerone de Dante gozou de grande prestígio entre os cristãos na transição da Idade Média para a Renascença, a ponto de ser conferida natureza sagrada a seus textos, particularmente à quarta écloga, na qual se percebiam alusões messiânicas. O papa Nicolau I (885-964) deu foros de legitimidade ao procedimento ao autorizá-lo a ser feito com a Bíblia. Do prestígio das *Sortes Virgilianae*, como são comumente mencionadas a partir de então, dá exemplo o capítulo x do terceiro livro de *La Vie Très Horrifique du Grand Gargantua Père de Pantagruel* (*A Vida Muito Horrífica do Grande Gargântua Pai de Pantagruel*), de Rabelais, no qual Pantagruel oferece a Panurge, hesitante quanto à decisão de casar-se, uma grande lista de exemplos históricos de bons resultados obtidos com o recurso. Mas, talvez, as palavras mais importantes a reter de seus conselhos, sejam, precisamente, as com que refuta a eficácia dos vaticínios aleatórios: "*N'estez vous pas sûr de votre volonté? Le point principal y gît, tout le reste est fortuit et ne dépend que des fatales dispositions du ciel"* ("Não estais seguro de vossa vontade? Aí reside a questão principal, todo o resto é fortuito e não depende senão das fatais disposições do céu")[1].

O presente livro nasceu de uma aposta comigo mesmo. Num almoço, em Petrópolis, que reuniu um grupo de pessoas de variada formação intelectual, há mais de uma década, aconteceu-me conversar longamente com uma amiga cujo marcante traço de personalidade era ser possuidora de uma fé católica tranquila que fazia suave tudo o que dizia. Minhas dúvidas e inquietações espirituais, reveladas em um livro que estava escrevendo e publiquei alguns anos depois[2], contrastavam de forma contundente com sua placidez confiante. Disse-me ela que a devia ao costume que tinha de começar o dia com a leitura de alguma página da Bíblia, aberta ao acaso, o que sempre lhe trazia conforto e segurança. E sugeriu-me fazer o mesmo. Não estava errada. A ex-freira americana, Karen Armstrong, hoje prolífica autora de livros sobre religião, diz que ninguém lê um livro sagrado em busca de informação, mas de uma experiência[3]. O que é certo. A experiência procurada por minha amiga era o conforto da fé. E isso ela encontrava, para seu benefício. A mão de minha amiga deve, não propositadamente, é claro, ter-se dirigido predominantemente para o Novo Testamento, pois é difícil supor que só tenha encontrado boas luzes para seu entendimento, e bons conselhos para sua vontade, no Antigo. Este, como se sabe, é, para o católico, o conjunto dos livros considerados canônicos pelo judaísmo, antes do cristianismo, a Torá, acrescido dos livros não canonizados pelos judeus, os chamados Deuterocanônicos, que integram o Cânone cristão: os livros de Esdras, Judite, Ester, o Primeiro e o Segundo Macabeus, o Salmo 151, o Eclesiástico e o livro de Baruc. No presente livro a palavra Bíblia cobre, indistintamente, a Bíblia hebraica e tanto os Deuterocanônicos quanto o Novo Testamento.

Dediquei-me, por alguns dias, a interpelar a Bíblia na forma indicada por minha amiga. E foi funesto o experimento. Caíram-me sob os olhos o capítulo 8 de Josué e a série das matanças necessárias para desocupar a Terra

---

1. *Œuvres de Rabelais: Adaptation en Français Moderne par Jean Garros*, Henri Beziat Éditeurs, 1936, pp. 249-250.
2. Trata-se da obra *O Cântico dos Cânticos: Um Ensaio de Interpretação Através de suas Traduções*, São Paulo, Edusp, 2005.
3. Karen Armstrong, *In the Beginning – A New Interpretation of Genesis*, New York, Ballantine, 1997, p. 4.

Prometida para o povo de Iahweh. Nova tentativa levou-me, no Gênesis, às mentiras de Abraão ao Faraó, primeiro, e depois ao rei de Gerara, Abimelec, que, para salvar a pele, entrega sua esposa, Sara, aos respectivos haréns daqueles soberanos, um expediente que Isaac reproduzirá, muitos anos mais tarde, com o mesmo Abimelec, enganando-o a respeito de Rebeca. Outra tentativa, e encontro Ló oferecendo as filhas virgens à luxúria dos homens de Sodoma para que deixassem em paz os hóspedes que abrigava. E sucediam-se episódios constrangedores, ora a trapaça de Jacó, em conluio com a mãe, para roubar a primogenitura de Esaú e a bênção de Abraão; ora Iahweh ordenando ao mesmo Abraão matar Isaac, o filho único, para testar sua fidelidade, da mesma forma como, mais tarde, pactuando com Satanás para testar a de Jó; ora Davi mandando matar Urias, para surrupiar-lhe a mulher, Betsabeia, por sinal a progenitora do grande Salomão, o das trezentas mulheres e seiscentas concubinas; ora... mas por que continuar? A série é imensa e logo compreendi a razão de o livro sagrado ter tido o acesso negado aos seus fiéis pela Igreja, colocando-o no *Index Librorum Proibitorum* e, por tantos séculos, não poder aparecer nas prateleiras das estantes dos lares católicos, pelo menos até os anos da minha adolescência.

Todo o conhecimento que nos era dado, entre as famílias mais fervorosamente religiosas, e nos colégios aos quais nossos pais entregavam a formação de nossas mentes e a salvação de nossas almas, era o que derivava das versões bowdlerizadas das Histórias Sagradas e o condensado nas fórmulas aforísticas dos catecismos para preparação da primeira comunhão.

O presente ensaio não pretende fazer uma análise comparativa dos textos bíblicos do Gênesis, em suas versões canônicas – hebraica, latinas, e vernáculas para diversos idiomas – como a elaborada para apoiar a tradução brasileira do Cântico dos Cânticos, por mim empreendida em obra anterior[4], mas reduz-se a comparações entre os textos do Gênesis nas Vulgatas latinas – a Clementina, influenciada pela versão grega do hebraico e do aramaico, trabalhada por São Jerônimo, que serviu de texto litúrgico até meados do século XX – e a Nova Vulgata, resultante da revisão inspirada no recurso às fontes hebraicas mais primitivas, pelos exegetas beneditinos da Escola de Jerusalém, na primeira metade do século XX,

---

4. Geraldo Holanda Cavalcanti, *O Cântico dos Cânticos: Um Ensaio de Interpretação Através de suas Traduções*, São Paulo, Edusp, 2005.

aprovada pelo Pontífice João Paulo II para uso litúrgico pela Constituição Apostólica, datada de 15 de abril de 1979. Para o texto vernáculo, foi usada a nona edição revista, de 1985, da tradução francesa da *Bíblia de Jerusalém* (BJ), na sua edição de 1973, publicada conjuntamente pela Sociedade Bíblica Católica Internacional e a editora Paulus. Para o texto judaico foi utilizada *The Jewish Study Bible*, da Jewish Publication Society, editada pela Oxford University Press (JB), e para a versão protestante, *The New Oxford Annotated Bible, An Ecumenical Study Bible* (OAB), na sua terceira edição revisada, igualmente publicada pela Oxford University Press. Para controle da interpretação canônica católica do texto vernáculo foi utilizado o *Catecismo da Igreja Católica, Edição Típica Vaticana,* na sua tradução brasileira, aprovada pela Conferência Nacional dos Bispos do Brasil, em 1998, que a reconhece "como texto de referência, seguro e autêntico, para o ensino da doutrina católica".

I
A Bíblia, Livro Revelado

A tese da revelação é particularmente importante para as "religiões do Livro", como são chamadas as que derivam sua doutrina da Bíblia Sagrada. No caso das demais religiões, seu arcabouço mítico é transmitido, basicamente, por via oral, e os livros muitas vezes são meros registros de crenças e de preceitos de conduta, não textos revelados pela divindade. Para os filhos de Abraão, no entanto, a sacralidade do livro é de tal natureza que não se admite possa nele conter-se qualquer erro, e seus pontos obscuros, suas ambiguidades, suas contradições são atribuídas a falhas humanas na sua leitura e não a deficiências intrínsecas do texto revelado. Lê-se no *Catecismo* que Deus serviu-se da pena de homens por ele escolhidos para que escrevessem nos livros sagrados suas palavras, agindo como se fossem autores, mas, neles escrevendo, ou transcrevendo, "tudo e só aquilo que ele próprio queria" (p. 106). A responsabilidade pelo que está escrito é, portanto, divina, somente divina e totalmente divina. Como, porém, os escribas tiveram que levar em conta as condições da época e da cultura contemporâneas, os gêneros literários em uso e os modos então correntes de sentir, falar e narrar, diz o Catecismo, pode dar-se o caso de que a mensagem divina não se torne clara para pessoas de outras épocas e lugares, necessitando para sua correta compreensão o auxílio da Tradição Sagrada e, mais especialmente, a mediação do Magistério da Igreja. No caso do catolicismo, articulou-se mesmo um mecanismo para zelar pela autenticidade da interpretação da revelação e pela manutenção de um veículo para o recebimento de novas revelações. Desconfiada da autenticidade de revelações feitas diretamente a indivíduos, como na Antiguidade aos profetas, tomou a si a Igreja (ou o recebeu dos Apóstolos, segundo a Tradição) o *depositum fidei*, ou seja, o monopólio veicular para as comunicações divinas.

Na medida em que ela é a herdeira messiânica, torna-se única intérprete legítima da Revelação. Seguindo os passos de Karl Barth, seríamos obrigados a reconhecer que a verdadeira Revelação é o resultado da encarnação de Cristo. Não fosse "a compaixão e a condescendência" de Deus fazendo-se homem, "a Palavra eterna permaneceria eternamente oculta de nós" [*sic*]. "Só a Encarnação é Revelação em seu sentido estrito." Fora da Igreja "não pode haver tal coisa como a fé na revelação, ou compreensão alguma dela"[1]. Uma posição tão radical torna insubstancial todo debate hermenêutico da Bíblia como livro revelado, como o que se segue, ao qual, no entanto, me obrigo.

REVELAÇÃO E CIÊNCIA

As contradições entre a verdade científica – poderíamos chamá-la de a verdade descoberta – e a verdade revelada encontram diferentes abordagens para serem resolvidas, ou explicações para não serem elucidadas. Vamos nos abster de tomar partido nessa polêmica. A nós, mais nos ocupa, ou preocupa, explicar as contradições *internas* do texto bíblico, pois, se escrito *digito Dei*, tais contradições nele não deveriam existir. Ora, elas não só existem como são, por vezes, exemplarmente relevantes por suas consequências para a própria doutrina e sua imposição interpretativa dogmática.

Em muitos casos, tais contradições são tidas como ambiguidades de interpretação. É conhecida a doutrina de São Bernardo, baseada em Irineu, de que a linguagem bíblica era uma espécie de *machina* através da qual o redator divino adaptava à inteligência humana a formulação de teses de

---

1. Karl Barth, "A Teologia da Palavra de Deus", em H. R. Mackintosh, *Teologia Moderna, de Schleiermacher a Bultmann*, pp. 292 e ss.

difícil entendimento para os estágios históricos em que foram formuladas. Tal teoria encontrou aplicação privilegiada para a interpretação metafórica do Cântico dos Cânticos[2]. Embora defendida por mais de vinte séculos, no caso de sua aplicação ao Cântico, foi abandonada a partir dos anos oitenta do século XX, no pontificado de João Paulo II, abandono de certo modo ratificado por Bento XVI na primeira Encíclica de seu pontificado[3]. Continua a prevalecer, no entanto, em outras questões fundamentais, inclusive e principalmente, no que se refere à leitura do Pentateuco, em especial a dos capítulos iniciais do Gênesis, conforme se pode verificar no Catecismo.

A hipótese da revelação suscita problemas que desafiam qualquer capacidade especulativa. Régis Debray se pergunta, por exemplo, se, sendo certo que o homem primitivo, com uma capacidade cerebral igual à nossa, já demonstrando sua crença num além, ao qual recomendava os seus mortos, existe há pelo menos cem mil anos, por que a defasagem tão grande entre esse alvorecer do sentimento religioso e a revelação que pudesse guiá-lo na compreensão do seu destino, o que só ocorrerá aí pelos séculos XII ou XI a.C.?[4] E, aprofundando o raciocínio, por que endereçá-la originalmente a um povo iletrado, inculto e isolado num deserto, sem uma escrita que pudesse assegurar a autenticidade da mensagem transmitida? Aplica-se, aqui, a questão suscitada por Sloterdijk sobre a tempestividade da revelação. O conceito de revelação designa "uma mensagem antecipatória" da capacidade de conhecimento humano que obriga o destinatário "a dar provas de uma submissão reconhecida" que os fatos obrigam a contradizer com conhecimentos adquiridos sem ambiguidade[5]. Donde a questão da sua oportunidade.

Essa questão está diretamente relacionada à da formação do cânone das sagradas escrituras. Em algum momento, menos de mil anos a.C., a tradição oral começa a ser registrada em textos escritos. Nenhum desses textos originais foi encontrado. Conhecem-se cópias, secularmente posteriores, com versões nem sempre compatíveis entre si, e frequentemente contraditórias até dentro de um mesmo texto, que a hermenêutica

---

2. Geraldo Holanda Cavalcanti, *O Cântico dos Cânticos: Um Ensaio de Interpretação Através de suas Traduções*.
3. Geraldo Holanda Cavalcanti, "O Cântico dos Cânticos – O Fim do Alegorismo", *A Ordem*, ano 85, vol. 95, Rio de Janeiro, 2006.
4. Régis Debray, *Deus: Um Itinerário*, São Paulo, pp. 33 e ss.
5. Peter Sloterdijk, *A Loucura de Deus: Do Combate dos Três Monoteísmos*, pp. 22-24.

contemporânea já pôde identificar (e a própria Igreja aceitar), como representativas da pena de alguns autores ou de algumas escolas de pensamento. Veremos isso mais adiante. Afinal, porém, quem decide dessas versões sobreviventes quais são os textos realmente inspirados e, neles, quais das versões, e mesmo quais versículos ou palavras, correspondem aos originalmente revelados?

O fechamento do Cânone determina a conclusão da Revelação inspirada individualmente. Nada está dito na Bíblia que possa ser interpretado como haver ela encerrado o capítulo das revelações. Ao contrário, poder-se-ia mesmo pensar que São João abre a possibilidade de que esta continuasse com o "outro Paráclito", prometido nas palavras de Jesus no sermão com que se despede dos apóstolos antes da paixão (Jo. 14:16). Ao tomar a si o monopólio veicular da revelação continuada, a Igreja católica passou à figura do Papa, em suas proclamações dogmáticas, o privilégio do recebimento das manifestações proféticas ou visões particulares da divindade. Nenhuma outra possibilidade existe há vinte séculos para que Deus possa escolher manifestar-se diretamente a um ser individual.

AUTORIA

Por autoria, aqui, temos que dispensar a posição fundamentalista que a atribui diretamente a Deus e concentrarmo-nos na menção a seus escribas.

Por muito tempo, a autoria do Gênesis, como a de todo o Pentateuco, foi atribuída a Moisés, não obstante o fato de o Pentateuco terminar com a descrição da morte e enterro do próprio suposto autor. Uma tradição rabínica afirma que esse fato não invalida a tese da autoria de Moisés, pois, tendo o livro sido ditado por Deus, este, o autor, poderia ter antecipado ao profeta a notícia de sua própria morte, o que Moisés teria transcrito "às lágrimas", segundo o comentarista da *The New Oxford Annotated Bible* (OAB, 4)[6]. Moisés teria sido, assim, apenas o escriba de uma revelação divina da qual, diz o *Catecismo*, foi o Espírito Santo seu "autor principal" (p. 304). Expressão que abre espaço para a pergunta: se o Espírito

---

6. *The New Oxford Annotated Bible: New Revised Standard Version With the Apocrypha*, Oxford University Press, 1989, doravante OAB.

Santo não é o *autor* único da Bíblia, mas apenas seu *autor principal*, quem são os demais autores? Os escribas? Mas esses, veremos, se contradizem entre si até mesmo nas questões mais relevantes. Como distinguir, então, nos textos contraditórios, o que é da autoria do Espírito Santo, portanto revelado, do que é da autoria dos escribas, o texto interpretado?

Autor principal não existe, por exemplo, no caso do Alcorão, onde cada palavra individual de Alá vem ditada a Maomé, que a transmite ao escriba, Abdullah. É conhecido o episódio no qual, tendo Maomé aceitado, em certa ocasião, a sugestão dada por Abdullah, seu escriba, de algumas palavras para completar uma frase que lhe estava sendo ditada por Deus, perdeu o próprio escriba a fé em Alá por não se julgar digno de conhecer, por antecipação, o pensamento do Ser Supremo, não sendo garante, pois, do que estava escrevendo. Podemos aproximar dessa questão a polêmica a respeito do capítulo VI das profecias de Baruc. Declarado canônico pelo Concílio de Trento, permanece presente nas bíblias católicas. A hermenêutica contemporânea parece estar acorde, no entanto, em que o texto é provavelmente uma compilação de vários autores, o que reabre a questão de ser um texto revelado, e, por conseguinte, digno de figurar no Cânone. O pensamento conservador da Igreja resolve a questão como faz a enciclopédia católica *New Advent*, da seguinte maneira:

> Se alguém julgar inadequados os argumentos contrários à inautenticidade do texto de Baruc, ao comprovar a intercalação de partes a ele muito posteriores [por exemplo, a inferência de que alguma parte do mesmo seja tão recente quanto o ano 70 da era cristã], o caráter inspirado do livro permanece inalterado, *provided this later editor himself be regarded as inspired in his work of compilation* ("desde que esse ulterior editor seja considerado inspirado, ele próprio, em sua compilação").

Levando o raciocínio às últimas consequências, podemos dizer, como Werner Jaeger, interpretando palavras de Gregório de Nissa, que "só é o verdadeiro intérprete do texto sagrado o homem que possui o espírito, isto é, só o Espírito Santo é realmente capaz de compreender a si mesmo"[7]. Donde: *Veni creator spiritu!*

A hermenêutica bíblica, enriquecida nos últimos cem anos por estudos filológicos, arqueológicos e paleográficos, de crentes e descrentes

---

7. Werner Jaeger, *Cristianismo Primitivo e Paideia Grega*, pp. 119-120.

com espírito científico, pôde comprovar, que, no conjunto, a Bíblia não oferece uma coerência temática e uma unidade estilística que possam assegurar provir seu texto de uma fonte única.

Desde as primeiras linhas do Gênesis é possível verificar que há mais de um narrador e não somente são distintos os seus estilos, mas diversas, também, as suas concepções teológicas. Não estamos, pois, diante de escribas da revelação ditada, mas de narradores autônomos, por conseguinte de autores a título integral do texto bíblico. Essa contestação, resultado de estudos hermenêuticos iniciados no século XIX, que teria levado à fogueira quem a ousasse enunciar poucos séculos antes, é hoje admitida, contraditoriamente, pela própria Igreja, sem, contudo abandonar a tese da autêntica revelação.

São quatro os principais autores hoje reconhecidos como presentes no texto bíblico, identificados pela linguagem, utilização de distintas designações para o nome de Deus, características dominantes de pensamento – naturalismo, antropomorfismo, moralismo ou legalismo –, e até por uma observada monotonia estilística ou a obsessão por números e genealogias:

- J, ou o javista, porque a Deus se refere como Iahweh. Nas traduções inglesas aparece como "Lord". Na *Bíblia de Jerusalém* (doravante BJ) como "Iahweh Deus". Provavelmente do Reino do Norte, escreve entre o século X e o IX. É a versão mais antiga.

- E, o eloísta, porque dá a Deus o nome de Elohim, nome comum, plural de Eloá. Nas traduções inglesas aparece como "God". Na BJ como "Elohim" ou "Deus". É do Reino do Sul e deve ter escrito no século VIII.

- D, ou o "deuteronomista". É o nome dado ao autor do texto descoberto no templo de Jerusalém em 621, quando os habitantes do Norte se refugiaram em Judá após a queda da Samaria. D inicia um processo de fusão das duas versões anteriores e acresce novo material ao *corpus* bíblico, contribuições que não aparecem no resto do Pentateuco, embora sejam a fonte de outros livros da Bíblia. Basicamente procura, à luz de documentos à época encontrados, restaurar a pureza original da fé judaica. Teria produzido um livro que ficou desaparecido. Sua narração se inicia com Moisés e ressalta o tema da obediência. Não é leniente com os reis israelitas, ao contrário do que faz com os de Judá. Reflete as ideias reformistas de Josias.

- E P, da palavra alemã *Priesterkodex*, normalmente referido nas demais línguas como a "fonte sacerdotal". Seguramente pós-exílico, reflete, claramente, o propósito de conciliar visões teológicas diversas. Deve ter sido escrito por algum sacerdote de Jerusalém depois da volta do povo hebreu do exílio, cerca dos séculos VI e V. Ao fazê-lo, incorpora ao texto, anacronicamente, no que diz respeito ao Gênesis, práticas religiosas só então vigentes entre os povos hebreus, como a observância do Sabá, a obrigação da circuncisão e algumas leis reguladoras do culto que remontam à Aliança do Sinai.

Essa cronologia é altamente especulativa e varia de autor para autor. Tais autores não são necessariamente individuais e devem ser considerados como representativos de maneiras específicas de encarar e narrar a tradição da história de Israel. A tendência atual é considerar que as características que individualizam os diversos chamados autores correspondem mais precisamente a "escolas" de pensamento.

A tradição javista é essencialmente antropomórfica. Deus passeia no jardim para gozar da brisa da tarde, faz figurinhas de barro, conversa com suas criaturas (em hebraico, segundo Santo Agostinho), confecciona vestes para o par expulso. A eloísta mostra um Deus sóbrio, seco, distante. No Gênesis é o Deus criador. Nos demais livros não aparece ao homem. Com ele se comunica por sonhos ou através de profetas. Em D, Deus está escondido. Não se mostra e quando se revela o faz de dentro de fogo e fumaça. O templo que faz construir não é sua residência na terra, mas a habitação de seu nome (Dt. 12:11). P se preocupa com a ordem, os limites, a hierarquia sacerdotal.

Se forem as características formais as que mais facilmente revelam a titularidade diferente de capítulos, e até de versículos no interior de capítulos, é possível detectar diferenças mais profundas, de natureza teológica, que refletem as disputas conceituais entre os povos da Bíblia, muitas vezes transportadas a excessos de batalhas tribais. O exemplo clássico é o da diferença radical das duas versões da criação, de que trataremos mais adiante.

Graças ao trabalho hermenêutico, desenvolvido, sobretudo, no século XX, é hoje possível distinguir a autoria de seções inteiras da Bíblia e até de versículos de um autor interpolados no corpo de outro versículo ou autor. O texto final, posteriormente canonizado, não alcança, porém, aquele objetivo de unidade e coerência interna procurado por P e permanecem no corpo da Bíblia não apenas variações importantes na narração dos episódios, mas contradições insolúveis e incoerências inexplicáveis. Não há como escondê-las. A própria BJ aponta as principais, sem, contudo, considerar exaustiva a sua lista. Assim, anota existirem nas páginas do Gênesis duas versões distintas da criação (1:1-2:4 e 3:24); duas genealogias de Caim (4:17 e s. e 5:12-17); dois relatos do dilúvio, combinados em um só (6-8); duas expulsões de Agar (16 e 21); três narrações da desventura da mulher de um patriarca em país estrangeiro (12:10-20; 26:1-11); duas histórias combinadas de José e seus irmãos nos últimos capítulos do Gênesis; duas narrações da vocação de Moisés (Êx. 3:1-4 e 17, e 6:2-7, 7); dois milagres da água em Meriba (Êx. 17:1-7, e Nm. 20:1-13); dois textos do Decálogo (Êx. 20:1-17 e Dt. 5:6-21); e quatro distintos calendários litúrgicos (Êx. 23, 14-19; 34:18-23; Lv. 23 e Dt. 16:1-16)[8]. É fácil acrescentar outros exemplos a esta lista, dos quais nos ocuparemos a seguir, e até no Novo Testamento, que não é objeto de nossa análise.

A essa dificuldade, há que acrescentar – e isso a própria Igreja aceita expressamente – que muitas das histórias bíblicas têm suas raízes em mitos ancestrais ou ainda vigentes à época da redação dos textos, mitos transmitidos de geração em geração por via oral, de onde as inevitáveis variantes e contradições nas narrativas. Muitas dessas discrepâncias resultam de que as diferentes tribos de Israel sofreram distintas influências culturais e religiosas conforme suas histórias particulares nos dois reinos nos quais se estabeleceram. A isso há que acrescentar as incorreções derivadas da tradução e da interpretação dos textos decorrentes de atos voluntários ou involuntários dos copistas. A História conhece abundantes comprovações da frequência com que isso ocorre. Uma simples ilustração revela a periclitante natureza do trabalho de conservação dos textos. A maior parte da Bíblia foi escrita em hebraico, e uma parte menor em

---

8. Ver na "Introdução" ao Pentateuco, p. 23.

aramaico. As palavras hebraicas e aramaicas eram escritas apenas com as consoantes, ficando as vogais subentendidas. Pode-se bem imaginar a larga margem de erro possibilitada por essa maneira de transcrição da palavra oral. Nos textos mais antigos as palavras eram escritas emendadas, em linha corrida, sem sinais de pontuação, o que aumentava a dificuldade de identificação dos versículos e a possibilidade de construções de sentenças alternativas ou contraditórias, conforme pontuadas. As vogais só foram introduzidas entre os séculos VI e IX da nossa era, pelos chamados massoretas, e a separação do texto em capítulos data apenas do século XIII. A hermenêutica judaica (e a protestante) mantém-se atenta à possibilidade de reinterpretação das palavras como indicadas pelos massoretas, e as experimentações com novas vogais para preencher os radicais antigos têm conduzido a sucessivas revisões da versão King James da Bíblia, secularmente considerada como autorizada pelos protestantes. A tais dificuldades, temos ainda que acrescentar, no caso que mais afeta o leitor católico, as específicas na fixação do texto canônico latino, a *Vetus Latina*, baseado na tradução que do grego fez São Jerônimo, entre 382 e 405, posteriormente revisado e consolidado canonicamente em 1592, com a denominação de *Vulgata Clementina*. Por determinação do papa João Paulo II, como resultado de teses aprovadas pelo Concílio Vaticano I, esta última versão foi inteiramente revista, para incorporar os ensinamentos adquiridos a partir das pesquisas filológicas, arqueológicas e paleográficas desenvolvidas, sobretudo, pela Escola Bíblica de Jerusalém, fundada em 1890 pelo padre Marie-Joseph Lagrange, no convento dominicano de St.-Étienne, em Jerusalém. O resultado do trabalho da comissão bíblica encarregada dessa tarefa foi o texto que passou a intitular-se *Nova Vulgata*, promulgado como documento oficial da Igreja pelo mesmo João Paulo II, em 1979. O novo texto, além de incorporar a revisão de traduções exigidas pelo advento de novos conhecimentos científicos, reviu a própria canonicidade dos livros incorporados na *Vulgata Clementina*, dele retirando alguns dos textos apócrifos que ela havia abrigado. A revisão permitiu, ainda, descobrir a inadequada tradução na *Septuaginta* de conceitos hebraicos para os quais não existiam equivalentes gregos, afetando, assim, o sentido provável de textos originais. As traduções autorizadas da Bíblia cristã hoje difundidas apresentam-se todas como feitas diretamente dos textos hebraicos, muitos dos quais só recuperados e conhecidos em épocas recentes. Em 2001, o Vaticano, através da instrução *Liturgiam Authenticam*, estabeleceu a *Nova Vulgata* como referência para todas as traduções da liturgia do rito romano nas línguas vernáculas.

Tudo isso conduz à obrigação de uma leitura criteriosa da Bíblia, que admita a possibilidade de acumulação insanável de erros de transcrição, justificando, portanto, uma abertura da mente para revisões ulteriores a se somarem às que vêm sendo feitas milenarmente.

Fugindo completamente da tradição hermenêutica tanto cristã como laica, Harold Bloom sustenta, com argumentos literários e hermenêuticos, a tese da autoria feminina não só do livro do Gênesis, mas de todos os textos do Pentateuco que têm a marca javista. Demonstra, por exemplo, haver uma diferença quase que conceitual entre o Deus eloísta e o javista, havendo P procurado resolvê-la enfatizando o lado abstrato e impessoal do Deus eloísta, em detrimento do lado pessoal, mais identificado com o homem, do Deus javista. Diz poder-se observar que na versão javista não há heróis, apenas heroínas. Sara e Raquel são admiráveis, e Tamar, proporcionalmente ao espaço narrativo que ocupa, é, de longe, a mais viva figura em J. Já Abraão, Jacó e Moisés dele recebem um tratamento extraordinariamente ambíguo. Bloom procura, mesmo, reconstruir o que poderia ter sido a versão javista limpa, num texto corrido do qual exclui as interpolações feitas pela fonte sacerdotal[9]. Moacyr Scliar, provavelmente utilizando como provocação a tese da autoria feminina do Pentateuco, escreve um divertido livro intitulado *A Mulher que Escreveu a Bíblia*, imaginando um enredo passado na corte de Salomão, onde faz a autora ser a inspiradora do Cântico dos Cânticos[10]. Deixo o registro apenas como curiosidade.

TRADIÇÃO E TRADUÇÃO

A doutrina da Revelação requer a existência de um texto autêntico, o texto Ur, que contenha as palavras exatas ditadas ou inspiradas por Deus.

---

9. Harold Bloom, *O Livro de J*, pp. 30 e ss.
10. Moacyr Scliar, *A Mulher que Escreveu a Bíblia*, São Paulo, Companhia das Letras, 2007.

Ora, não existe um só exemplar "autêntico" do Antigo (AT), como, tampouco, aliás, do Novo Testamento (NT). Tudo o que se conhece são cópias de cópias de cópias em sucessão incontrolável. O problema consiste, assim, em poder determinar qual dessas cópias melhor pode corresponder ao que seria o texto Ur. Mesmo assim, que garantia poderia se ter de que o manuscrito mais antigo seria o autógrafo original? O texto em hebraico mais antigo foi, até a descoberta dos de Qumram em 1947, o encontrado numa sinagoga do Cairo, em 895. Anteriores a esse, são dois códigos em grego, o Vaticano, de 325, e o Sinaítico, de 340. Nada que pudesse anteceder a era cristã. Donde a conclusão do editor chefe da *The Oxford Hebrew Bible* de que as palavras da Escritura Sagrada não têm como ser analisadas porque "já não existem no mundo material" (Gên. 2-13, 190).

A questão não é ociosa. No último século expandiu-se de forma considerável o estudo comparativo dos manuscritos existentes tanto de livros do AT como do NT. E os resultados são estarrecedores.

Tomemos o caso das pesquisas sobre o Novo Testamento, por se referirem a uma época em que, sendo já difundida a arte da escrita, foi ampla a produção de manuscritos durante quase quinze séculos, até a invenção do livro impresso por Gutenberg.

Adolf Holl observa, por exemplo, que foram precisos trezentos anos para que a Igreja Católica chegasse à conclusão de quais evangelhos eram portadores da Revelação, e são conhecidos os debates, por vezes acesos, e até com recurso à violência física, que precederam uma parte significativa das instituições dogmáticas cristãs. Lembremos o vaivém das querelas sobre a adoção das palavras gregas *homoousian* ou *homoiusian*[11], para definir a natureza de Cristo, ou a cláusula latina *filioque*, em que o poder civil, com sua capacidade de imposição de penas, como o exílio de bispos de facções diferentes para trabalho forçado em minas, foi capital para se chegar a definições conciliares. Atanásio, posteriormente santificado, não hesitou em recorrer à violência física na defesa de suas posições doutriná-

---

11. A polêmica, iniciada ao tempo de Constantino, opunha Atanásio e seus partidários, para os quais as naturezas do Pai e do Filho na Santíssima Trindade eram "idênticas", *homoousian*, aos que defendiam os arianos, para os quais seriam apenas "semelhantes", *homoiusian*, o que afetava radicalmente a interpretação a ser dada ao Credo de Niceia.

rias[12]. A ele, na ocasião bispo de Alexandria, num dos intervalos entre os cinco exílios a que foi submetido, devemos a instrução dirigida aos monges egípcios para destruir todos os livros por ele considerados apócrifos, de modo a preservar a sobrevivência exclusiva dos livros que julgava canônicos. Alguns monges do Mosteiro de São Pacômio desobedeceram às ordens do zeloso bispo e preservaram exemplares dos livros proibidos escondidos dentro de urnas de barro nas cavernas de Nag Hammadi, no Egito, onde só vieram a ser descobertos em 1945, trazendo inestimável contribuição para a história e a compreensão do cristianismo primitivo.

Quanto aos argumentos para que os Evangelhos, os sinóticos e o de São João, fossem reconhecidos como canônicos, nem sempre correspondiam a reflexões aceitáveis pelo mais pedestre raciocínio. Irineu, Padre da Igreja, no século II, cujas ideias contribuíram para a consolidação de dogmas como os da Santíssima Trindade, da Eucaristia, da ressurreição da carne, da virgindade de Maria e do primado do bispo de Roma, justificava terem sido recolhidos no cânone apenas quatro, entre os quarenta ou mais textos que se apresentavam como "evangelhos", afirmando: "de fato não podem ser, nem mais, nem menos do que quatro" porque quatro são os pontos cardeais, quatro os ventos principais, quatro as criaturas sobre as quais Ezequiel viu o trono de Deus sustentado. Quatro, portanto, devem ser "os pilares que suportam o edifício doutrinal da Igreja" (*Contra as Heresias*, 3.11.7). Argumento, como se pode notar, irrefutável. Irineu que, por sinal, dizia ter recebido, ele próprio, revelações proféticas, se pergunta: "Como podemos nós conhecer a diferença entre a palavra de Deus e as meras palavras humanas?" E a mais pertinente resposta que encontra é a de que a prova está na realização da profecia. Por outras palavras, toda revelação provém de uma visão profética e sua veracidade se comprova pela realização da profecia. Nisso antecipava o pensamento de Mateus que se confirmava na autenticidade da revelação na Bíblia pela conformidade entre as profecias de Davi, Isaías, Jeremias e Zacarias, com acontecimentos da vida de Jesus, meio milênio a elas posteriores. Nesse ponto, Mateus é, hoje em dia, desacreditado pela mais erudita her-

---

12. O cardeal Pallavicini, em sua *História Eclesiástica*, diz que os 49 bispos participantes do Concílio de Trento chegaram a "arrancarem-se as barbas" (Arias, *A Bíblia e Seus Segredos*, p. 107).

menêutica. É mesmo acusado de tecer sua narrativa evangélica de modo a fazer os fatos se conformarem com as profecias para justificar sua interpretação tipológica do Antigo Testamento. Assim, tomando apenas um exemplo, Jesus teria realizado sua entrada triunfal em Jerusalém montado num burrico, acompanhado de uma jumenta, *para que* se cumprisse a profecia de Zacarias de que assim apareceria o Messias em sua entrada em Jerusalém (Mt. 9:9). Hugh Schonfield afirma que muitos atos de Jesus, este em particular, foram realizados expressamente conforme as profecias para justificar sua qualidade messiânica[13]. Essa interpretação, polêmica quando surgida, está reconhecida expressamente nas notas da BJ: "realizando esse gesto, Jesus *voluntariamente* aplicou a si a profecia e seu ensinamento"[14]. Em outros casos, a coincidência pode ter sido involuntária, resultado de uma inadequada tradução. Tal é o, já clássico, da equivocada tradução da palavra hebraica *almah* (jovem mulher), em Isaías (7:14), feita na *Septuaginta*, pela palavra grega *parthenos* (virgem), e desta traduzida para o latim (*virgo*) por São Jerônimo, dando origem à versão, posteriormente dogmatizada, da virgindade de Maria[15]. Ou, simplesmente, a verdade pode ser expressamente falsificada, como a versão do nascimento de Jesus em Belém, e não em Nazaré, como efetivamente ocorreu, para justificar a profecia do nascimento do Messias na cidade de Davi.

Os originais mais antigos do NT estariam em grego, na *Septuaginta*, mas só são conhecidos através das traduções para o latim, iniciadas por São Jerônimo. Estas, por sua vez, foram sofrendo alterações ao longo do tempo, e os livros compendiados, com variantes às vezes consideráveis, continuam a sofrer modificações. A *Vulgata Clementina*, oriunda do Concílio de Trento (1546), não é a tradução de São Jerônimo (século IV) e a *Nova Vulgata* (1979) não é a *Vulgata Clementina*. Um caso curioso é o da versão inglesa conhecida como a *King James*, de 1611, na sua *Authorized version*, de 1662, que tomou como base o texto grego preparado por Erasmo, conhecido como *Textus Receptus*, em 1516, este, de fato uma

---

13. Hugh Schonfield, *The Passover Plot*, p. 112.
14. *Bíblia de Jerusalém*, pp. 1877-1878.
15. Geraldo Holanda Cavalcanti, *O Cântico dos Cânticos: Um Ensaio de Interpretação Através de suas Traduções*, p. 255. Para um vasto e rigoroso estudo sobre a questão, veja-se o primeiro capítulo do livro de Naomi Seidman, *Faithful Renderings: Jewish-Christian difference and the Politics of Translation*.

tradução para o grego de diversos manuscritos, inclusive a *Vulgata* latina, baseada, por seu turno, na tradução do grego para o latim feita por São Jerônimo!

Toda tradução já é, na origem, uma interpretação, o que suscita a pergunta sobre se o espírito que dita o original preside, igualmente, o que escreve o tradutor. Nesse caso, não poderia haver variações no sentido do texto, mesmo quando as houvesse nas palavras, sendo mantida correta a mensagem revelada. O teólogo Karl Barth vai mais longe e admite a presença do Espírito Santo até mesmo durante a leitura da Bíblia para que o leitor não seja induzido em erro. Ora, por vinte séculos ou mais, as palavras reveladas foram, inicialmente, repassadas oralmente, e, quando começaram a ser escritas, o foram em cópias sucessivas de um original nunca encontrado. Se a passagem inicial de uma língua para outra já permite interpretações variadas, o que não ocorrerá na passagem de uma cópia para outra? Lembremos que para difundir a mensagem evangélica era necessário fazer, manualmente, tantas cópias dos livros sagrados, ou das cartas dos apóstolos, quantas fossem as comunidades a que se destinavam para leitura. Tais cópias podiam ser feitas ou por escribas profissionais ou por colaboradores voluntários, até mesmo analfabetos, talvez o caso comum nas pequenas comunidades rurais, que apenas reproduziam os desenhos das letras, sem ideia de seus conteúdos. Calcula-se que, mesmo no auge do período clássico na Grécia, por volta do século v a.C., o número de pessoas alfabetizadas não ultrapassava 15% da população. No caso do cristianismo nascente, expandiu-se ele, sobretudo, nas camadas mais pobres da população, nas quais, mais provavelmente, era elevado o grau de analfabetismo. O mesmo devia ser o caso dos próprios apóstolos, recrutados por Jesus entre pescadores e gente simples do campo na Galileia. Nos Atos dos Apóstolos vê-se expressamente dito que Pedro e João eram iletrados (Atos 4:13). Se, já em si, o analfabetismo de copistas podia gerar cópias adulteradas dos textos destinados à propagação da fé, por inépcia, quando não por incúria, e ser responsável por omissões de letras ou palavras, e até de parágrafos inteiros, em algumas das cópias, os problemas se tornavam ainda mais graves no caso de tradução dos manuscritos em hebraico (ou aramaico) em razão das dificuldades derivadas da maneira como os textos se apresentavam, como mencionamos acima.

Teremos que esperar o trabalho dos rabinos massoretas que, entre o século IV e X da nossa era, ocuparam-se metodicamente de criar uma ortografia que permitisse a leitura dos textos sagrados na sinagoga e seu acompanhamento pelos fiéis, reparando cada um dos inconvenientes acima citados, sem poderem oferecer, no entanto, a certeza de ser verdadeira e definitiva a interpretação adotada.

O estudo das variantes nos manuscritos impôs-se depois que John Mill, conselheiro do Queens College, em Oxford, em um trabalho de erudição que lhe tomou trinta anos, na leitura comparada de uma centena de manuscritos gregos, só do NT e em textos patrísticos sobre os mesmos, encontrou nada menos do que trinta mil variantes textuais. O universo de manuscritos disponíveis ao tempo de Mill, 37 vezes maior do que o disponível para Erasmo, atinge hoje 57 vezes o de que dispunha Mill, ou seja 5700 textos manuscritos só em grego. Pode-se imaginar a enorme quantidade de variantes que é possível ser encontrada neles. A esse número, teríamos que acrescentar os manuscritos em latim, cerca de dez mil, e os em siríaco, copta, armênio, georgiano e nas línguas eslavônicas etc. Vão de duzentos mil a quatrocentos mil as estimativas do número potencial de variantes num tal volume de manuscritos, o que leva Bart Ehrman a dizer que há, possivelmente, mais variantes nos manuscritos do que o número total de palavras no NT. Projetem-se esses cálculos ao conjunto de manuscritos do AT e é fácil deduzir que é simplesmente impossível encontrar o texto original, o que teria sido inspirado.

As modificações de texto podiam ser, e teriam sido, em muitos casos, o resultado de distração, ou de um falso entendimento de uma letra ou palavra pelo copista cansado ou analfabeto. Não está livre de cometer tais deslizes mesmo a mais moderna tecnologia da impressão. A versão da *Nova Vulgata* posta à disposição pelo Vaticano na internet (vatican.va.website) contém nada menos do que 459 erros tipográficos, tais como palavras unidas sem separação ou espaços inseridos no interior de palavras, troca de letras (entre "e" e "c", por exemplo, ou confusão entre o "i" maiúsculo e o "l" [ele] minúsculo), e outros casos mais difíceis de detectar. Mas aquelas modificações podiam, e foram, certamente, em muitas ocasiões, resultado de produções voluntárias, para dar uma interpretação pessoal da mensagem contida no texto que estava sendo copiado. E disso dá testemunho o próprio apóstolo Pedro ao referir-se àqueles "ignorantes e vacilantes que torcem, como fazem com as demais escrituras" (2 Pd 3:16). Orígenes, ao tempo dos grandes debates teologais que ocuparam os três primeiros séculos do cristianismo, até o Concílio de Niceia, em 325, lamenta-se: "As diferenças entre os manuscritos tornou-se grande, seja pela negligência de alguns copistas, *seja pela perversa audácia de outros*; eles ou são negligentes em checar o que transcrevem, ou, no processo de verificação, fazem adições ou supressões como queiram" (Comentário sobre Mateus 15.14) e, em outra obra: "Alguns fiéis [...] vão ao extremo de alterar o texto do Evangelho, três, quatro, várias vezes, e mudam seu caráter de modo a habilitá-los a negar as dificuldades que encontram" (Contra Celsius 2.27).

Também na origem do debate sobre a autenticidade dos livros da Revelação é preciso levar em conta a maneira como foram constituídos os cânones tanto do AT como do NT. Se a mensagem revelada estava distribuída em numerosos livros, eles se requeriam mutuamente para a compreensão de sua totalidade. Ora, tanto no caso do AT como no do NT há pelo menos duas situações que desfazem a possibilidade de que o cânone esteja completo. Por um lado há os livros que foram inteiramente perdidos e disso se sabe por serem mencionados naqueles que, salvados ou recuperados, passaram a figurar no cânone. Há exemplos disso nas epístolas de Paulo. Por outro, entre os que sobreviveram, a seleção para admissão no cânone foi errática e controvertida. Livros que figuram no cânone judaico não figuram no cristão, o mesmo ocorrendo no sentido inverso. Livros que já figuraram no cânone cristão, ou ainda figuram, têm autoria disputada, como ocorre com várias das epístolas paulinas. É conhecida a existência de algumas dezenas de Evangelhos imediatamente posteriores à morte de Jesus, mas apenas quatro, os três sinóticos e o de São João, foram incluídos no cânone cristão e já mencionamos uma das razões apresentadas por um Padre da Igreja para que assim fosse decidido.

OS NOMES DE DEUS

Ao começar a leitura do Gênesis tomamos conhecimento imediato da divergência teológica registrada por P, entre E, refletido no capítulo 1, por ele endossado, e J, autor do capítulo 2, este cronologicamente anterior. Os dois principais autores do Gênesis (se assim podem ser chamados, sem desautorizar a afirmação do *Catecismo*) divergem até mesmo no nome a ser dado ao Criador e na sua concepção da divindade. No capítulo introdutório p (e) chama o criador de Elohim, nome de origem hebraica, termo que a Vulgata evita, usando em seu lugar a palavra latina Deus, conservada na bj, enquanto no capítulo 2, em seus quatro primeiros versículos persiste a designação utilizada por e, e em todo o restante, supostamente de origem javista, encontramos diversidade de traduções. A da *Vulgata* é *Dominus Deus*, que corresponde mais literalmente a *Adonai Elohim*, do texto hebraico, mas figura na bj como "*Iahweh Deus*". A *King James* apresenta a tradução *Lord God*, que é a mesma utilizada pela *The Jewish Study Bible* (doravante jb). Não figura nos comentários de qualquer delas explicação para a súbita mudança de nome. p (e) retrata Deus como um espírito todo-poderoso que invoca os elementos do universo pela simples palavra. O Deus de "J" tem forma corporal, conversa com suas criaturas, administra os jardins do Éden[16]. É, também, observa Ilana Pardes, a quem são atribuídas no Gênesis todas as histórias de crime e punição, com exceção da do dilúvio, onde conta com a colaboração de p[17].

Sabemos que os judeus procuravam evitar o uso do nome de Deus, considerado demasiado sagrado para ser evocado a cada instante. A Deus se referirão muitas vezes com a palavra Adonai, que significa apenas "senhor". Ainda assim, são numerosas as apelações diretas na Bíblia (a Tanak judaica ou Antigo Testamento cristão), sendo Elohim a mais comum (2 570 vezes), após Yahweh (cerca de seis mil vezes). As outras apelações são El (226 vezes, aí incluídas as de El-Shaddai) e Eloah, singular de Elohim (57 vezes). Elohim aparece em muitas circunstâncias como palavra no singular, para referir-se ao Deus de Israel, mas, na maior parte das vezes, tem sentido plural, particularmente quando se refere aos deuses pagãos. O mesmo para El-Shaddai, como em aparição a Abraão, quando ainda se chamava Abrão (Gên. 17:1), nome que era o dado ao deus principal na religião babilônica. Veremos, mais adiante, em que medida essas diferentes denominações podem corresponder a influências regionais na caracterização do Deus alegado conforme a predominâncias de crenças politeístas nos diversos reinos derivados das tribos de Israel.

---

16. Stephen Greenblatt, *Ascensão e Queda de Adão e Eva*, p. 8.
17. Athalya Brenner, *Gênesis a Partir de uma Leitura de Gênero*, p. 206.

II
A Criação

Revelação ou mito, nenhuma história da Bíblia ou de qualquer mitologia influenciou tanto a humanidade quanto a história da criação narrada nos três primeiros capítulos do Gênesis. Elaborada há cerca de três mil anos, mas provavelmente transmitida pela tradição oral desde tempos muito anteriores, a história continua a permear os modos de viver de uma grande parte da humanidade, certamente a maior no hemisfério ocidental, não apenas entre judeus, cristãos e islâmicos, mas na cultura geral e nos valores fundamentais herdados através da civilização greco-romana. É nela, como fonte inicial, que vamos encontrar a *rationale* para os conceitos que informam a ética, a legislação e a política das nações modernas, como o princípio da igualdade do homem e o direito fundamental da liberdade, e o fundamento para filosofias e práticas ligadas às questões de gênero, sexualidade, família, relações humanas, natureza e morte.

POR QUE A CRIAÇÃO?

A origem do mundo, a origem da vida, desde sempre estas duas perguntas estiveram presentes, sem resposta, no espírito humano. Mistérios, se dizia. Mistérios permanecem.

O "mundo foi criado para a glória de Deus", diz o *Catecismo* (p. 393). A palavra "glória" é repetida a cada instante para dizer que toda obra divina se destina a aumentar sua glória. A criação, pois, é o resultado de um plano divino para aumentar a própria glória. Como conciliar, no entanto, a ideia de plenitude e eternidade do ser divino com a de um plano, uma meta, um projeto, o que supõe, obviamente, desenvolvimento, incremento, resultado? Ademais, parece pertinente a pergunta: o que, exatamente, é a glória? E o que significa "glória" para o ser supremo? E glória perante quem? Perante si próprio? Não seria isso pensar que algo em Deus pode ser acrescido? Perante a criatura? Como pode o reconhecimento por sua criatura trazer algum acréscimo de satisfação ao Criador? Assim, no entanto, parece pensar a Igreja, pois, no *Catecismo*, apoia a sua afirmação nas palavras de São Boaventura de que Deus criou todas as coisas *non propter gloriam augendam, sed propter gloria manifestandam et propter gloriam communicandam*, ou seja: "não para aumentar a sua glória, mas para manifestar e comunicar a sua glória". Os verbos *manifestar* e *comunicar* pressupõem um sujeito ativo e um complemento passivo. Deus manifesta e comunica, portanto, a sua glória ao homem, sua criatura. Santo Irineu o diz de outra forma: "a glória de Deus é o homem vivo." O homem não recebe a manifestação da glória divina; ele é a glória divina. Não seria isso o absoluto da pretensão narcisista por parte do homem?

Não difere muito a concepção da Igreja sobre a criação do homem, como motivada pelo desejo divino de aumentar a sua glória, da pagã tal como representada na afirmação do deus babilônico Marduk: "Vou criar o ser humano, o homem, para que ele se encarregue do culto dos deuses e *estes tenham mais prazer*"[1].

No caso da criação do homem, veremos, mais adiante, que o plano, inclusive, mostrou-se inoperante, exigindo mais de uma correção de curso.

A apresentação da criação como um plano divino torna-se ainda mais absurda se continuarmos o raciocínio sobre o qual se baseia a teologia da criação de que não só a terra, mas toda a imensidão do universo, tinham como "meta" a criação do homem, a quem elas iriam servir, e que essa criação é que contribuiria para a glória do Criador. E chega às raias do

---

1. Isidoro Mazzarolo, *Gênesis 1-11: E Assim Tudo Começou*, p. 92.

delírio quando é apresentada como um estratagema divino para proporcionar o episódio da "queda" e a consequente redenção da humanidade pelo próprio criador para reparar a falta da sua criatura.

A criação é o *fundamento* de "todos os desígnios salvíficos de Deus", "o começo da história da salvação" que culminou em Cristo. Inversamente, o mistério de Cristo é a luz decisiva sobre o mistério da criação, ele revela o fim em vista do qual, "no princípio, Deus criou o céu e a terra": desde o início Deus tinha em vista a glória da nova criação em Cristo[2].

Afirmar que todo o aparatoso mecanismo da construção do universo e criação do homem destinou-se apenas a fornecer a oportunidade, em algum momento da história do cosmo, para que Deus pudesse vir, pessoalmente, na hipóstase do Filho, até um dos infinitamente pequenos de seus astros, "reparar" o desastre nele introduzido por um pecado, aparentemente anódino, de duas de suas criaturas originais, acrescentando, assim, à glória do projeto inicial da criação a de sua reparação, é o próprio *ouroboros*!

O HOMEM: A TESE CRIACIONISTA

Diz o *Catecismo* ser "uma verdade essencial da fé", sua "interpretação autêntica", a existência de Adão nos termos bíblicos como uma criatura constituída "em uma amizade com o seu Criador e em harmonia consigo mesmo e com a criação que o rodeava"[3]. O texto não menciona Eva, que, na versão eloísta da história, foi criada simultaneamente com Adão. No seguinte artigo, o *Catecismo* evoca a companheira de Adão para dizer que *ambos* foram constituídos em estado de "santidade e justiça original"[4] (referindo-se ao Concílio de Trento). Sobre o que constitui esse estado de "santidade e justiça original" diz o *Catecismo* significar que "o homem estava intacto e ordenado em todo o seu ser, porque livre da tríplice concupiscência que o submete aos prazeres dos sentidos, à cobiça dos bens terrestres e à autoafirmação contra os imperativos da razão", o que quer que isso

---

2. *Idem*, p. 280.
3. *Catecismo da Igreja Católica*, p. 374.
4. *Idem*, p. 375.

queira dizer[5]. No Salmo 8:6 vamos mesmo encontrar a superabundante afirmação de que o homem foi criado como "pouco menos que um deus".

A distinção aparente na natureza das duas criaturas humanas reserva para o homem o privilégio de gozar de uma "amizade com o Criador" e de uma "harmonia consigo mesmo e com a criação" da qual Eva parece não participar. Esse estado é rompido, segundo o *Catecismo*, por culpa do par edênico ao usar "a liberdade que lhe foi conferida" (quando e com que palavras?) num ato de desobediência à única restrição ao seu uso determinada pela autoridade divina. E essa infração lhe acarreta a perda da imortalidade e a expulsão do jardim do Éden (não figura no Gênesis a palavra "paraíso"). Essa infração contaminará sua progênie pelo resto da história da humanidade. Em nenhum lugar na Bíblia ela aparece mencionada como "pecado".

Nunca Jesus, em toda a sua pregação, fez referência específica a Adão e Eva, ou ao pecado original![6] A única alusão ao Gênesis que se encontra no NT é o endosso dado à versão eloísta da criação quando Jesus pergunta aos fariseus que o provocam com perguntas capciosas sobre a validade do divórcio: "Não lestes que desde o princípio o Criador os fez homem e mulher?... Por isso o homem deixará pai e mãe e se unirá à mulher e os dois serão uma só carne" (Mt. 19:10). Palavra que sugere o endosso à versão da criação simultânea de Adão e Eva.

Ressalte-se que o *Catecismo* afirma estar redigido com base nos conhecimentos adquiridos pelo homem através da história e estar escrito *"para o homem moderno"* (Carta Apostólica *"Laetamur Magnopere"*, do papa João Paulo II). Em outra ocasião reafirmou João Paulo sua confiança em que a verdade apostólica e a científica convergiriam em algum momento futuro, pois só há uma verdade. Querer harmonizar a descrição da criação com os conhecimentos científicos a respeito do aparecimento do universo e, em particular, a evolução da espécie humana parece, no entanto, exercício impraticável. Não obstante o acúmulo de provas científicas que contrariam a narração supostamente inspirada, ainda é viva hoje a polêmica entre criacionistas e evolucionistas, como o demonstram os conflitos no sistema educacional norte-americano em torno do ensino religioso em alguns estados da União. *O Catecismo*, sem usar o termo,

---

5. *Idem*, pp. 375 e 377.
6. Elaine Pagels, *Adam, Eve, and the Serpent*, p. XXII.

consagra a tese criacionista como a única verdadeira. A BJ reconhece que "o texto utiliza uma ciência ainda incipiente" e alerta que "não se deve procurar concordância entre este plano e nossa ciência moderna"[7]. Mas o *Catecismo*, que lhe é posterior, aprovado como Constituição Apostólica (*Fidei documentum*), ao mesmo tempo em que admite que na leitura da Bíblia devêssemos levar em conta as condições da época, da cultura e dos lugares em que os textos foram escritos, afirma que cada palavra nela contida o foi por expressa determinação divina[8]. Mais até, no artigo 304, diz que é o Espírito Santo o "autor *principal* da Bíblia", uma afirmação, como já vimos, esdrúxula, pois, ao qualificá-lo de "principal", supõe uma coparticipação com outros autores. Como cabe ao magistério da Igreja zelar pela continuidade da revelação conservada nos textos sagrados e transmitida pela tradição, é lógico concluir que essa interpretação explícita, em um documento cujo texto supõe-se constituir a "nova e autorizada exposição da única e perene fé apostólica"[9], avaliza como adequada aos nossos tempos e ao estado de nossa cultura a conclusão que nos oferece, ou seja: a tese criacionista.

O CRIADOR

Todas as religiões abordam o tema da criação do mundo e do tempo. Poucas recuam o exame da questão ao da origem do próprio criador. Os gregos, filósofos pioneiros, fizeram Zeus, o criador supremo, descender de Cronos, o Tempo. E apenas criaram mais um degrau interposto na dedução do que pode ter sido a origem de tudo.

A forma correta de colocar a questão seria perguntar "como se formou o tempo?" e não "quem criou o Tempo?" Posta nestes últimos termos, já supõe um "sujeito" criador. A ideia de que a criação deriva da vontade e ação de um "ser" preexistente tem raízes antropomórficas e vicia todo o exame das primeiras causas. Dela não podemos, no entanto, nos eximir se quisermos examinar com lupa o livro do Gênesis, que tem,

---

7. *Catecismo de Igreja Católica*, p. 31.
8. *Idem*, p. 106.
9. Carta Apostólica de João Paulo II, na Introdução ao *Catecismo...*, p. 5.

como suposto, precisamente, um ser criador dotado de vontade e onipotência – na verdade, uma "pessoa", como a própria Igreja o qualifica, mesmo que, em sua unidade, ele seja três pessoas, de acordo com a teologia eclesial. O termo "pessoa" para designar o ser divino é coetâneo do debate sobre a trindade e resultou basicamente da dificuldade em encontrar outro melhor. Não há no chamado Antigo Testamento outras palavras para mencionar a natureza divina. Qualificativos como onipresente, justo e onisciente ou adjetivos superlativos como amantíssimo, sapientíssimo, boníssimo, são contribuições da teologia cristã, sobretudo a patrística[10]. Mesmo a onipotência é desqualificada desde o início, e em muitas ocasiões, pelos próprios textos sagrados, assim como a onisciência e a onipresença. Decisões de Deus de recriar a humanidade por falência das criaturas que, quando as criou, achou boas, revelam que Deus não foi nem onipotente, nem onisciente. "É impossível sair do Gênesis com uma noção coerente de Deus", diz Karen Armstrong[11]. O Deus do Gênesis não é transcendente. Ele entra na história humana e torna-se inextricavelmente envolvido com a humanidade. A partir do momento em que se mistura com os seres humanos ele, com frequência, se mostra ambíguo, contraditório, dúbio, como são as suas criaturas.

Não é este o local para discutir e querer elucidar o problema da existência de Deus, muito menos o de sua natureza. Impõe-se evocá-lo, no entanto, pois vamos tratar, precisamente, da palavra de Deus, pois foi com a palavra que Deus iniciou a criação. Deus disse: *Fiat*, e o universo se fez. Ora, para que maior demonstração de antropomorfismo na concepção de um Deus original, criador do céu e da terra, do que imaginá-lo como um ser pensante e falante? Não são o pensamento e a fala os atributos por essência humanos? Como poderia ser a fala atributo do criador, ser único antes da criação? A resposta da Igreja encontramos na presunção de que Deus criou o cosmo apenas para habitáculo do homem e com esse ele teria que ter uma forma de comunicação.

---

10. Em seu *Guia dos Perplexos*, Moisés Maimônides (1135-1204) dedica vários capítulos ao tema dos "atributos" divinos e afirma que a ele não se pode atribuir nenhuma qualidade, "positiva", o que seria tornar impura a sua essência. Deus simplesmente é. O conhecimento dos "atos" de Deus não implica o conhecimento de sua essência. O homem consegue apenas saber o que "ele não é". Ver, sobre o assunto, os capítulos LI a LX do *Guia*.
11. Armstrong, 1997, 13.

Tampouco é possível ignorar, por completo, a questão da genealogia divina. O tema não tem importância apenas no contexto do estudo comparativo das religiões ou dos mitos.

Partamos da indiscutível afirmação religiosa de que Deus é um ser incriado, a origem de todas as coisas. Isso não faz de Deus uma pessoa, um ser que pensa, que cria em razão de seu pensamento, que planeja, e que, sobretudo, precisa da criação para engrandecer a si próprio, como ensina a doutrina patrística e reafirma o *Catecismo*: "Eis uma verdade fundamental que a Escritura e a Tradição não cessam de ensinar e celebrar: O mundo foi criado para a glória de Deus"[12].

Deus não precisa ser inteligente, nem inteligível, nem poderoso, nem justo, nem bondoso, nem misericordioso, muito menos rancoroso, irascível, vingativo, punitivo, inclemente. Todos esses sentimentos lhe são atribuídos pelo homem que no ser divino projeta suas próprias qualidades positivas ou negativas. Menos ainda pode Deus ter sexo e um dos maiores males causados à humanidade é a assimilação da imagem divina à de um ancião masculino. Não é possível não notar que todos os atributos divinos são projeções de atributos humanos e não o contrário, que os atributos humanos sejam projeção materializadas e imperfeitas de atributos divinos.

Nessa projeção que os homens fazem de suas qualidades no ser modelar que constroem à sua imagem e semelhança, sentem falta de uma família divina. Deus precisa ter uma esposa e filhos. Todas as mitologias fundadoras se articulam em torno desse modelo. Apenas nas religiões monoteístas é ele dispensado. Mas, se dispensado pelos zeladores da ortodoxia, permanece o desejo na imaginação e nos anseios populares e, progressivamente, tais fantasias e anseios invadem o campo da ortodoxia de forma a inserir no dogma esquemas que preencham os espaços deixados vagos pela obrigação de crer apenas em um deus solitário.

Na religião hebraica, a questão foi resolvida, de forma ambígua e insatisfatória, deixando Deus sem companhia divina, mas cercando-se de seres eternos, embora supostamente criados, como os anjos, mesmo se a palavra revelada nada nos comunique sobre seu surgimento, e dos homens, seres estes que, mediante eleição individual pelo próprio Deus, poderiam tornar-

---

12. *Catecismo da Igreja Católica*, p. 293.

-se eternos e juntarem-se aos anjos para passarem o resto da eternidade a glorificá-lo. Deus aparentemente necessita ser permanentemente exaltado. Alguns anjos, por exemplo, não têm outra função senão a de cantarem repetida e eternamente as palavras "Santo, Santo, Santo é Iahweh dos Exércitos, e sua glória enche toda a terra" (Is. 6:3). A própria ideia de uma corte celestial é uma projeção do modelo de poder nas sociedades que a imaginaram.

O cristianismo introduziu o conceito da personalidade trinitária de Deus, ausente na Tanak. Ora, sendo Deus imutável, é necessário que o caráter trinitário seja inerente à essência divina e, por essa razão, insiste o *Catecismo* em dizer que a criação foi obra do Deus trinitário, agindo para a materialização do universo, pela pessoa do Filho[13].

Não há mitologia sem deusas, exceto a hebraico-cristã. No estágio inicial, na passagem do politeísmo para o monoteísmo, a deusa Asherah chegou a figurar no panteão divino. Desapareceu sem rastro. Para suprir essa necessidade, a figura de Maria mãe de Jesus, que nos livros testamentários ocupa um papel secundário, quase ausente, será progressivamente exaltada pela Igreja a ponto de tornar-se a contrapartida divina que instintivamente o homem buscava na esfera celestial. Mas foi longe demais a Igreja e fez de Maria também consorte e mãe do criador. Essa polissemia de Maria é, quando menos, perturbadora. Em meu livro sobre o *Cântico dos Cânticos*, observo como até mesmo na iconografia religiosa ela pode provocar sentimentos de perplexidade. Assim, para retratar Maria como Esposa celestial, houve época na história da Igreja em que o par Cristo-Maria era representado em inequívoca intimidade física[14]. Mas, e essa foi a identificação mais ambiciosa, a Igreja fez de Maria, por ser mãe de Jesus, também a mãe de Deus, elevando o conceito à categoria de artigo de fé.

Ao fazer de Maria *Theotokos*, mãe de Deus, compôs a Igreja um estranho oximoro que foi objeto de ardente debate entre os Padres da Igreja. Cristãos, católicos e ortodoxos, justificam a expressão com base em Lucas 1:3, onde Isabel saúda Maria chamando-a de "mãe do meu Senhor". Essa

---

13. *Idem*, p. 13.
14. Geraldo Holanda Cavalcanti, *O Cântico dos Cânticos: Um Ensaio de Interpretação Através de Suas Traduções*, p. 182.

foi a posição de Orígenes (254), Dionísio (250), Atanásio (330), Gregório (370) João Crisóstomo (400) e Agostinho (430). Tese distinta era defendida por Nestório, patriarca de Constantinopla, para quem Maria deveria ser chamada de *Christotokos*, e não *Theotokos*, restringindo seu papel apenas ao de mãe de Cristo, na sua natureza humana (Jesus), distinta da sua natureza divina. Adversário de Nestório, Cirilo de Alexandria argumentava que a tese de Nestório negava a união perfeita e inseparável das três pessoas da Santíssima Trindade. A tese de Cirilo foi aprovada e tornada dogma pelo Terceiro Concílio Ecumênico (Éfeso, 431) e Nestório foi anatematizado e considerado herege. Ao recusar a distinção nestoriana entre as naturezas divinas, Maria deve ser considerada mãe do Deus trinitário (Deus, Filho e Espírito Santo). Mas assim considerada, Maria se torna a ele anterior, ou seja, incriada!

AS ETAPAS DA CRIAÇÃO

*A criação é o eterno presente e
não um ato no tempo.*
RÉGIS DEBRAY[15]

É hora, talvez, de acompanharmos a Bíblia na descrição que faz, versículo por versículo, da criação do cosmo e do homem. Poderíamos começar pela pergunta: "por que sete dias?" Mas ainda não sabemos o que quer dizer a palavra "dia" neste contexto da origem do tempo. Não existe consenso com relação a este ponto. Uma corrente fundamentalista, hoje representada pelo movimento criacionista americano, defende a literalidade da interpretação: dia é o dia de 24 horas que conhecemos no nosso calendário de base solar. Como se sabe, os criacionistas não se embaraçam com a inverossimilhança de suas crenças. Rigorosamente, poderíamos até dizer que o "dia" não existia até a quarta etapa da criação quando foram criados o sol e a lua. Embaraçados com as descobertas científicas que tornavam insustentável a manutenção da interpretação literal vigente há vinte e cinco, ou vinte e seis séculos, alguns teólogos cristãos admitiram poder a palavra "dia" ter um significado simbólico e referir-se a éons, eras, períodos.

---

15. Régis Debray, *Deus: Um Itinerário*, pp. 116-117.

O mais perto disso a que chegou a hermenêutica cristã foi admitir que "o dia de Deus" não tinha necessariamente a ver com o dia de 24 horas a que estamos acostumados. O "dia do Senhor" poderia ser, então, aquele a que se refere São Pedro, na sua segunda epístola: "Há contudo uma coisa, amados, que não deveis esquecer: é que para o Senhor um dia é como mil anos e mil anos como um dia" (2Pd. 3:8). Pedro não está fazendo mais do que repetir o que diz o salmista: "Pois mil anos são aos teus olhos como o dia que passou, uma vigília dentro da noite" (90:4). Esta frase tem mais a aparência de uma figura de retórica do que a de uma afirmação factual. Única na Bíblia, e só aparecendo no Salmo repetido por Pedro, oferece base muito precária para sua aplicação ao pé da letra. De qualquer forma, mesmo com essa largueza de interpretação, não permite aproximar a versão bíblica dos resultados do conhecimento científico de nossa era sobre a criação do cosmo.

Esse esforço de conciliação entre a narração bíblica e a realidade astronômica e geológica não elide, tampouco, a contradição que continua a existir no que diz respeito à cronologia da criação. Dizer que as etapas da criação seguiam um ordenamento lógico do ponto de vista da evolução do cosmo cai por terra não apenas diante da evidência científica, que não vem ao caso para a hipótese hermenêutica que estamos utilizando, mas por encontrar contradições no próprio texto do Gênesis, que oferece duas versões, incompatíveis entre si, quanto à cronologia da criação, no primeiro e no segundo capítulo do Gênesis, como veremos adiante. Das múltiplas contradições entre os dois textos, mencionemos apenas uma, mais relevante para o tema que estamos tratando, a que existe entre a versão incorporada por P, no capítulo 1, que estabelece (corretamente, do ponto de vista científico) a criação dos seres vivos animais antes da do homem, e a de J, no capítulo 2, que, ao contrário, a faz suceder à do homem.

Examinemos, detalhadamente, as duas versões.

PRIMEIRA VERSÃO

No princípio, Deus criou o céu e a terra.
Gên. 1:1

A grande novidade do relato bíblico está na forma como ele é introduzido: "No princípio, Deus criou o céu e a terra". Seu autor, quem quer que tenha sido, parte da existência de um deus eterno, único e onipotente, origem de tudo o que é real, sem genealogia ou consorte. Mais do que isso, o narrador descreve, quase como se disso tivesse sido testemunha, o próprio processo mental do criador, seus pensamentos e seu plano. Tudo isso é novo e desconhecido nas mitologias anteriores ou contemporâneas do Gênesis.

Deus cria o mundo e tudo que nele existe pela palavra. Joseph Campbell, o grande especialista nos mitos antigos, observa haver um precedente notório em "um texto egípcio no qual Deus cria enunciando todas as criações. [...] Esta noção da palavra como um símbolo sexual é ampliada. Os dentes são a vagina e a língua é o falo, e a partir de sua formação conjunta das palavras todos os deuses, os céus e o mundo são gerados"[16].

Na Bíblia judaica, o Gênesis se intitula *Bereshit*, seguindo a tradição de dar como título, a cada livro da Bíblia, a palavra com a qual o texto se inicia. Observa Mazzarolo que *Bereshit* não tem exatamente a mesma conotação que "No princípio". *Bereshit* vem da raiz *rosh*, que é "cabeça" e conota, mais precisamente, a ideia de "na cabeceira", no ângulo de encontro de tudo. *Bereshit* é, ademais, *hapax legomenon*[17] na Bíblia. Segundo o comentador da Bíblia José Eisemberg, a palavra já foi interpretada de setecentos modos diferentes. O que não é para ser acreditado, suponho[18].

Para o leitor atual, a frase evoca a imagem de um imenso espaço escuro, no qual aparece visível um globo com as imagens estampadas dos continentes, tal como os conhecemos hoje, iluminado por alguma luz que não pode ser a do sol porque esse ainda não havia sido criado. Tal não podia ter sido a imagem que a mesma frase evocava nos primeiros ouvintes da narração. Digo ouvintes porque era, seguramente, o que deviam ser os que primeiro tomaram conhecimento da história. Elaborada para um público rústico, seguramente ainda iletrado, teria sido por via oral que o mito se transmitiu de geração em geração até encontrar sua primeira consolidação em algum suporte para a escrita, provavelmente a de P, muitos séculos depois. Ora, ao nascer do mito, pensava-se que o universo era constituído pela terra, uma superfície mais ou menos plana, com alguns acidentes óbvios, mas sem qualquer esfericidade, e o céu uma

---

16. Joseph Campbell, *Isto És Tu: Redimensionando a Metáfora Religiosa*, p. 117.
17. A expressão *hapax legomenon* aplica-se à palavra que aparece apenas uma vez numa obra.
18. Athalya Brenner, *Gênesis a Partir de uma Leitura de Gênero*, p. 48.

campânula cristalina que a recobria, tocando-a em toda a extensão de sua borda, como a tampa de uma bandeja. O céu nada tinha a ver com o que hoje chamamos de universo, pois além dessa campânula nada existia. O sol, a lua e as estrelas, que serão criados apenas no quarto dia, após mesmo todas as "verduras", nada mais seriam do que corpos celestiais que se deslocavam pela superfície interna da campânula, segundo caprichos do criador, com o propósito único de servirem apenas ao gozo ou utilidade dos habitantes da terra.

O *Catecismo* passa ao largo. Diz apenas:

> A questão das origens do mundo e do homem é objeto de numerosas pesquisas científicas que enriqueceram magnificamente nossos conhecimentos sobre a idade e as dimensões do cosmo. [...] Estas descobertas nos convidam a admirar tanto mais a grandeza do criador, a render-lhe graças por todas as suas obras, pela inteligência e pela sabedoria que dá aos seus estudiosos e aos pesquisadores[19].

E arremata o tratamento do assunto de forma inconclusa:

> O grande interesse reservado a essas pesquisas é fortemente estimulado por uma questão de outra ordem e que ultrapassa o âmbito próprio das ciências naturais. Não se trata somente de saber quando e como surgiu materialmente o cosmo, nem quando o homem apareceu, mas, antes, de descobrir qual é o sentido de tal origem: se ela é governada pelo acaso, um destino cego, uma necessidade anônima, ou por um Ser transcendente, *inteligente e bom*, chamado Deus[20].

Mais uma vez aplicam-se a esse ser transcendental categorias humanas, como sejam inteligência (razão) e bondade.

De algum tempo para cá, especialmente a partir das descobertas científicas a respeito da idade do universo, pronunciamentos das mais altas autoridades da Igreja afirmam não temer a contradição entre a verdade revelada e a verdade científica. Por definição, a revelada só pode ser verdadeira e as contradições supervenientes serão o resultado ou de uma inferior percepção científica ou de uma inadequada interpretação da verdade revelada. Quando os esforços para fazer coincidirem as duas verdades fracassam, resta sempre a possibilidade de dizer que há

---

19. *Catecismo*, p. 283.
20. *Idem*, p. 284.

mistérios na Revelação que talvez nunca sejam esclarecidos. Nem mesmo essa atitude, incluindo a cautela do que a língua inglesa chama um *disclaimer* (antecipada rejeição de uma afirmação para o caso de que a suposição que a fundamenta venha a provar-se errônea), encontrou guarida no *Catecismo*. A experiência demonstra à saciedade que toda vez que as verdades religiosa e científica se aproximaram isso se deu por uma abdicação da parte religiosa perante a evidência científica, e não o contrário.

A Bíblia não fala da origem de Deus. Nem o poderia fazer, é certo, porque em seu primeiro capítulo é o próprio Deus quem fala (para si próprio) à medida que procede na obra da criação. Mas a questão não é irrelevante. A Bíblia se forma em um momento histórico e uma situação geográfica em que todas as sociedades dela contemporâneas adoravam múltiplos deuses, aos quais era atribuída uma genealogia, mais ou menos explícita, e a criação do universo é explicada pela vitória de um desses deuses sobre os demais, ou sobre um antagonista, ou ainda sobre as forças que governavam um caos a ele anterior. A Bíblia, ao contrário, já começa com a ação de um deus aparentemente onipotente e único. Digo "aparentemente" porque essas qualidades só serão afirmadas posteriormente, quando Deus começa a dialogar com os homens.

Estamos diante do momento instituidor do universo e de sua história. As "condições de nossa época e de nossa cultura", de que fala o *Catecismo*, exigem hoje que se tenha uma concepção muito especial desse momento fundador. Não foi ele o momento da criação do céu e da terra, mas o da formação do universo. Aliás, a expressão "criador do céu" apresenta a necessidade de um esclarecimento. O céu a que a Bíblia faz referência não pode ser o céu eterno, habitação do criador, como ele, portanto, incriado, mas o céu firmamento, o céu físico que a vista do homem alcança, ou seja, o que, da terra, o homem pode perceber do cosmo, que, à época em que Gênesis foi escrito, era uma parcela bem diminuta e circunscrita do mesmo.

A criação do cosmo não se confunde com a criação da Terra. Na narração bíblica, Deus criou a Terra antes de criar o cosmo. Deste, como era natural, dadas as condições culturais da época e dos povos entre os quais foi se estabelecendo o mito, não era possível ter-se ideia.

Contra a evidência científica, os judeus continuam a regular-se por um calendário que tem por base o primeiro ano da criação, tomando, pois, de forma literal, a cronologia bíblica que pode ser traçada do dia do *fiat* até a data de hoje. Segundo esse calendário, a história do homem iniciou-se precisamente há 3 776 anos, tomando como referência o ano cristão de 2016. Lutero põe a data da criação um pouco mais atrás, o que daria, em 2016, 3 966 anos. Mas ninguém excedeu a precisão do Vice-Chanceler do Trinity College, da Universidade de Dublin, o arcebispo primaz da Irlanda, James Ussher, que, em 1658, na obra de duas mil páginas em latim que lhe custou vinte anos de preparação e para cuja elaboração acumulou uma respeitável biblioteca de dez mil livros, chegou à conclusão de que o *fiat* divino teria ocorrido no dia 23 de outubro do ano 4004 a.C., um domingo, pela manhã. A um seu contemporâneo, John Lighthoot, Vice-Chanceler da Universidade de Cambridge, considerado um dos mais importantes hebraístas de seu tempo, devemos o feito da determinação precisa da hora do evento, que teria sido às nove horas da manhã.

Não devemos rir de esforços bem intencionados dos teólogos acima referidos, cuja principal motivação era demonstrar a maior capacidade da teologia protestante de sondar os mistérios da Revelação, na comparação com seus inimigos católicos. O debate continua vigente. Em 1925, por ocasião do famoso processo contra John T. Scoopes, posteriormente conhecido como "the Monkey Trial", nos Estados Unidos, foi a obra de Ussher a base da argumentação de William Jennings Bryan, contra a do ferino advogado de Scoopes, o já então célebre Clarence Darrow. À época, e até 1970, a cronologia do bispo Ussher fazia parte dos exemplares da Bíblia que a Gideon Society colocava em cada quarto de hotel nos Estados Unidos à disposição dos hóspedes. E ainda hoje é objeto do debate entre criacionistas e evolucionistas nesse país.

O contemporâneo Wayne Grudem, doutor em Teologia da mesma Universidade de Cambridge que produziu Lightfoot, mantém, em seu *Manual de Teologia Sistemática*, que "o mundo foi criado exatamente como diz a Bíblia". Não há qualquer razão para se duvidar do que nela está dito, dado o caráter revelado das Sagradas Escrituras, mas admite que não está resolvido o conflito entre a revelação e as descobertas científicas no que diz respeito à idade do universo e conclui que temos que "admitir que Deus não nos permite encontrar uma solução clara para essa questão antes do retorno de Cristo"[21].

Diante do inevitável conflito entre o que a Bíblia nos "revela" e a ciência nos "descobre", se quisermos continuar o exame do Gênesis teremos que, a partir deste momento, efetuar *a suspension of belief* (uma suspensão da crença), exatamente o contrário do que Samuel Taylor Coleridge recomendou, em outro contexto, na leitura do poema, *a suspension of disbelief* (uma suspensão da descrença), pois, de outro modo, nada mais fará sentido.

Cosmologia de Bolso

Hoje, comprovada cientificamente, a teoria de que o universo é o produto da explosão inicial de um átomo infinitamente denso, conhecida pelo nome de *Big Bang*, foi elaborada, na sua origem, por um padre jesuíta belga, a partir da constatação, em 1927, de que o universo estava em livre e constante expansão. *Big Bang* é o termo popularizado pelo astrônomo Fred Hoyle nos anos 1950 do que o jesuíta Georges Lemaître concebera como teoria do átomo primal, ou do ovo cósmico. Apresentada por seu criador ao Papa Pio XII em 1951, dele recebeu entusiástica aprovação, pois nela encontrava o Pontífice a confirmação da criação do cosmo pelo *fiat* bíblico. Menos entusiasmo teve a cúria vaticana que vetou qualquer associação da teoria de Lemaître com o relato do Gênesis.

Em linhas gerais, estabelece a teoria que, no instante da criação, um átomo inicial, de uma absolutamente extrema densidade, explodiu dando origem ao universo. Isso teria acontecido há 13,8 bilhões de anos. Desde então o universo continua em expansão. O diâmetro observável desse universo é hoje estimado em dez bilhões de anos-luz. O ano-luz, como se sabe, é a distância percorrida pela luz a uma velocidade, em números arredondados, de trezentos mil quilômetros por segundo, o que significa aproximadamente 9,4 trilhões de quilômetros por dia. Se considerarmos que o ano astronômico tem 365 dias de 24 horas (de fato uma fração a

---

21. Wayne Grudem, *Manual de Teologia Sistemática: Uma Introdução aos Princípios da Fé Cristã*, p. 148.

mais que para nossos fins pode ser desprezada) é fácil calcular o diâmetro atual do universo multiplicando dez bilhões por 9,46 trilhões, e teremos a largura atual aproximada do universo em quilômetros, e o erro será comparativamente pequeno. Nessa imensidão inimaginável, circulam o que podem ser quatrocentos bilhões de galáxias[22], cada uma delas contendo de cem a duzentos bilhões de estrelas. A Via Láctea é a nossa galáxia, e nela o sol é a estrela em cujo sistema planetário se encontra a terra, um objeto infinitesimamente pequeno, em termos cosmológicos, resultado da condensação de nuvens ígneas gasosas há cerca de 4,5 bilhões de anos. A Terra, situada na espiral galáctica a três quartos do centro, encontra-se dele distante vinte e cinco mil anos-luz. O ano galáctico do nosso Sol, ou seja, o tempo que leva o sol para fazer uma volta completa da galáxia, comparável ao que a terra faz em 365 dias em torno dele, é de duzentos milhões de anos[23]. Nossa vizinha mais próxima é a galáxia Andrômeda, a dois milhões de anos-luz de distância[24]. Andrômeda aproxima-se da Via Láctea à razão de cem quilômetros por segundo. Nesse passo, se chocará com nossa galáxia em mais cinco bilhões de anos[25]. O que não deve nos preocupar porque antes disso o nosso Sol terá virado uma estrela anã e a Terra terá ficado sem vida. As duas galáxias fazem parte de um arquipélago de galáxias que inclui mais 33 outras de menores dimensões. O conjunto, denominado Grupo Local, se insere no Grupo Virgo, cujo centro se situa a cinquenta milhões de anos-luz da Terra. Os Grupos, por sua vez, se inserem em agregados maiores, no caso do nosso na Grande Muralha, um conjunto maior, a duzentos milhões de anos-luz de distância[26]. Duzentos milhões de anos-luz é apenas uma fração do que alcançamos ver do universo, uma área que abrange dez bilhões de anos-luz[27].

Com os telescópios atuais, focados num pedaço de céu aos nossos olhos totalmente escuro, é possível distinguir cem mil galáxias, cada uma delas com seus muitos bilhões de estrelas. Como, a cada cem anos, pelo menos uma supernova explode em cada galáxia, é perfeitamente provável

---

22. Lawrence M. Krauss, *A Universe from Nothing*, p. 123.
23. Joseph Silk, *The Infinite Cosmos*, p. 29.
24. Rees, 2003, 49.
25. Rees, 2000, 59.
26. Rees, 2003, 30-31.
27. Rees, 2003, 51.

que nesse universo de galáxias pelo menos três estejam explodindo todo dia e seja possível testemunhar suas explosões a cada noite[28]. Na história de nossa galáxia 200 milhões de estrelas já teriam explodido[29].

Esse universo imenso, a que nosso conhecimento científico atual tem acesso, não representa mais do que, talvez, 4% do universo integral, segundo o teólogo católico Hans Küng[30].

Sinto que abuso com a exposição de tantas cifras incapazes de serem compreendidas pela razão humana. Meu intuito é simples e me dispensa de continuar esta exposição resumidíssima e incompletíssima do que seja a realidade cosmológica. Deixem-me terminar com algumas mais, das quais não temos maneira de nos darmos conta fisicamente, e que, no entanto, são as que nos movem, sem o sentirmos, cotidianamente. Nosso pequenino planeta, praticamente invisível nas constelações do universo, está girando conosco dentro dele a uma velocidade de 1000 quilômetros por hora em torno de seu eixo; de 100.000 quilômetros por hora em torno do Sol na nossa galáxia; e, como parte do sistema solar, a 800.000 quilômetros por hora em torno do centro da nossa galáxia, a Via Láctea.

Este é o universo que foi posto à disposição do homem para que o possuísse e desfrutasse.

PRIMEIRO DIA

> *Ora, a terra estava vazia e vaga e*
> *as trevas cobriam o abismo.*
> Gên. 1:2

O *Catecismo* estabelece como verdade essencial do mistério da criação do mundo (do cosmo e do homem) haver ela procedido a partir do nada. Observa a BJ, porém, na nota ao versículo 9 do cap. 1 do Gênesis, que "não é preciso introduzir aqui a noção metafísica da criação *ex nihilo* que não será formulada antes de 2 Mc. 7:28". Vamos, pois, ao segundo Macabeus para ver o que diz o versículo fundador da posição da Igreja e aí encontramos, também em nota ao versículo referido, a reconfirmação

---

28. Lawrence M. Krauss, *A Universe from Nothing*, New York, Atria Paperbacks, 2013, p. 21.
29. *Idem*, p. 19.
30. Hans Hüng, *The Beginning of all Things*, Michigan, W. B. Eerdmans Publishing Company, 2007, p. 76.

pela BJ de tratar-se da "primeira afirmação explícita da criação *ex nihilo*". Mas, em que contexto está apresentada afirmação tão fundamental? Nas palavras da mãe dos sete irmãos perseguidos pelo tirano Antíoco Epífanes, que os faz matar queimados por recusarem-se a comer carne de porco, o que os faria infringir a lei divina. Pede Antíoco a ela que exorte o sétimo filho a não seguir o exemplo de rebeldia dos seis que já haviam sido sacrificados, com o que seria salvo e recompensado. A mãe ao filho se dirige, dizendo: "Filho, tem compaixão de mim... Eu te suplico, meu filho, contempla o céu e a terra e observa tudo o que neles existe. Reconhece que não foi de coisas existentes que Deus os fez". Esta é a pedra angular da afirmação do *Catecismo* de que Deus criou "o mundo do nada", com base na declaração oficial do Concílio de Niceia, em 341.

Ressaltemos, aqui, não figurar o texto macabeu no cânone judaico. A OAB, por sua vez, observa não haver consenso sobre a exata tradução desse primeiro versículo que bem poderia ser lido como: "When God began to create... the earth was a formless void" ("Quando Deus começou a criar... a terra era um vazio informe"), o que poderia ser interpretado como sendo a ação criadora de Deus a de pôr ordem no caos.

Não vale a pena ressaltar a impropriedade de dizer que "a terra estava vazia e vaga e as trevas cobriam o abismo" se não havia nem terra nem abismo.

A maior novidade do mito da criação na Bíblia está em que Deus era o único ser anterior à criação. Na maior parte dos mitos do Oriente Próximo, o ser criador do universo teve que lutar contra algum detentor dos poderes terrenos. Marduk, o deus babilônio, teve que batalhar contra Tiamar, deusa das águas primárias. Resquícios dessa história aparecem em mitos israelitas que falam da luta do Criador com Leviatã, um monstro marinho, ou o dragão Rahab, para poder criar o mundo[31].

> ... um vento de Deus pairava sobre as águas.
> Gên. 1:2

A BJ observa, em nota, que "não se trata aqui do Espírito de Deus e de seu papel na criação"[32], o que deixa o versículo sem explicação. A BJ

---

31. Armstrong, 1997, 11.
32. BJ, p. 31d.

representa um desvio com relação às traduções anteriores para o português, possivelmente por ter sido feita diretamente do hebraico, e não do texto latino onde figura expressamente, mesmo na *Nova Vulgata*, a expressão "espírito de Deus" (*Terra autem erat inanis et vacua, et tenebrae super faciem abyssi, et* spiritus Dei *ferebatur super aquas*). A palavra hebraica usada no texto é *ruach*, que em nenhum lugar da Bíblia tem outro sentido diferente de "vento". Tampouco diz o original hebraico que "um vento de deus *pairava* sobre as águas", mas sim *merahefet* (movia-se) sobre as águas, o que não tem a menor importância, mas corresponde a um desvio de tradução.

Observa Gary Greenberg, presidente da Associação de Arqueologia Bíblica, de Nova York, que, nos dois versículos iniciais do Gênesis, figuram quatro referências básicas ao que presidia o momento da criação: o aspecto "vago" do universo primevo (*tohû* e *bohû*, em hebraico); a escuridão ("as trevas cobriam o abismo"); "as águas", que pareciam tudo ocupar; e, finalmente, o "vento" (*spiritus Dei*, na *Nova Vulgata*). Ora, esses elementos correspondem, exatamente, um por um, aos que figuram no mais antigo mito egípcio da criação como representados pelos pares de deuses criados e responsabilizados por Ra pela criação: Huh e Hauet (deuses do caos inicial); Kuk e Kauket, deuses da escuridão; Nun e Nauner, deuses das águas; e Amén e Amener, deuses do vento.

> Deus disse: "Haja luz" e houve luz. Deus viu que a luz era boa e Deus separou a luz das trevas. Deus chamou à luz "dia" e às trevas "noite".
>
> Gên. 1:1-3

Também a criação pela palavra encontra antecedente na religião egípcia. É com a palavra que Ptah, o criador na religião de Memphis, faz surgir o mundo. O mesmo faz Amén, o deus supremo na religião de Tebas, "aquele que fala e aquilo que devesse tornar-se ser torna-se ser"[33]. Iahweh fala para si mesmo, pois não há interlocutor. Não tem, pois, testemunhas do que diz ou faz.

---

33. *Idem*, p. 13.

A luz a que o Gênesis se refere não pode ser a do sol que só será criado no quarto dia. A BJ não dá explicação convincente para essa antinomia. A criação da luz antes do sol existe, igualmente, na tradição religiosa egípcia. Em um Hino a Amén encontramos estes versos que dão uma interpretação ao mesmo tempo mística e poética do aparecimento da luz antes do disco solar: "O Um, que se tornou ser pela primeira vez, antes que fosse criado qualquer deus, abriu os olhos para com eles ver e tudo se tornou iluminado por meio de seu olhar, quando o dia ainda não havia sido criado"[34]. Sir Thomas Browne tem, igualmente, uma bela imagem para explicar essa luz misteriosa que precede a criação do sol: "a luz é a sombra de Deus"[35].

O Gênesis não diz que Deus "criou" a luz e as "trevas", mas apenas a luz e esta ele "separou" das trevas. Havia, pois, pelo menos uma treva anterior à palavra divina e no seu ser, admitindo ser ele a única e total realidade, uma fusão das duas. Tampouco diz o Gênesis que Deus criou as águas. Ele apenas as aparta (Gên. 1:9).

Regressamos, pois, à questão da criação *ex nihilo*. O debate encontra sua primeira base de argumentação nas palavras *tohû va-bohû* no final do versículo 2:1 do texto hebraico, sujeito a imprecisas traduções porquanto, se a palavra *tohû* é encontrada na Bíblia, sempre com o sentido de "ermo", "deserto" ou "desabitado", *bohû* só aparece três vezes, sempre na expressão acima citada e com referência ao estado da terra antes da criação, "vazia e vaga". A JB traduz o versículo como: "When God began to create heaven and earth – the earth being unformed and void…" ("Quando Deus começou a criar o céu e a terra – a terra ainda sem forma e vazia…"), o que pressuporia a existência prévia de algo informe (uma redação, aliás, que a BJ admite ser possível). Karen Armstrong observa que traduções nessa linha estão surgindo recentemente, o que indica que se trata de um tema ainda não definitivamente esclarecido.

Problema correlato ao da criação *ex nihilo* é o do aparecimento do Mal. E para tratá-lo é fundamental o recurso a Isaías. Põe o profeta na boca de Iahweh: *Ego Dominus, et non est alter. Formans lucem et*

---

34. *Idem*, p. 14.
35. Frase atribuída a Albert Einstein e citada algures por Alberto Manguel.

creans tenebras, faciens pacem et creans malum: ego Dominus faciens omnia haec (Is. 45:6-7), tal como figura na *Vulgata Clementina* e foi conservada sem alteração pela *Nova Vulgata*. Encontro na BJ a tradução: "Eu sou Iahweh, e não há nenhum outro! Eu formo a luz e crio as trevas, asseguro o bem-estar e crio a desgraça: sim eu, Iahweh, faço tudo isto". Ora, a tradução da BJ falseia o texto latino, numa evidente tentativa de edulcorar as palavras divinas ditadas ao profeta. *Faciens pacem* não quer dizer "asseguro o bem-estar", e *creans malum* nada tem a ver com "crio a desgraça". Obviamente há uma intenção deliberada de evitar usar a palavra "mal" que consta, explicitamente, do texto latino. Mas não é isso o que importa e apenas a diferença que o profeta faz entre "formar" ou "fazer" de um lado e "criar" do outro. Assim como a implicação de que as trevas não sejam apenas a ausência da luz, como quer certa teologia mesmo contemporânea, mas uma realidade distinta da luz, como esta criada por Deus, conforme o próprio Deus o declara, aliás, através de Isaías, ou simplesmente separada da luz conforme o Espírito Santo deixa o escriba sacerdotal transcrever no Gênesis. A BJ diz que as trevas não são criação de Deus "mas a sua negação" (p. 31), contrariando, assim, o que diz Isaías tanto com relação à criação das trevas, quanto com relação à criação do Mal. Sobre este último aspecto retornaremos oportunamente.

Quase todas as narrações da criação do mundo apresentam o momento inicial como obra de um deus para pôr ordem em um caos presente ou como uma vitória sobre forças contrárias, de caráter maléfico. É fácil perceber a razão de querer interpretar o texto bíblico como endossando a tese da criação *ex nihilo*, mais consentânea com a hipótese de um deus absolutamente original. Por outro lado, a ambiguidade filológica dos textos citados deixa latente a possibilidade de uma criação dinâmica, em confronto com realidades inertes ou com forças adversas que precisavam ser dominadas. Comenta a JB que a concepção de uma criação a partir do nada corresponde a uma mentalidade moderna, enquanto entre os povos antigos predominava a ideia de que preexistiam à intervenção divina forças malignas a que denominavam "caos".

SEGUNDO DIA

> *Haja um firmamento no meio das águas*
> *e que ele separe as águas das águas* (Gên. 1:6)... [...]
> *e Deus chamou ao firmamento "céu"* (Gên. 1:8).

Assim como, nas palavras do Gênesis, Deus não criou as trevas, tampouco criou Deus as águas. Estas já existiam, não é possível saber em que estado, e foram apenas "apartadas", separadas as que ficam na terra das que ficam no céu. A ideia de que o mundo, "antes" da obra da criação, era composto de água e treva é anterior ao Gênesis. Em um belo texto do *Rig Veda*, o hinossacro sânscrito, de mil anos antes do texto bíblico, no qual o autor se pergunta sobre o que poderia ter precedido à criação, encontramos os versos:

The One breathed without breath, by its own impulse.
Other than that was nothing else at all.
Darkness was there, all wrapped around by darkness, and all was Water indiscriminate.

["O Um respirou sem sopro, por seu próprio impulso,
Isso à parte nada mais existia.
A escuridão apenas ali estava, envolta nela mesma e tudo era Água indiscriminadamente."]

No Gênesis, as águas do céu ficam retidas acima da abóbada celeste que, para os antigos, era sólida, com perfurações por onde podiam passar a luz e as águas. As do dilúvio, por exemplo. As de baixo eram os mares, que Deus fará recuar para que surja a terra firme. A versão javista a elas acrescentará um manancial que brota da terra e rega toda a superfície do solo (Gên. 2:6) e um rio que, partindo do Éden, se divide em quatro que circunscrevem a parte sólida da terra (Gên. 2:10).

Agostinho, em seu tempo, já tinha a noção de que a terra não era um disco plano coberto por uma abóbada celestial que se fechava nos seus limites. Acha mesmo que os redatores da Bíblia tinham disso já uma noção primitiva, mas de tais detalhes não se ocuparam porque "não iam ser de proveito aos discípulos para a vida bem-aventurada" e, o que é pior,

[...] ocupariam assim espaço de tempo muito precioso e que deveriam aproveitar em coisas saudáveis. Pois que me importa se o céu envolve a terra por todas as partes como uma esfera, terra esta equilibrada em meio ao volume enorme do mundo, ou se a cobre só por cima como um disco? [...] Brevemente se deve dizer que nossos autores souberam, a respeito da figura do céu, o que é conforme a verdade; porém o Espírito de Deus, que falava por eles, não quis ensinar aos homens essas coisas que não iriam servir em nada para a salvação[36].

A responsabilidade de manter os homens na ignorância da arquitetura do universo recai, assim, sobre o Espírito Santo.

Observam alguns autores que, ao contrário do que ocorre nos demais dias, Deus não se aprova a si mesmo com o sentimento de que o que fizera ao término do segundo dia era bom. E buscam explicação para isso. Diz Arana:

Por que Deus não fez nenhuma coisa a mais, uma vez que havia criado a luz? Não tinha à disposição todo o restante do dia? Talvez porque a luz fosse tão importante que preenchesse por si só todo um dia, ou simplesmente porque assim fosse conveniente para as obras de Deus dentro do esquema de seis dias[37].

A ingênua simplicidade do argumento não merece comentário.

Ao firmamento Deus chamou de "céu". O que restou ficou provisoriamente sem nome. Não era o cosmo. Era a terra, então coberta inteiramente de água, que será criada no terceiro dia.

TERCEIRO DIA

> *Que as águas que estão sob o céu se reúnam numa só massa e que apareça o continente. [...] Deus chamou ao continente "terra" e à massa das águas "mares". [...] Que a terra verdeje de verdura.*
>
> Gên. 1:9-12

No terceiro dia, Deus complementa o trabalho do segundo reunindo em massas distintas as líquidas, a que dá o nome de "mares", e as sólidas, desveladas com a reunião das águas, e essas massas enxutas chama de "terras". Deus ordena aos elementos que se contentem nos seus limites e as águas voltam,

---

36. De *Genesi ad litteram*, II, 9, cit. em ARANA, *Para Compreender o Livro do Gênesis*, p. 49.
37. *Idem*, p. 232.

ante a ameaça divina, aos lugares que lhe foram fixados, diz, poeticamente, o salmista (Sl. 104:7) ou, profeticamente, Jeremias: "Não tremeis [sic] diante de mim, que coloquei a areia como limite ao mar, barreira eterna que ele não pode ultrapassar: suas ondas se agitam, mas são impotentes, elas rugem, mas não poderão ultrapassar" (Jr. 5:22). Profecia de validade limitada, nada "eterna", sabemos hoje, pois condicionada ao bom comportamento das placas continentais, às quais não foi dada pelo criador a obrigação de igualmente se conterem nos seus limites. O Salmo 104 referido apresenta uma curiosa versão do que efetivamente se passou nesse terceiro dia da criação. Diz ele:

> Assentaste a terra sobre suas bases, inabalável para sempre e eternamente; cobriste-a com o abismo, como um manto, *e as águas se postaram por cima das montanhas*. À tua ameaça, porém, elas fogem, ao estrondo do seu trovão se precipitam, subindo as montanhas, descendo pelos vales, para o lugar que lhes tinhas fixado; puseste um limite que não podem transpor, para não voltarem a cobrir a terra.

Deus criou então o mundo vegetal, ervas e árvores que dão sementes segundo suas espécies. E frutos. Veremos depois a importância dessa obra da criação, pois aos primeiros homens foram dados, como alimento, as ervas que dão semente e que estão sobre a superfície da terra, assim como os frutos das árvores (1:29), e, aos animais – feras, aves e répteis – a verdura das plantas. Todos os seres vivos eram, pois, vegetarianos e, no caso do homem, também frugíferos (1:30), com algumas limitações como vamos saber depois.

A criação da vegetação antes da do sol constitui uma impossibilidade científica porquanto todas as plantas necessitam da luz solar para produzir a clorofila. Curiosamente, há aqui mais uma coincidência que não pode ser fortuita entre a ordem da criação na Bíblia e a dos mitos religiosos egípcios que consagram todos essa precedência da criação do mundo vegetal sobre a do disco solar.

QUARTO DIA

> *Que haja luzeiros no firmamento do céu para separar o dia e a noite.*
> Gên. 1:14

É nessa ocasião que Deus cria os dois luzeiros principais, o sol para iluminar o dia e a lua para iluminar a noite, e os secundários, as estrelas.

"Que eles sirvam de sinais, *tanto para as festas*, quanto para os dias e os anos", diz, para si mesmo, já pensando na utilidade que terão para as criaturas humanas, cuja criação já estava em sua mente e para a qual estava preparando todo o cenário cosmológico. Além dessa finalidade de longo prazo, tais corpos celestes teriam a função imediata de "separarem a luz e as trevas". Ora, a luz e as trevas já estavam separadas desde o primeiro dia. Esqueceu-se o escriba do que já havia afirmado poucas linhas atrás? Mas, como diz o *Catecismo*, eles não faziam mais do que registrar o que Deus queria e não mais do que isso.

A esses luzeiros do dia e da noite não dá o criador a dignidade de um nome, como fez para as terras e os mares. Talvez porque (deve ter pensado P, que escrevia a narração seis a oito séculos a.C., quando já eram florescentes os cultos pagãos aos astros celestes) com nomes próprios já eram conhecidos e mesmo adorados como deuses por muitos dos povos dele contemporâneos. Por essa razão, possivelmente, repete o escriba, para que fique bem claro, serem os dois luzeiros criaturas divinas e terem a função de separar o dia e a noite, e não a de serem adorados, como entre os pagãos.

A criação dos luzeiros celestiais não encontra precedente rigoroso nos mitos egípcios, mas os encontra em mitos babilônios. O *Enuma Elish*, tabuinha V, descreve a função dos luzeiros celestiais com palavras semelhantes às que figuram na Bíblia: "A lua ele [Marduk] fez brilhar de noite como ornamento e para marcar os dias"[38].

QUINTO DIA

> *Fervilhem as águas um fervilhar de seres*
> *vivos e que as aves voem acima da terra.*
> Gên. 1:20

Neste versículo se encontra mais uma das contradições de que estão cheios os capítulos 1 e 2 do Gênesis. Nele, da autoria de E, como sabemos, retrabalhado ou não por P, Deus parece criar as aves a partir das águas

---

38. Gary Greenberg, *101 Myths of the Bible: How Ancient Scribes Invented Biblical History*, p. 23.

(Gên. 1:20). Na versão javista Deus as modelou a partir da argila (Gên. 2:19), como os demais animais, inclusive o homem.

Deus cria os animais marinhos, os rastejantes e as aves e dá-lhes o comando de serem fecundos e multiplicarem-se. Presume-se, por essa razão, que os tenha criado macho e fêmea, em cada espécie. No mesmo dia – e o narra um versículo diferente – foram criados "os animais domésticos", os répteis e as feras, aos quais não foi dado o mesmo comando genético, o que só irá ocorrer, explicitamente, após o dilúvio (Gên. 8:17). A menção a "animais domésticos" antecipa o projeto divino de fazê-los apropriados ao convívio com os seres humanos por enquanto ainda não anunciados. A que faz aos "seres vivos que rastejam" leva-nos a considerar incluídos entre eles a serpente. Veremos, mais adiante, que esta só será obrigada a rastejar após o episódio da "queda".

SEXTO DIA

Façamos o homem...
Gên. 1:26

Estas palavras já fizeram correr amazonas de tinta. Como é raro na Bíblia o uso do plural majestático, pôs-se o problema da interpretação do texto, com o uso da primeira pessoa do plural.

Diz a BJ: "Este plural pode indicar uma deliberação de Deus com sua corte celeste", ou angelical, uma hipótese que figura em outros comentários da mesma obra, como os que se encontram em 1Reis 22:19-23, referindo-se às palavras de Miqueias ao rei de Israel que disse ter visto Iahweh "assentado sobre o seu trono, todo o exército do céu [...] diante dele, à sua direita e à sua esquerda", ao qual *pedia conselho sobre como proceder* na guerra contra os arameus. Sem sequer considerar a ideia da preexistência de uma corte celestial no modelo das existentes nas monarquias terrenas, a hipótese de Deus buscar "conselho" para realizar a obra da criação é de tal modo absurda que não merece comentário. A ideia de que Deus pudesse dispor de um "conselho" não para a criação, mas para a gestão dos, por assim dizer, assuntos correntes parece transparecer em muitos textos da Bíblia. Lemos do Salmo 82: "Deus se levanta no conselho divino, em meio aos deuses ele julga" (Salmos 82:1). A BJ não oferece qualquer comentário sobre esse versículo, nem sobre a palavra "conselho", nem, o que mais surpreende, sobre a cláusula "em meio aos deuses".

Entre os Padres da Igreja foi corrente a interpretação de que, assim falando, Deus estava refletindo o caráter trinitário de sua pessoa. Se assim fosse, esta seria a única ocasião na Bíblia em que teria se utilizado desse expediente. O que não impede o *Catecismo* de dizer, explicitamente, que a criação é "a obra comum da Santíssima Trindade"[39]. Interpretação semelhante está implícita em outra parte do *Catecismo*. Referindo-se a Jo. 1:1-3, diz o artigo 291: "O Novo Testamento revela que Deus criou tudo por meio do Verbo Eterno, seu Filho bem-amado". Quanto ao Espírito Santo, não é ele "o doador da vida" (credo niceno), "o Espírito Criador" (*Veni creator Spiritus*), "a Fonte de todo o Bem"? Ora, o primeiro epíteto é do credo niceno (325 d.C.); o segundo, da liturgia bizantina (tropário da Véspera de Pentecostes); e o terceiro de Santo Irineu[40], fontes, temos que reconhecer, bastante frágeis para justificar a conclusão categórica do artigo do *Catecismo*: "A criação é a obra comum da Santíssima Trindade".

O Gênesis, a propósito, está cheio de referências que podem ser tomadas como alusivas à pluralidade dos deuses. Descontemos a palavra fundadora "Façamos o homem à *nossa* imagem". Vejamos outros casos. A serpente alerta Eva de que Yahweh quer impedir que, comendo do fruto proibido, a criatura "se iguale aos deuses". E o próprio Yahweh admite, para si mesmo, que a principal consequência da falta de Eva e de Adão seria a possibilidade, para ele inaceitável, de os seres humanos se tornarem iguais a "nós", ou seja, "eles" os deuses. A hipótese de que Deus esteja usando o plural majestático tem sido afastada pela hermenêutica bíblica, pois, fora dos capítulos iniciais do Gênesis, inexiste na Bíblia sua utilização nas futuras teofanias.

Implícitas indicações da existência de um panteão celestial estariam em outras passagens do próprio Gênesis como a menção aos "filhos de deus" que se apaixonaram pelas filhas do homem e a própria utilização da palavra Elohim, plural de Eloah, como nome de Deus.

É cedo nesta análise para tirar qualquer conclusão a esse respeito. À medida que avançamos na hermenêutica do Pentateuco, vamos nos deparar com

---

39. *Catecismo*, p. 292.
40. *Contra os Hereges*, II: 30.9.

evidências de que, se o monoteísmo se estava afirmando progressivamente como doutrina oficial do povo eleito, este permaneceu, por muitos séculos, num estágio hesitante entre o politeísmo e o monoteísmo que melhor poderia ser equiparado a uma crença henoteísta[41]. Os textos mais antigos não falam de um Deus único, mas de um Deus "superior" aos outros deuses. No canto de louvor que Moisés entoa ao Senhor, após a travessia do Mar Morto, diz o patriarca: "Quem é igual a ti, ó Yahweh, entre os fortes?", o que não pode ser outra coisa senão uma comparação com outros seres semelhantes, porém menos fortes (Êx. 15:11), e, quando Jetro, seu sogro, escuta-lhe a narração das tribulações impostas por Yahweh ao Faraó, para fazê-lo permitir a migração dos judeus, a ele exclama: "Agora sei que Yahweh é maior que todos os deuses!" (Êx. 18:11). No mesmo livro encontramos Deus proibindo o culto a outros deuses não porque seja único, mas porque é desses outros ciumento (Êx. 20:2-5). A mesma razão aparece em outro livro do Pentateuco: "Não seguireis outros deuses, qualquer um dos que estão ao vosso redor, pois teu Deus é um Deus ciumento" (Dt 6:14). A primeira ocasião na Bíblia em que Deus se afirma como único aparece em Isaías, nascido em 765 a.C., muitos séculos depois: "Eu sou Deus e não há nenhum outro" (Is. 45:22). É verdade que entre os Salmos atribuídos a Davi encontram-se os versos: "tu és grande, e fazes maravilhas, tu és Deus, tu és o único" (Sal. 86:10), mas estes versos estão imediatamente precedidos de outros que parecem dizer o contrário: "Entre os deuses não há outro igual como tu" (Sal. 86:8).

> *Deus criou o homem à sua imagem,...*
> *Homem e mulher ele os criou.*
> Gên. 1:27

Chegamos ao momento supremo, aquele para o qual converge toda a prévia criação. Deus completa a obra encetada cujo objetivo final era, precisamente, a criação do ser humano. E, nesse fecho de ouro, o faz Homem e Mulher. E à sua semelhança.

É isso verdade? Só vamos poder considerar a questão depois de ler o próximo capítulo. Mas podemos antecipar que na mais antiga versão da

---

41. Termo criado pelo estudioso das religiões Max Müller (1823-1900) para designar o sistema religioso no qual apenas um deus é venerado, sem excluir a possibilidade de que existam outros deuses. Difere do monoteísmo, no qual só um deus é reconhecido como tal.

criação, que é a javista, apresentada no capítulo 2, nada é dito sobre a criação do homem à imagem e semelhança de Deus, nem da mulher criada a partir do homem. Na versão posterior, a que figura, no entanto, como capítulo 1, é que o homem é feito à imagem e semelhança de Deus. Sendo posterior, e de muitos séculos, essa versão poderia ser tomada como uma espécie de revisão, ou mesmo correção, da versão primitiva, esta mais perto da tradição oral. Na versão primitiva a mulher não é posterior ao homem, mas dele concomitante. Deus cria o ser humano homem e mulher, e é esse ser que é à sua imagem.

Na interpretação da Igreja, as duas versões se entremeiam e há uma clara ascendência da interpretação javista sobre a sacerdotal. Assim, Deus cria primeiro o homem (ainda sem nome) (cap. 2), e o faz à sua imagem e semelhança (cap. 1). Em seguida cria a mulher (também ainda sem nome), a partir de uma costela[42] do homem. A mulher estaria fora, portanto, da semelhança com Deus. Sua semelhança será com o homem, razão do canto de louvor deste quando a recebe das mãos de Deus. E razão, também, de toda figuração posterior de Deus com a aparência de um homem, o lado masculino do ser originalmente criado em unidade dos sexos (cap.1). Sigamos por essa linha.

Alguns comentaristas quiseram ver nessa passagem que a semelhança a que Deus se refere não pode ser física, não tendo Deus forma corporal, mas só pode ser espiritual, participação na natureza divina pela graça. Mas não é isso o que está dito na Bíblia. As palavras hebraicas que figuram no texto, *tzélem*, para imagem, e *d'mut*, para semelhança, carregam ambas o sentido de representação de modelo, de imitação, de cópia. Veremos, depois, que Deus caminha pelo jardim do Éden na aparência de um homem, o que em nada surpreende a sua criatura. Ao caminhar, Deus produz mesmo os ruídos de seus passos, pois a mulher os "escuta" aproximando-se (Gên. 18:20-21). Ora, como pode haver semelhança física do homem com Deus se este é puro espírito? E como, ainda, na hipótese do

---

42. A palavra hebraica *sela* quer dizer "lado", e com esse sentido é usada em outras partes da Bíblia. A tradução por "costela" pode derivar-se de uma interpretação dada ao termo *costa* que figura na Vulgata. *Costa* pode ser "lado" ou "costela". É provável que seja com o primeiro sentido que figura na literatura patrística quando, num dos recursos metonímicos em que abunda, diz que a Igreja surgiu do "lado" de Jesus.

capítulo 1, se ele é homem e mulher? Por outro lado, se não é física a semelhança, em que propriedades ela reside? Deus conhece o bem e o mal; aos homens está proibido esse conhecimento. Deus é eterno; o serão os homens? Deus é todo-poderoso, mas o poder humano é restrito à administração dos bens terrestres. Onde, pois, a semelhança?

A própria Bíblia insiste na semelhança física, na forma de silogismos ocultos na descrição que faz do nascimento de Set, terceiro filho de Adão e Eva. Ao expor a descendência de Adão, no capítulo 5, retoma a afirmação de que Deus criara Adão à sua imagem e semelhança e, imediatamente a seguir, diz: "Quando Adão completou cento e trinta anos, gerou um filho à sua semelhança, como sua imagem, e lhe deu o nome de Set". Pode-se inferir que Adão é a imagem e semelhança de Deus a partir de um silogismo: Set é a imagem e semelhança de Adão; logo Set é a imagem e semelhança de Deus. Ora, Adão não era puro espírito, portanto a semelhança entre Set e Adão só pode ser física. Logo, Deus tinha uma aparência física.

Outro silogismo pode ser deduzido de Paulo quando compara Adão a Cristo. Adão é "figura" daquele que vai vir (Rom. 5:14). Se Cristo é masculino, o mesmo terá sido Adão e, regressivamente, Iahweh. Na primeira epístola aos coríntios, Paulo não podia ser mais claro: o homem não deve cobrir a cabeça "porque é a imagem e a glória de Deus; mas a mulher é a glória do homem" (1Cor. 11:7).

Da parte de Deus houve sempre uma grande reserva em mostrar sua face, como veremos adiante. Mas o homem sempre sentiu necessidade de figurá-lo de modo a poder imaginá-lo com os seus sentidos.

Aqui há confusão e contradição. Em Gên. 1:27 Deus cria o homem, como homem e mulher; em 2:7, Deus modela o homem em argila e cria a mulher a partir de uma sua costela. Em 5:1-2, onde a Bíblia trata dos patriarcas anteriores ao dilúvio, são fundidas as duas versões sem que desapareça a contradição, ao contrário, ela se torna mais aparente: "No dia em que Deus criou Adão, ele o fez à semelhança de Deus. Homem e mulher ele os criou, abençoou-os e lhes deu o nome de 'Homem' no dia em que foram criados". Parte dessa contradição resulta de traduções equivocadas das palavras utilizadas no original hebraico. A Bíblia hebraica não diz que Deus criou o Homem (nome próprio, com inicial maiúscula), mas *ha adam*, o homem, substantivo comum e genérico, o ser humano. A palavra hebraica para homem, o ser macho, é *ish*, e porque, na versão javista a mulher foi feita do homem, ela será referida como *ishá*. A semelhança a Deus seria do ser humano, não do macho.

Aqui, mais uma vez, a explicação pode estar em que, em sua origem, a ideia de que Deus haja criado o homem (ou o homem e a mulher) à sua imagem e semelhança tem origem nas religiões egípcias. Um texto conhecido como *O Livro de Instrução para Merikare*, datado aproximadamente de 21 séculos a.C., diz que a "humanidade é o rebanho de Deus e os homens foram feitos à sua imagem, que vem do seu corpo". Quanto ao aspecto físico do Criador, ele era frequentemente Deus e Deusa num só ser, e até, como no caso da religião hermopolitana, quatro pares de deuses e deusas formando um só criador, o que tornaria verossímil a hipótese de semelhança com seres múltiplos.

Joseph Campbell vê no mito da criação da mulher a partir do homem uma manifestação do que ele chama de "mito do andrógino original" do qual vê precedentes nos *Upanishads*, do século XI a.C. Tirar uma costela de Adão seria o equivalente de cortar Adão pela metade. São duas interpretações do mesmo símbolo, diz, e este símbolo tem sua origem numa mitologia comum[43].

Segundo o *Catecismo*, tendo sido feito à imagem e semelhança de Deus, esses primeiros seres humanos são "de uma beleza perfeita". A frase é, na verdade, de Ezequiel (Ez. 28:12). O *Catecismo* diz mais: "O primeiro homem não só foi criado bom, mas também foi constituído em uma amizade com seu criador e em tal harmonia consigo mesmo e com a criação que o rodeava que só serão superadas pela glória da nova criação em Cristo"[44]. E segue – falando, agora, do casal, e não apenas do "primeiro homem" – que eles foram constituídos em estado de "santidade e de justiça original"[45]. Na verdade, o texto sagrado vai além, pois diz o salmista que Deus fizera Adão "pouco menos do que um deus, coroando-o de glória e beleza" (Sal. 8:6)[46].

---

43. Joseph Campbell, *Isto És Tu: Redimensionando a Metáfora Religiosa*, São Paulo, Landy, 2002, p. 113.
44. *Catecismo*, p. 374.
45. *Idem*, p. 375.
46. A *BJ*, sempre disposta a decifrar da maneira mais conveniente as inconsistências da Bíblia, diz em nota que o salmista está aqui se referindo aos anjos (*BJ* 954 o). Não está. O ser ao qual o

Irineu dirá mais tarde (século II d.C.) que, sem perder a imagem, a humanidade, por seu comportamento corrompido, perdeu a semelhança com Deus, o que quer que isso queira dizer[47]. Encarniçadas disputas atravessaram os séculos, e talvez não tenham sido ainda esclarecidas sobre essa questão da semelhança entre o homem e Deus.

Em toda a história da humanidade só pouquíssimas vezes revelou Deus sua face ao homem. Escondeu-se (*deus absconditus*) cada vez mais até que, com a chegada do Filho, eximiu-se totalmente de novas aparições, transferindo integralmente para a segunda pessoa a faculdade de apresentar-se de forma visível. A partir de então, a face de Deus-Jesus é sempre a de um homem, pois como homem é que Deus, por definição um ser sem sexo, escolheu encarnar-se.

Antes da chegada do Cristo em Jesus, os aparecimentos de Deus aos homens se resumem a pouquíssimos casos: no Jardim do Éden, convive com o homem e a mulher, face a face. Aparece a Caim com quem mantém o diálogo que figura no capítulo 4. A Ló, aparece na forma de um anjo[48]. A Jacó, em Peniel, na forma de um "estranho", que com ele luta fisicamente toda uma noite e perante quem se reconhece vencido, limitando-se a deixar a marca de sua presença na claudicante perna do patriarca. Jacó sabe que o estranho era Iahweh, pois se vangloria de haver visto Deus face a face e haver sobrevivido (Gên. 32:29-30). Nos demais casos de contatos com os homens é mais comum que Deus o faça em sonhos (como a Abraão) ou escondido em nuvens de fumaça, como a Moisés. Aos homens negava-se mesmo a comunicar o seu nome, não abrindo exceção nem para Jacó/Israel, quando este lhe solicita que se identifique após a luta corporal. O evento único permitiu, aliás, a Jacó assumir o nome de Israel, que quer dizer "aquele que lutou com Deus".

---

salmista se refere é aquele sob cujos pés Iahweh colocou "ovelhas e bois, todos eles, e as feras do campo também; a ave do céu e os peixes do oceano". Ora, sabe a BJ muito bem que todos esses seres foram colocados por Iahweh à disposição do homem e não "dos seres misteriosos que habitam a corte de Iahweh".

47. Luise Schottroff, "A Narrativa da Criação: Gênesis 1,1-2,4ª", em BRENNER, *Gênesis a Partir de uma Leitura de Gênero*, 2000, p. 33.
48. Não sabemos, até então, o que é a forma de um anjo. Os anjos aparecem na Bíblia normalmente em forma de homens.

> *Deus os abençoou e lhes disse:*
> *"Sede fecundos, multiplicai-vos, enchei a terra e submetei-a, dominai sobre os peixes do mar, as aves do céu e todos os animais que rastejam sobre a terra".*
>
> Gên. 28-30

À sua última obra entrega Deus o domínio sobre todos os demais seres vivos. Ainda uma vez a influência do mito egípcio da criação se faz notar de maneira evidente. Diz o *Livro de Instruções de Merikare*, já citado:

> Bem-cuidada é a humanidade – o gado de deus.
> Ele fez o céu e a terra por causa deles.
> Ele dominou o monstro da água,
> Ele fez a respiração para dar vida a seus narizes.
> Eles são suas imagens, que vieram de seu corpo.
> Ele brilha no céu por causa deles.
> Fez para eles as plantas e o gado,
> as aves e os peixes para alimentá-los.

Tais versos revelam coincidências notáveis com frases da Bíblia. Assim, por exemplo, em Gên. 2:7 encontramos "insuflou em suas narinas um hálito de vida", a mesma imagem, e quase as mesmas palavras são encontradas na quarta linha dos versos citados. Curiosa, também, é a cláusula "Eles são suas imagens", no plural, que estabelece uma correspondência literal com Gên. 1:27.

Voltemos à Bíblia. Deus comanda ao homem e à mulher: "Sede fecundos, multiplicai-vos, enchei a terra e submetei-a" (Gên. 1:29). Ao fazê-lo, autoriza, implicitamente, as relações incestuosas para isso necessárias. Como o gênero humano estava reduzido a Adão e Eva, a única forma de se multiplicar seria através de sucessivas relações sexuais incestuosas, a primeira das quais necessariamente, entre Eva e Set ou Caim, já que o par edênico não teve filhas. Evidentemente, não havia nisso pecado, pois o mandamento da procriação era explícito e não havia outra forma de ser cumprido.

A eles dá todas as ervas e todas as árvores dizendo: "isso será vosso alimento". Nenhuma restrição é explicitada com relação a qualquer vegetal, a qualquer fruta de qualquer árvore. Em princípio, pois, os primeiros homens poderiam comer o fruto de todas as árvores do Jardim do Éden, ao contrário do que diz o capítulo 2, escolhido para representar a verdadeira vontade de Deus por Santo Agostinho e pela Igreja.

A dieta vegetariana será revogada após o dilúvio, quando Deus autoriza o homem a comer de "tudo o que se move e tem vida". A única restrição imposta nesse segundo *round* é a de não comer "a carne com sua alma, isto é, o sangue". Essa permissão de comer a carne dos animais poderia ser interpretada como uma mudança na natureza dos próprios animais, que de companheiros do homem na criação, ou dele servidores, passavam agora à condição de vítimas potenciais para fins de alimentação. Já poder-nos-íamos ter indagado a razão de, com o extermínio da humanidade, terem sido igualmente eliminados todos os demais seres vivos (à exceção, logicamente, dos peixes). A relação entre o homem e os demais seres criados é agora estabelecida como um domínio: "enchei a terra e submetei-a" (Gên. 1:28).

Ao final de cada dia de criação, Deus se aplaudia, achando "bom" o que havia criado (com a exceção inexplicável e inexplicada do segundo dia). No fim do sexto dia achou mesmo "muito bom" o que havia realizado.

A hermenêutica rabínica, que não é objeto deste livro, oferece uma enorme variedade de explicações para as palavras da Bíblia, estranhas às explicações cristãs. Por sua singularidade insiro aqui a que figura num *midrash* citado por Luise Schottroff: "Por que o homem foi criado no sexto dia, depois de todas as outras criaturas? Para que fosse dito a ele, caso se tornasse arrogante: 'O mosquito foi criado antes de ti' "[49].

Chegamos, assim, ao fim da criação, pois, como veremos, no sétimo dia Deus já nada mais criou. Apenas "descansou". É este, assim, o momento de voltarmos ao tema da conciliação entre a verdade revelada e a verdade demonstrada que já abordamos, no início, ao tratarmos da criação do céu e da terra. Naquela ocasião, examinamos as divergências entre o que se tem por uma "revelação" no Gênesis e o que a mente humana já apurou como verdade científica no que respeita à criação do universo. Trataremos, agora, muito sumariamente, como requer a natureza deste livro, do que diz a ciência a respeito do aparecimento do ser humano.

---

49. Luise Schottroff, "A Narrativa da Criação: Gênesis 1,1-2,4ª", em Brenner, *Gênesis a Partir de uma Leitura de Gênero*, p. 33.

Rudimentos de Antropogênese Científica

É certo que, de acordo com os mais recentes resultados da bioquímica, é impossível deduzir que esse altamente complexo processo tenha necessitado uma especial intervenção do Deus criador. Com base nos pressupostos materiais e a despeito de todas as questões ainda sem resposta, a origem da vida é um evento que pode ser compreendido com os exclusivos elementos da física e da química[50].

A cronologia da criação no Gênesis separa a criação dos seres vivos em dias distintos, com a inserção da criação dos astros celestes no intermédio. As "verduras" teriam sido criadas no terceiro dia, antes do surgimento do sol, o que sabemos ser uma impossibilidade natural, e os "seres vivos", animais e o homem, no quinto dia.

Sabe a ciência moderna que os "seres vivos", assim como as "verduras", descendem todos do mesmo tronco, a célula inicial que, dividindo-se em duas, inaugurou a formação de *todos* os seres vivos, o que deve ter ocorrido quando a Terra tinha aproximadamente 3,8 bilhões de anos de existência. A essa célula primal os cientistas britânicos deram o nome de LUCA, acrônimo de Last Universal Common Ancestor (Último Ancestral Comum Universal). A partir de então, por um processo de evolução e seleção natural, ao nível celular, foram se diferenciando os diversos reinos da natureza hoje discriminados em animal, vegetal, mineral, protista (seres unicelulares e algas) e monera (bactérias).

A nós interessa neste estudo apenas o aparecimento da vida animal, e nesta, pulando as etapas, a dos primeiros bípedes hominídios. Estes, por sua vez, descenderão todos da Eva mitocondrial, surgida na África, há cerca de duzentos mil anos. Todos os seres humanos têm a marca dessa Eva primordial, à qual os cientistas ingleses denominaram MRCA, acrônimo de Most Recent Common Ancestor (Mais Recente Ancestral Comum), do homem, LUCA sendo a dos seres vivos.

Teremos, novamente, que saltar numerosas etapas até chegar ao primeiro *homo*, na hora em que ele se separa dos demais primatas e inicia a cadeia que o levará de *Homo habilis* a *Homo sapiens*. Este sairá da África há cerca de cinquenta a cem mil anos para a Ásia e a Europa, suplantando

---

50. Hans Küng, *The Beginning of All Things*, Michigan, W. B. Eerdmans Publishing Company, 2007, p. 139.

as populações do *Homo erectus* na primeira e do *Homo neanderthalensis* na segunda. As evidências de que esses ancestrais já tinham um avanço intelectual que os fazia capazes de falar e de produzir rudimentos de arte data, pelos conhecimentos atuais, de cerca de 35 000 anos atrás.

O *Homo sapiens* somos nós, o que não quer dizer que sejamos iguais aos nossos mais diretos antepassados de cem mil anos atrás. Continuamos a evoluir, a transformar nosso físico para adaptá-lo às novas condições climáticas, alimentares e civilizacionais. De mistura com os antepassados citados, pode-se encontrar uma centena de espécies, devidamente classificadas com os apropriados nomes latinos, que oferecem toda a gama possível da passagem do ancestral comum do homem e do chimpanzé, para, de um lado, o chimpanzé contemporâneo e, de outro, a espécie humana.

Este, em sumaríssimas linhas, é o estado atual da antropogênese.

Não é fácil encontrar nessa cronologia científica, hoje inconteste, aquele momento que justifica a informação constante do *Catecismo* que afirma ter sido o primeiro homem

> [...] não só criado bom, mas também [...] constituído em uma amizade com seu Criador e em tal harmonia consigo mesmo e com a criação que o rodeava que só serão superadas pela glória da nova criação em Cristo. Interpretando de maneira autêntica o simbolismo da linguagem bíblica à luz do Novo Testamento e da Tradição, a Igreja ensina que nossos primeiros pais, Adão e Eva, foram constituídos em um estado "de santidade e de justiça original"[51].

Isso nos leva a pensar na controvertida tradução do Salmo 8:6 onde, referindo-se à imagem e semelhança do primeiro homem com o Deus criador, diz o salmista que o homem foi feito "pouco menos do que um *deus*". Esta é a versão que figura na BJ, quanto a isso refletindo o original hebraico no qual a comparação é feita com *elohin*. Na *Nova Vulgata*, porém, que também se apresenta como uma tradução direta do hebraico, encontramos o versículo com a redação *Minuisti eum paulo minus ab angelis* ("E o fizeste pouco menos do que um *anjo*"), a mesma que figura na *Vulgata Clementina*, baseada no texto grego de São Jerônimo, que não corresponde em nada ao que figura no texto hebraico[52].

---

51. *Catecismo*, pp. 374-375.
52. Huston Smith, *As Religiões do Mundo*, São Paulo, Cultrix, 1991, p. 269.

SÉTIMO DIA (CAPÍTULO 1)

> *Assim foram concluídos o céu e a terra, com todo o seu exército. Deus concluiu no sétimo dia a obra que fizera e no sétimo dia descansou.*
>
> Gên. 2:1

A que "exército" pode estar se referindo este versículo? A BJ o deixa sem comentário, o que é tanto mais estranho quanto há uma nítida diferença entre o texto da *Vulgata Clementina* e o da *Nova Vulgata*, a primeira falando de *omnis ornatum eorum* (todo seu aparato) e a segunda de *omnis exercitus eorum* (todo seu exército). A King James fala de "all the *host of them*", evocando a ideia de exército; a JB traduz por "all their array", o que tanto pode ser disposição de tropa de combate, quanto aparato, pompa, portanto, também, ornamento; e a *New Revised Standard Version* por "all their multitude", um termo mais vago, que evoca, porém, a ideia de pessoas, e não de objetos. Nelas não encontramos comentários.

Essa ausência de comentários é perturbadora porquanto qualquer tradução que evoque a ideia de seres vivos, se se aplica sem problema no que se refere à terra, não teria explicação no que se refere ao céu, pois se céu é o firmamento, o cosmo (com exclusão da terra, mencionada em separado), nele não haveria outros seres vivos, outros "exércitos". Se se refere à habitação divina, nada é dito, no capítulo 1, que tenha sido ela parte da criação[53].

Uma leitura analítica deste versículo leva a supor que haja nele uma redação propositadamente ambígua para permitir a inclusão do conceito do dia de repouso, o Sabá. O versículo diz, ao mesmo tempo, que Deus "concluiu no sétimo dia a obra que fizera" e que "no sétimo dia descansou". Ora, nada criou Deus no sétimo dia, tendo sua obra sido concluída na véspera, com a criação do homem. Examinemos agora o que o texto diz da obra do sexto dia. Há, primeiro, a criação de todos os seres vivos

---

53. Devo, aqui, introduzir um esclarecimento importante. O presente livro trata da obra da criação do homem e do cosmo. Mas a criação divina transcende a do ser humano e seu *habitat* cósmico. Deus criou, também, os seres espirituais, os anjos. Mas essa história, se bem que, em algum momento se mistura com a do ser humano, com ela não se confunde. Será objeto do estudo anexo à presente obra sob o título de "Aproximação à Angelologia", obra em separado do Autor.

segundo a sua espécie. Deus viu que isso era bom. Como nos dias anteriores, porém, não se segue a fórmula utilizada para cada final da obra cotidiana, que teria sido: "Houve uma tarde e uma manhã: sexto dia". E o texto continua com "Deus disse", fórmula que vinha sendo usada *no começo* de cada dia, mas, desta vez, dentro ainda do mesmo dia, e só no versículo 31 irá pronunciar a frase conclusiva dos trabalhos diários. Sendo o homem o ápice da criação, seria de esperar que à sua criação fosse dedicado todo um dia, o sétimo, como, aliás, está implícito no início de 2:2. Tudo indica, pois, que P, escrevendo numa época em que o Sabá já estava instituído como prática litúrgica, provavelmente pelo século VI a.C., haja alterado a versão oral ou escrita sobre que se baseou, passando do sétimo para o sexto dia a criação do homem, de modo a introduzir o sétimo como dia do repouso. Assim, não teria sido a criação em seis dias seguida de um sétimo para descanso que precedeu e inspirou a semana litúrgica hebraica, mas, precisamente, o contrário. É a prescrição litúrgica de observação do Sabá como dia do descanso que levará P a escalonar a criação em seis dias com o sétimo dedicado ao repouso divino, numa utilização da prática corrente nos escritos bíblicos de redação de textos prolépticos para justificar acontecimentos futuros.

Não é preciso insistir sobre a incongruência de mostrar necessário ao criador onipotente "repousar" do trabalho da criação.

Por que Sete Dias?

Antes de passarmos à análise da segunda versão, na qual não há menção de sequência temporal na obra da criação, voltemos, por uns instantes, à questão já abordada quando, nos comentários à primeira versão, aludimos à possibilidade de atribuir o esquema da criação em sete dias à revisão sacerdotal do texto bíblico (o texto de P), que retroage à obra da criação o esquema de uso litúrgico dos dias da semana vigente no século VI a.C. Podemos acrescentar outras considerações.

As religiões precedentes e contemporâneas do Talmud, em particular a suméria, a egípcia e a grega, davam ao número 7 um significado místico correspondente ao conceito de totalidade de espaço e de tempo. Na Suméria 7 era o número sagrado. No Egito representava a vida eterna. Na Grécia era o número de Apolo, cujo culto era praticado a cada sete dias. Curiosamente, a sacralidade do número 7 parece ser universal e permanente. Vamos encontrá-la no hinduísmo (sete são os raios do sol que indicam as sete direções da terra), no budismo (sete são os céus), no islamismo (sete é o número de circunambulações que deve realizar o peregrino à Meca em torno da Caaba). O setenário resume a totalidade da vida moral, com o complemento entre as três virtudes teologais (fé, esperança e caridade) e as quatro cardeais (prudência, justiça, força e temperança) na fé católica. Essa distinção especial do número 7 está espalhada pelos demais continentes, nas crenças religiosas dos povos altaicos e mongóis na Ásia, entre os maias, os incas, os astecas, e os índios do centro-oeste dos Estados Unidos, no continente americano, nas religiões animistas da África. Sobrevive no Ocidente europeu em inúmeras crendices e superstições e, familiarmente, no recurso ao número 7 até para as lendas e os contos de origem popular ou folclórica, como na história de *Branca de Neve e os 7 Anões*. Sete são as cores do arco-íris, as notas da gama diatônica na música ocidental, as aberturas do corpo humano etc. Poderíamos continuar por todo um livro, tal a difusão do prestígio exercido pelo número 7 em todas as partes e em todas as épocas.

No que respeita especificamente à Bíblia, o número 7 é utilizado 77 vezes no Antigo Testamento. Sete são os selos, as igrejas, as trombetas, os trovões, as pragas do Egito, e assim por diante. Abunda na liturgia. No sacrifício pelo pecado, o sacerdote após molhar o dedo no sangue da vítima propiciatória, faz sete aspersões em direção ao véu do templo (Lev. 4:6). A mulher que concebe um filho ficará impura por sete dias ("pelo pecado"!); se for uma filha, ficará impura mais sete dias (Lev. 12:2). Menstruada, fica "impura" por sete dias e impuro fica tudo o que ela tocar (Lev. 15:19). Ao anunciar as maldições que fará cair sobre aqueles que não cumpram a sua lei, seus estatutos e suas normas, Iahweh diz que porá sobre eles "o terror, o definhamento e a febre" e, se forem recalcitrantes, os castigará sete vezes mais (Lev. 26 15 e 18), e, se ainda assim, não voltarem atrás acerca de seus pecados, agravará as penas mais sete vezes (Lev. 26:21). Os numerologistas bíblicos conseguem descobrir até, além das duas menções ao sétimo dia que figuram no versículo 2.1, com o qual se encerra a narração da obra da criação, que ele tem, exatamente, 35 (5 x 7) caracteres no texto em hebreu!

SÉTIMO DIA (CAPÍTULO 2)

A narração da criação que acabamos de analisar é imediatamente alterada tão pronto abordamos o segundo capítulo do livro.

A primeira e mais notável diferença entre os dois capítulos é a apelação conferida ao Criador: Deus no primeiro capítulo, e Senhor Deus no segundo, na BJ, de acordo com o que figura, correspondentemente, nas *Vulgatas*: *Deus* e *Dominus Deus*. Jack Miles ressalta as importantes diferenças entre Deus e Senhor Deus, ou Iahweh Deus. O Deus do segundo capítulo não apenas tem nome diferente, mas é em tudo diferente do Deus do primeiro capítulo. No capítulo 1 Deus é representado como um soberano cósmico. Ele dita e faz-se o cosmo; fala e se estabelece, com suas palavras, à medida que são pronunciadas, toda a criação. No capítulo 2 (e no 3), Deus cria o homem e a mulher artesanalmente e fará para eles, mais tarde, vestimentas antes da expulsão; passeia pelo jardim, fala com as criaturas humanas, às vezes não sabe onde elas estão.

No primeiro relato Deus cria o homem com a sua própria palavra e o faz à sua semelhança. No segundo fabrica o homem com argila e não fala de imagem ou semelhança. No primeiro, Deus é acolhedor e generoso. Nada proíbe. Ao contrário. Dá ao homem a terra, para que a ele se submeta, os peixes do mar, as aves do céu e todos os animais rastejantes (?), para que os domine. E mais que tudo, e a isso se atente: dá-lhe "todas as árvores que dão frutos" (Gên. 1:29), sem discriminação. Não se fala de obediência ou castigo[54].

Outras diferenças existem. No capítulo 1 o mundo vegetal foi criado no terceiro dia, antes mesmo, deve-se voltar a notar, da criação do sol e da lua, para iluminarem o dia e a noite, e muito antes, ainda, da criação do homem. Já no capítulo 2, as árvores, "formosas de ver e boas de comer", foram instauradas após a criação do homem, o que parece mais lógico, entre elas duas, uma "no meio" do jardim, a da vida, e outra, a do conhecimento do bem e do mal, cuja localização não é explicitada. A esta, o Criador veda o acesso ao homem, dizendo que "no dia em que dela comeres terás que morrer" (Gên. 2:17), proibição incompreensível,

---

54. Jack Miles, *Deus – Uma Biografia*, São Paulo, Companhia das Letras, 2002, p. 49.

pois, no estado de santidade e comunhão com Deus em que o homem se encontrava, ela não faria sentido. Ao ser-lhe conferido o privilégio do livre-arbítrio (quando e como?), do qual, no momento em que lhe é feita a proibição, não tem o homem noção do que isso queira dizer, seria, ao contrário, de toda conveniência que pudesse a criatura fazer a diferença entre o bem e o mal.

Uma reflexão mais profunda sobre o episódio nos levaria a colocar a questão: como, nesse momento inicial, quando tudo o que havia sido criado era "bom", ou "muito bom", pode-se colocar a possibilidade de que pudesse existir alguma coisa que não fosse boa, ou muito boa? Por outras palavras, como, de dentro da criação, poderia surgir algo que fosse o "mal"?

A advertência, aliás, foi feita apenas ao homem, pois a mulher ainda não havia sido criada. E isto se reconfirma na narração constante do capítulo 3, quando o homem já tem companheira, e é a ele que Iahweh Deus se dirige no episódio da descoberta da desobediência, perguntando: "Onde estás?" Ao que o homem responde: "Ouvi teu passo no jardim, [...] tive medo porque estou nu e me escondi". E Iahweh Deus contesta: "E quem te fez saber que estavas nu? Comeste, então, da árvore *que te proibi* de comer?" (Gên. 3:8-11). É ao homem que deus se dirige, falando na segunda pessoa do singular.

Se proibição existia de comer o fruto da árvore do conhecimento do bem e do mal, comunicada expressamente apenas ao homem, como fica evidente, nenhuma advertência ou proibição havia sido estabelecida, ao homem ou à mulher, de comer o fruto da árvore da vida, da qual sabemos nós que existia (Gên. 2:9), mas não diz a Bíblia que o soubessem o homem ou a mulher. Ao contrário, Deus é claríssimo e expressamente diz que o casal poderá "comer de *todas* as árvores do jardim" com exceção do fruto da árvore do conhecimento do bem e do mal (Gên. 2:16). Do tabu relacionado à árvore da vida só iremos saber (nós e o infeliz par edênico) no momento da sua expulsão do jardim, quando Deus revela o temor de que, se dela comessem, os dois seres por ele criados se tornariam "como um de nós"... e pudessem viver "para sempre" (Gên. 3:22).

A ausência de uma proibição expressa de comer da árvore da vida causa alguma perplexidade. Nas mitologias dos povos circundantes a árvore da vida tem sempre um papel relevante. Gilgamesh, na Babilônia, por exemplo, crê ter obtido a imortalidade quando se apodera da árvore da vida. Ora, como se verá adiante, no caso do Gênesis, os primeiros homens já eram imortais. Podemos então nos perguntar para que uma árvore da vida se eles não podiam (e não precisavam) delas comer o fruto por já serem imortais, e a ela não iriam ter possibilidade de recorrer se, dele comendo, perdessem a imortalidade?

A criação artesanal do homem, como figura do capítulo 2, que, na versão javista, se estenderá a todos os animais (todos não, aliás, mas apenas às "feras selvagens e às aves"; nada nos sendo informado sobre os demais animais), encontra precedentes em algumas versões egípcias do mito da criação, como aquela em que o deus Khnum compôs o homem num torno de oleiro, usando, portanto, como matéria-prima, também a argila[55]. Em outra versão, Atum, o primeiro deus, foi formado das terras molhadas despertadas das águas primordiais. Gary Greenberg, que estudou em detalhe a influência dos mitos egípcios na narração bíblica, chama a atenção para a similitude fonética entre as palavras Atum e Adam como uma indicação adicional de influência do mito egípcio sobre o hebreu. No mito egípcio, Atum é simultaneamente masculino e feminino, outra aproximação com a versão eloísta[56]. Precedente similar, de um deus-oleiro, se encontra na mitologia acádica. Num mito babilônico é a mãe deusa Mami que modela um homem com argila[57].

Na Bíblia, esse primeiro "homem", feito sozinho, sem companheira, foi instalado num imenso jardim, *in Eden ad orientem*, diz a *Nova Vulgata*, "à Leste no Éden" e não "à Leste do Éden", como se tornou popular dizer após o livro de John Steinbeck e o filme de Elia Kazan. Éden é o nome próprio do lugar onde se situava o jardim (e não "paraíso") no qual Deus colocou os primeiros seres vivos. A equivocada tradução de jardim por "paraíso" tem origem na *Septuaginta*. Repassada às diferentes versões da *Vulgata*, deu origem à lenda do Paraíso, com todas as derivações que o termo veio a adquirir. Pode-se supor ser o jardim uma área cercada, uma

---

[55]. Gary Greenberg, *101 Myths of the Bible: How Ancient Scribes Invented Biblical History*, Illinois, Source Books, 2002, p. 47.
[56]. *Idem*, p. 47.
[57]. Ilana Pardes, "Para Além do Gênesis 3: A Política da Nomeação pela Mãe", em Brenner, *Gênesis a Partir de uma Leitura de Gênero*, p. 198.

miniatura da natureza criada, capaz de ser mantida pelo trabalho de seus habitantes, ao homem dado para dele cuidar e usufruir.

Cabe aqui uma pequena digressão sobre a viabilidade do homem. Quando Deus lhe diz que no dia em que comer do fruto proibido (que, aliás, não está dito em nenhum lugar que tenha sido uma maçã), ele morrerá, poderá estar dizendo duas coisas diferentes: ou que o homem morrerá nesse mesmo dia, ou que perderá a condição de imortalidade. Ora, se a primeira hipótese não é a verdadeira (o que será confirmado pela serpente, que, no episódio, é quem fala a verdade), então o único sentido que sobra para que as palavras divinas não sejam uma mentira, seria o de interpretá-las como querendo significar que, embora tenha sido o homem criado imortal, a consequência da infração seria não a morte física imediata, mas a perda da imortalidade. Diante do impasse, a BJ oferece uma explicação imprecisa, que não encontra respaldo no texto da Bíblia: "O pecado, simbolizado pelo fato de comer o fruto, merece a morte: o texto não diz mais que isso", o que não é verdade. O que, de fato, o texto implica, e bem sabemos, ou vamos saber mais adiante, quando descobrirmos que, na ocasião, o conceito de pecado ainda nem sequer existia (BJ, 34, nota c).

Antes de continuarmos, é importante repetir e salientar que a segunda versão é anterior à primeira. Data de pelo menos mil anos a.C., enquanto a segunda lhe é posterior em pelo menos quatro séculos. A versão javista, tem, claramente, a natureza de uma narrativa de origem mitológica, provavelmente transmitida oralmente através de um grande número de gerações. Existia na épica de Gilgamesh, que adquire a imortalidade apoderando-se da árvore da vida. A primeira versão, cronologicamente muito posterior, é de base eloísta e foi o resultado da reestruturação teológica e litúrgica da religião israelita pós-exílica[58].

A CRIAÇÃO DA MULHER

O próprio Senhor Deus se dá conta de que a tarefa conferida ao homem é hercúlea (acho que não pode ter sido essa a palavra que lhe ocor-

---

58. Elaine Pagels, *Adam, Eve, and the Serpent*, New York, Vintage Books, 1989, p. XXII.

reu, pois seria um anacronismo) e decide criar uma ajudante para o jardineiro solitário, "uma auxiliar que lhe correspondesse", nas palavras da Bíblia (Gên. 2:20). A mulher é, destarte, aquilo que os ingleses chamam de um *afterthought*, uma ideia que só ocorreu a Deus depois da criação do homem, "pois não achou bom que o homem esteja só" (Gên. 2:18). Para encontrar a companheira "que lhe correspondesse", Iahweh dá-se ao trabalho, e só então, de criar "todas as feras selvagens e todas as aves do céu", tudo artesanalmente modelado do barro, como fizera para fabricar o homem, e oferecê-las ao homem para que a cada uma dê nome e *entre elas* (note-se bem: *entre as feras selvagens e as aves do céu*) escolha sua auxiliar. A *Vulgata Clementina* usa o termo *adjutorium*, que tinha o mérito de ser neutro, mas nisso foi corrigida pela *Nova Vulgata* que o substituiu pelo substantivo masculino *adjutor* e não o feminino *adjutrix*, disponível na língua, o que pode indicar que a ajuda que tinha em mente o Criador era para os trabalhos de manutenção do jardim (Gên. 2:16) e não para a reprodução, como havia feito com relação aos animais, criados macho e fêmea. Diferentemente da *Nova Vulgata*, a BJ diz, a partir do texto hebraico, que a palavra nele usada é feminina, e usa, para traduzi-la, a expressão "a auxiliar". Ao homem cumpre a determinação de dar nome "a todas as feras selvagens, e todas as aves do céu", diz a BJ, divergindo tanto do original hebraico, quanto do texto latino, que falam ambos de "animais do campo" (*Animantibus agri*, em Gên. 2:19, ou *bestias agri*, em Gên. 2:20). Mais urgente e apropriado, aliás, seria dar nomes aos "animais domésticos", especificamente criados no sexto dia (Gên. 1:24). Dar nome era um momento capital na existência de um ser. "[O] nome de um ser era sinônimo de sua existência ou de sua essência", diz Isidoro Mazzarolo[59]. Teremos abundantes oportunidades de encontrar na Bíblia o nome de uma pessoa ou de um lugar associado às qualidades referentes ao mesmo.

O homem tem o bom senso (seria já uma demonstração do livre-arbítrio que ele próprio não sabia possuir?) de recusar-se a escolher seu *adjutor*, ou sua auxiliar, de entre os animais disponíveis. "Não encontrou a auxiliar *que lhe correspondesse*", diz a BJ, usando o termo feminino, o que permite presumir que a BJ reconhece faltar ao primeiro homem uma

---

[59]. Izidoro Mazzarolo, *Gênesis 1-11: E Assim Tudo Começou*, p. 61.

fêmea, e não mão de obra doméstica ou para a conservação do jardim. Mas nada diz a Bíblia que possa justificar estar em jogo prover Adão de uma fêmea humana com a finalidade eventual de perpetuação da espécie. Dizer que ela fica implícita quando Elohim determina que todas as espécies se multipliquem seria um anacronismo, pois os seres humanos não haviam sido concebidos pelo Criador como espécime animal.

Ora, o Senhor Deus, que tudo sabe (assim se presume, mas ainda não foi dito na Bíblia), não podia ignorar o que iria se passar na cabeça do homem. No entanto, apesar disso, tinha preparado um plano B para a hipótese de tergiversação de sua parte e, logo em seguida, o põe em execução. Aproveitando-se de um momento em que o homem dormia, retirou-lhe, cirurgicamente, uma costela (*sela*, em hebraico) com a qual esculpiu a primeira mulher, a já tão desejada companheira que faz o homem compor o primeiro poema da história (Gên. 2:23), no qual já se vislumbra a desqualificação de gênero da mulher que a acompanhará por todo o restante da história da humanidade. O homem se rejubila de obter uma mulher que é "osso de meus ossos e carne da minha carne" (Gên. 2:23), o que, aliás, era uma impropriedade porquanto, se a mulher era osso dos seus ossos, não era, como vimos, carne de sua carne. Esta Deus fez crescer *após a retirada da costela*, conforme está dito em Gênesis 2:21. Não constam palavras de agradecimento do homem a Iahweh pelo empenho em providenciar-lhe a chamada assistente, mas parece claro que o homem nela vislumbrou mais do que uma simples *adjutrix*.

Mary Phil Korsak comenta que a palavra *sela* é utilizada em todo o Antigo Testamento com o sentido de "lado" (lado do mar, lado do tabernáculo) e só no presente contexto tem sido traduzida como "costela". Schüngel-Straumann observa que a palavra pode derivar do sumério, onde teria o significado de "mulher" ou "vida", no que poderia estar dando argumento para certos autores contemporâneos que procuram ressaltar o aspecto gerador do primeiro homem que seria assim assemelhado à figura feminina da mãe, único ser gerador de vida[60].

A ideia de um ser primordial ter sido "retirado" do corpo de outro já figura na anterior religião heliopolitana, do Egito, na qual, no mito da

---

60. Athalya Brenner, *Gênesis a Partir de uma Leitura de Gênero*, São Paulo, Paulinas, 2000, pp. 74-75.

criação, Shu, filho do deus máximo Atum, pai de Geb (a terra), retira Nut (o céu), de seu corpo separando, assim, céu e terra[61].

OS NOMES DE ADÃO E EVA

Não é Deus quem dá nome às suas criaturas. Aos animais é Adão, ainda sem nome ele próprio, por comando divino (Gên. 2:19). Tampouco têm nomes os seres humanos. Entre estes, o primeiro a ser nomeado é Eva, Havvah em hebraico, com o significado premonitório de "mãe de todos os viventes", dado por Adão no momento em que são expulsos do jardim. O momento é oportuno. Saindo do jardim para o mundo o casal iria iniciar a raça humana. Enquanto viveram no jardim, Adão era apenas *ish*, "o homem", Eva apenas *ishà*, "a mulher". Curiosamente, Adão só será mencionado pelo nome próprio muito tempo depois. Mesmo quando Eva engravida de Caim, seu primogênito, Adão é mencionado apenas como "o homem" (Gên. 4:25). O casal já tinha tido os dois primeiros filhos, Abel já tinha sido assassinado e Caim já teria deixado o lar, quando, Eva querendo ter um filho para substituir Abel, engravida de Set, seu terceiro filho (Gên. 4:1), e só então aparece na narração bíblica o nome de Adão. Essa demora em ser nomeado é tanto mais estranha quanto seu nome próprio deriva da palavra hebraica *adam* que significa, precisamente, o barro de que foi feito o primeiro homem, palavra que serviu genericamente para designar o ser humano.

> *Ora, os dois estavam nus, o homem e sua mulher, e não se envergonhavam.*
> Gên. 2:25.

E assim termina a segunda versão da criação, primeira a ser composta, elaborada séculos antes da versão sacerdotal como já sabemos. Se uma delas tivesse que ser escolhida para orientar a interpretação da Bíblia, essa teria que ser a posterior, que já refletia um amadurecimento do pensamento teologal entre os hebreus. No entanto, a que perdura é a que

---

[61]. Stephen Greenblatt, *Ascensão e Queda de Adão e Eva*, São Paulo, Companhia das Letras, 2002, p. 44.

consagra o macho como a verdadeira semelhança de Deus e a subordinação da mulher, criada do homem, e não da palavra de Deus, como São Paulo, mais tarde, não deixará de salientar. Tivessem os judeus, primeiro, e os cristãos depois, a Sinagoga e a Igreja, se contentado com a versão solar da criação e a história da humanidade teria sido diferente. E muito mais saudável. Lamentavelmente não foi isso o que ocorreu. Valeram-se ambas da sombria versão javista, com as funestas consequências para a metade feminina da humanidade que o escriba amputou da criação por Deus do primeiro ser humano.

Ao lado dessas duas versões por assim dizer oficiais da criação da primeira mulher, versões distintas circulavam entre os hebreus e isso até pelo menos o século v da era cristã. Uma tradição rabínica de interpretação cabalística do Pentateuco diz que Deus realizou três tentativas para dar uma companheira a Adão. Na primeira, criou Lilith, *composta a partir de sujeira e de fezes*. Sentindo-se igual a Adão, Lilith quis ter relações sexuais com ele na posição coital submissa para o parceiro, o que Adão recusou, com boas razões, aliás, pois, embora não se possa saber como Adão podia ter noção da anormalidade dessa posição, que Nietzsche chamará mais tarde de "o repouso do guerreiro", o fato é que ela desagradava ao Criador. Um *midrash* hebreu, incluído no *Genesis Rabba* (século v d.C.), diz que o Dilúvio foi causado por Deus, em sua ira, ao ver os homens inverterem com as mulheres a posição do ato sexual. Mas pelo menos uma vez deve Adão ter cedido à insistência de Lilith, segundo outras fontes, pois, da união com ela nessa posição, vieram a nascer vários demônios. A resistência de Adão a essa modalidade de cópula, no entanto, termina por levar Lilith a abandoná-lo. Outro *midrash*, citado por Landmann[62], diz que, após uma fuga de Eva, Deus enviou três anjos para procurá-la, em terras do Egito, onde ela se refugiara, e como se recusasse a regressar condenou-a a gerar seres demoníacos.

Na segunda tentativa, também narrada no *Genesis Rabba*, Deus procura criar uma nova companheira para Adão, a qual seria Eva. Mas cometeu o engano de deixar Adão ver o procedimento. Adão sentiu tal mal-estar que Deus teve que suspender o ato cirúrgico de ablação de sua

---

62. Jayme Landmann, *Sexo e Judaísmo*, Rio de Janeiro, Eduerj, 1999, pp. 26-27.

costela. Resolveu o Criador, então, recorrer ao expediente de proceder à operação com Adão dormindo, ou, melhor dito, anestesiado.

Esse recurso esdrúxulo sempre causou certa perplexidade. No *Malleus Maleficarum* (*O Martelo das Feiticeiras*), o inquisidor Jacobo Sprenger, especialista em bruxas, no final do século xv, explica por que o destino da mulher é enganar: "[...] na composição da primeira mulher houve uma falta, pois foi feita de uma costela curva, ou seja, uma costela do tórax, curvada como se estivesse em direção contrária à do homem". Por culpa desse fato, "é a mulher um animal imperfeito, não pode senão enganar". Como se pode notar, é um raciocínio inatacável. Incidentalmente, o *Malleus Maleficarum*, obra reconhecida e adotada pela Igreja como orientação para os inquisidores, tornou-se um autêntico *best-seller*, tendo sido vendido abundantemente por toda a Europa[63].

---

63. Figes, 1980, 27, 44, 53, 66, e 135.

III
A "Queda"

> *E Iahweh Deus deu ao homem este mandamento: "Podeis comer de todas as árvores do jardim. Mas da árvore do conhecimento do bem e do mal não comerás porque no dia em que dela comerdes terás que morrer."*
>
> Gên. 2:16-17

Estranha, de imediato, que estivessem já definidas as categorias de "bem" e de "mal". Que "mal", afinal, se Deus não tinha antagonista e tudo o que existia era de sua própria criação? E era "bom", como ele não deixou de afirmar, ao final de cada etapa. No caso da criação do homem, achou mesmo "muito bom". E se o "mal" fizesse parte da criação não estaríamos sendo forçados a admitir que ele tivesse sido inoculado na criação por instituição divina? Poderia ser essa a resposta? Não é isso o que diz o próprio Iahweh pela boca do profeta Isaías, já citado, *Ego Dominus [...] faciens pacem et creans malum*? Mas, se tudo isso fizer sentido, por que impedir que a criatura humana fosse capaz de discerni-lo, o que rapidamente alcançaria comendo precisamente o fruto da árvore que lhe permitiria conhecer a sua natureza?

Poderíamos recuar a argumentação e dizer, como Karen Armstrong, que, se Deus havia criado o homem à sua imagem e semelhança, não corresponderia ao homem desejar ter o conhecimento que era atributo divino? Já tratamos desta questão e não vamos voltar a ela. Lembremo-nos, porém, que, se Eva cede à tentação da serpente é porque, como diz a própria Bíblia, viu que a "árvore era desejável para adquirir discernimento" (Gên. 3:6). Era boa a intenção de Eva, portanto, e nada mais louvável. Mas é esse conhecimento, precisamente, o que Deus não quer que suas criaturas alcancem, e é por vê-lo obtido que exclama: "Se o homem já é como um de nós, versado no bem e no mal, que agora ele não estenda a mão e colha, também, da árvore da vida, e coma e viva para sempre" (Gên. 3:21). Conhecer o Bem e o Mal era, portanto, vedado ao homem, monopólio divino.

É canhestra a tentativa da BJ de oferecer uma justificação plausível para a ira de Iahweh: o homem pecador não pode constituir-se em juiz do bem e do mal, "o que é privilégio de Deus" (BJ 36 n). Não parece fazer sentido a explicação.

Quanto a especular sobre a origem do Mal, não é este o lugar para enveredar por essa discussão, a mais grave que se possa ter. Deixo à reflexão do leitor as palavras do teólogo James Orr, na *Antologia Teológica* organizada por Júlio Andrade Ferreira:

> Como se explica a origem do mal? Não existe explicação do ponto de vista racional e as filosofias já gastaram toda a sorte de recursos para tentar uma solução para o problema. [...] Do ponto de vista natural, a certeza da bondade perfeita de Deus deve sempre ser, até certo ponto [que ponto?], um ato de fé, baseado no postulado de nossa própria consciência moral. E mesmo esse princípio terá frequente dificuldade em se manter, visto que só o cristianismo é dotado de consciência moral suficiente para sustentar a fé exigida[1].

A SERPENTE

> *A serpente era o mais astuto de todos os animais do campo que Iahweh tinha feito.*
> Gên. 3.1

Junto com o asno de Balaão (Núm. 22:28), a serpente é o único outro animal que, na Bíblia, tem o dom de comunicar-se pela palavra com o homem. O fato não parece causar nenhuma estranheza à mulher (lembremo-nos que, nem o homem, nem a mulher, têm ainda um nome na Bíblia), mas é quase certo que se trata do único caso de um animal falante no Éden. São Brandão fala de pássaros falantes, mas nada nesse sentido está mencionado no Gênesis.

---

1. Júlio Andrade Ferreira, *Antologia Teológica*, São Paulo, Novo Século, 2003, pp. 239-240.

Não obstante ser estigmatizada pelos futuros hermeneutas da Bíblia, nada há no Gênesis que permita supor que a serpente encarne Satanás, introduzindo, destarte, na narração até agora limpa de qualquer aspecto negativo, a presença do mal. Ao contrário, nas mitologias antigas a serpente era precisamente o símbolo de qualidades positivas tais como a sabedoria, a fertilidade e a imortalidade (OAB, 14). Os caldeus, antes dos hebreus, tinham uma só palavra para "vida" e "serpente." Alain Gheerbrant comenta que a serpente física se apresenta nas mitologias antigas como encarnação da Grande Serpente: invisível, causal e atemporal, mestre do princípio vital e de todas as forças da natureza, um deus primitivo presente em quase todas as cosmogonias. Para os gregos, a serpente era o espírito das águas anteriores à criação. Entre os egípcios, Atum, divindade heliopolitana, de quem já falamos, era um deus-serpente, criado por si próprio das águas primordiais. No Livro dos Mortos o vemos dizer de si mesmo: "Eu sou aquele que é", palavras que vamos ouvir semelhantes, continuando a leitura da Bíblia, da boca do Deus dos judeus. Mais uma vez, também, encontramos na Suméria, especificamente na *Epopeia de Gilgamesh*, uma serpente que come furtivamente a erva da vida[2].

Segundo o Gênesis, a serpente é apenas um animal astuto, o mais astuto entre todos. E lembremo-nos de que, quando foi criada, junto com os demais animais, Deus a achou "boa". Podemos até deduzir que se era o mais astuto dos animais foi porque Deus assim a fez e confirmou no momento em que aprovou sua criação. Quando condenada, nada consta das palavras divinas que a identifique com o princípio do mal. Sua penalidade, arrastar-se pelo chão (caminhava antes, portanto; não se sabe como)[3], é receber a inimizade permanente da mulher. Nada indica que, naquele preciso momento em que fala com a mulher, ela esteja sendo o veículo para a intromissão do diabo nos negócios divinos. Ainda não se fala do diabo.

---

2. Schüngel-Straumann, "Sobre a Criação do Homem e da Mulher em Gênesis 1-3: Reconsiderando a História e a Recepção dos Textos", em Brenner, *Gênesis a Partir de uma Leitura de Gênero*, p. 60.
3. A revista britânica *Nature*, de 19 de abril de 2006, dá notícia da descoberta na Patagônia do mais antigo fóssil de uma serpente, a *Najash rionegrina*, uma pequena cobra de menos de um metro de comprimento, contemporânea do maior dinossauro que jamais existiu, o *Argentinosaurus*, de 37 metros e oitenta a cem toneladas de peso, o que a faz datar de mais de cem milhões de anos. A importância da descoberta foi verificar que ela dispunha de um par de pequenas pernas na altura do *sacrum*, o que a permitia tomar impulso nos seus deslocamentos.

Nem sabemos da sua existência. E se o diabo existia (outro plano divino fracassado, pois o diabo só podia existir se derivado da criação divina, caso contrário teria sido criado por si próprio, ou por um antagonista divino, o que contradiz a hipótese monoteísta), como teria se introduzido no Éden, território particularmente reservado por Deus para habitação do homem?

Essa dificuldade, não obstante, não priva a Igreja de afirmar que a serpente era o tentador, o Diabo, alguém, portanto, que podia inserir-se na obra da criação para desafiar a onisciência e a onipotência de Deus. Diz a BJ: "A serpente serve aqui de máscara para um ser hostil a Deus e inimigo do homem. Nela, o Livro da Sabedoria, o Novo Testamento e toda a tradição cristã reconheceram o Adversário, o Diabo" (34 g). Um ser que precede, portanto, à criação. Um ser não por Deus criado, tampouco fora dele, mas capaz de interferir decisivamente na obra por ele realizada e considerada "muito boa".

Essa identificação da serpente com o Diabo, o Mal, não procede da história do Gênesis. A serpente não está identificada com o mal, nem neste, nem nos demais livros da Bíblia. É do próprio Iahweh a instrução para que Moisés mande fazer uma serpente de bronze que servirá para curar os israelitas da mordida das cobras venenosas em seu périplo pelo deserto (Núm. 21:8-9). Vale ressaltar que essa serpente de bronze foi, posteriormente, conservada no Templo de Jerusalém, com o nome de Noestã, e era objeto de um culto idolátrico que perdurou até quando Ezequias o proibiu (2Reis 18:4).

Uma interessante análise de Lyn Bechtel oferece uma explicação diferente para o versículo bíblico no qual Deus se dirige à serpente. Diz ela que a palavra hebraica utilizada (*ärür*) na interpelação divina (Gên. 3:14), normalmente traduzida como "amaldiçoado" (é bom lembrar que serpente, em hebraico, é substantivo masculino), pode ser também traduzida como "humilhado". A posição corporal do rastejar fazia parte de uma forma de humilhação comum na Antiguidade: "Os superiores vitoriosos envergonhavam os guerreiros derrotados forçando-os a rastejarem sobre seus próprios ventres, com suas faces no pó, em uma atitude de inferioridade e fraqueza"[4].

---

4. Athalya Brenner, *Gênesis a Partir de uma Leitura de Gênero*, São Paulo, Paulinas, 2000, p. 101.

O FRUTO PROIBIDO

Uma digressão ociosa seria tentar identificar a árvore cujo fruto era objeto da interdição de ser comido. A tradição e a iconografia multissecular identificam o fruto como a maçã. Tal não está dito na Bíblia, e seria até razoável concluir que, cumprida sua missão, a espécie ou mesmo o gênero da árvore tenha cessado de existir. A identificação com a maçã teria surgido, muito provavelmente, por ocasião da tradução do hebraico para o latim, a palavra hebraica *malûm*, que significa "o mal", sendo confundida com *mâlûm*, que significa "maçã"[5].

É à mulher que a serpente se dirige e não ao homem, a quem, especificamente, e antes da criação de sua companheira, havia Deus proibido comer da árvore do conhecimento do bem e do mal. Ora, não sabia a mulher o que era o mal, pois não tinha o conhecimento moral encerrado no fruto da árvore proibida. Estar preparada para distinguir o que era bom do que era mau seria, assim, um propósito elogiável e o narrador diz mesmo que, à parte o incentivo sensual ("a árvore era boa ao apetite") e o estético ("e formosa"), viu a mulher, igualmente, na violação do interdito, a possibilidade de "adquirir discernimento" (Gên. 3:6), sabedoria, os quais não tinha, pois eram condenáveis.

Havia, é claro, a questão da desobediência. Deixemos de lado saber se a mulher havia ou não sido informada pelo homem da proibição divina a ele dirigida e cuja desobediência acarretaria a perda da imortalidade. E já vimos que não foi a ela, mas ao homem, que Iahweh se dirigiu para desmascarar o culpado. Mas nenhuma razão fora oferecida por Deus para a proibição quando foi feita. A lógica (se lógica pudesse ser uma categoria de pensamento disponível para os primeiros homens, que eram santos e justos, já nos disse o *Catecismo*, mas talvez não fossem racionais) teria sido autorizar os homens recém-criados a comerem do fruto do conhecimento até fartarem-se. A proibição inexplicada e inexplicável mais parece, assim, uma espécie de artimanha divina para testar a fidelidade de sua criatura, algo que, por definição, seria inimaginável, porque desnecessária, tendo em vista a onisciência divina e a própria natureza do

---

5. Gerald Messadié, *Histoire Générale de Dieu*, Paris, Laffont, 1997, p. 115.

homem, criado "em santidade e justiça original", como já vimos dizer o *Catecismo*. Essa possibilidade não é de ser dispensada, pois semelhantes procedimentos serão usados depois, em circunstâncias igualmente improváveis: os testes impostos a Abraão para comprovar a fidelidade a Iahweh mandando-o imolar o próprio filho Isaac, e ao pio Jó, autorizado por Deus a sofrer das mãos do demônio todas as misérias físicas e morais com a mesma finalidade de comprovação de sua resistência na fé.

O episódio da queda tem servido de alicerce para toda a misoginia exibida e praticada pela Igreja desde sempre. É pelo "pecado" da mulher que começa a desgraça da humanidade, ouve-se dos púlpitos. Já vimos, no entanto, que a falta da mulher não foi chamada de "pecado" por Deus, nem pelos narradores do episódio da criação. O termo só irá surgir no Gênesis com respeito ao comportamento de Caim, quando a família de Adão já vivia fora do Éden. É infundada, pois, a afirmação de que a mulher "pecou", que os primeiros seres humanos "pecaram", e, se não houve pecado, o que fazer com toda a teologia da "queda" e da redenção que se funda precisamente nesse "pecado" não referido como tal no livro revelado com respeito ao episódio ocorrido no jardim?

Uma recorrente interpretação misógina do episódio apresenta Eva como tendo "seduzido" Adão para fazer-lhe companhia comendo o fruto proibido, o que a torna responsável pela vinda do pecado ao mundo. Ora, observa Bechtel, a linguagem bíblica não incorpora a ideia de sedução. O que diz o texto hebraico é que ela tomou do fruto e comeu. "Deu-o também ao seu marido" (literalmente "ao seu homem"). O verbo utilizado, traduzido como "deu", é o verbo hebraico *ntn*, o mesmo empregado na Bíblia quando Deus, após formar a mulher, a "dá" ao homem. E Deus não estava "seduzindo" o homem, diz a autora[6].

Há na narração outro aspecto a ressaltar, pouco mencionado pelos comentaristas. Num texto obviamente javista, as palavras com que a serpente procura tranquilizar a mulher quanto ao risco de morrer, se comer do fruto proibido, foram: "Não. Não morrereis! Mas Deus sabe que vossos olhos se abrirão *e vós sereis como deuses*, versados no bem e no mal". Ora, em todo o capítulo 3, assim como no 2, o tratamento dado a Deus,

---

6. Athalya Brenner, *Gênesis a Partir de uma Leitura de Gênero*, p. 123.

como em todos os demais trechos javistas da Bíblia, é Senhor Deus. Por que então nessa frase capital recorre o javista ao tratamento eloísta (que na tradução para o português é, simplesmente, Deus)? A resposta parece estar em que a palavra Senhor (Elohin), com a qual o eloísta designa Deus, é um substantivo plural, donde faz sentido o que diz a serpente: "*e vós sereis como deuses*", uma cláusula para a qual a BJ não julgou necessário oferecer qualquer comentário. Como entenderia a mulher a menção a "deuses" (Gên. 3:13) quando para ela só existia um Deus, Iahweh, que a havia criado e com quem ela se comunicava no jardim?

O TENTADOR

Ao contrário do que ocorria nas outras religiões, o deus dos hebreus não tinha antagonista. Sendo o solitário criador de tudo, era onipotente, e sendo toda a criação "boa", era benevolente. Não cabia, na descrição do Gênesis, o princípio do mal. Este é incompatível com o monismo, com o monoteísmo, como bem salienta William James no clássico *The Varieties of Religious Experience*[7].

Ora, o "mal" surge, sem qualquer explicação, logo nos albores da vida terrena e, a partir de seu aparecimento, o Deus criador sofre acelerada transformação de personalidade, assumindo, assustadoramente, características humanas. O deus onipotente da primeira página do Gênesis logo perde o controle da própria criação. O deus imutável torna-se ambíguo, contraditório, imprevisível; muda de ideia e de decisões frequentemente. O deus equânime adota discriminações e preferências. O deus benevolente se transforma no deus irado, vingativo, destruidor. Ao fim do Gênesis, e preparando o Livro de Josué, Deus está transformado num genocida.

Essa transformação recoloca a questão já aflorada de ser a criação o resultado de um plano divino. Sem recorrer ao argumento já apresentado da incoerência de atribuir ao ser de plenitude e eternidade a intenção de realizar projetos, algo que se desloca num tempo que para ele não existe, a fim de produzir resultados que ele já conhece de antemão, permanece a questão de aceitar que a criatura, o ser criado, possa alterar o plano

---

7. William James, *The Varieties of Religious Experience*, 1958, p. 115.

divino. Não está aí a mais clara demonstração de que havia o homem projetado no ser misterioso que governa o mundo características que são puramente humanas: um deus sujeito a todas as fraquezas da criatura? Ao mesmo tempo, não estaria ele se autoenaltecendo, sentindo-se capaz de afetar, no exercício de seu livre arbítrio, os próprios planos divinos?

Para praticamente cada episódio da narração bíblica da criação, Gary Greenberg descobre precedentes em mitos egípcios ou mesopotâmicos, e desta vez isso se dá no mito sumério dos deuses irmãos Enki e Ninhursag. Esta, às escondidas, usa o esperma do irmão para criar oito plantas originais que não podiam ser comidas por ninguém. Ora, Enki às escondidas o faz e quando descoberto por Ninhursag, é por ela condenado a "não mais ser visto até que morra". Tal mito, observa o autor, não podia ser ignorado pelos hebreus durante o longo período em que estiveram exilados na Babilônia[8].

Erich Fromm apresenta da "queda" uma interpretação radical. Para ele, o episódio da desobediência de Adão não é uma história de "queda", "mas do seu despertar e, portanto, de um início de ascensão"[9].

Com toda importância que o episódio da "queda" teve para o futuro da humanidade, por ela marcado de modo indelével, a verdade é que pouco significado o episódio parece ter tido nos livros seguintes da Bíblia e a palavra "queda", referida à desgraça de Adão e Eva, só aparece uma vez na Bíblia, no Livro da Sabedoria, do século II a.C. (Gên. 10:1). Mesmo aí, onde figura, diz um comentário da BJ que em outros manuscritos latinos está registrada como "falta" (nota "i", p. 1219). Esta é a palavra que encontro, aliás, no seu lugar, na *Nova Vulgata* (*delicto*). Em nenhum lugar do Antigo Testamento volta-se a falar em Adão e Eva como o par original e sua desobediência como atingida por um pecado[10]. E nos Evangelhos, como já vimos, há apenas uma referência genérica e não nominativa ao primeiro par, e sem conexão com a "queda". Tem razão, pois, Paul Ricoeur ao dizer que a palavra "fall [...] is foreign to the Biblical vocabulary" (a palavra "queda" [...] é estranha ao vocabulário da Bíblia")[11].

---

8. Gary Greenberg, *101 Myths of the Bible: How Ancient Scribes Invented Biblical History*, p. 53.
9. Erich Fromm, *O Antigo Testamento: Uma Interpretação Radical*, 2006, p. 111.
10. Caril L. Meyers, *Papéis de Gênero e Gênesis 3,16*. Revisitado em Brenner, *Gênesis a Partir de uma Leitura de Gênero*, p. 141.
11. Paul Ricoeur, *The Symbolism of Evil*, p. 233.

Para explicar o episódio da "tentação" da mulher pela serpente, o *Catecismo* faz preceder a "queda" do homem pela "queda" dos anjos[12], afirmando basear-se na Escritura e na Tradição. Seria mais correto falar apenas da Tradição, pois, das duas únicas fontes na Escritura citadas pelo *Catecismo* para justificá-la, o Evangelho de João (8:44) não trata da queda dos anjos, nem do episódio da tentação, mas apenas descreve o antagonista divino como "mentiroso e pai da mentira", e o Apocalipse trata da batalha entre as forças do Dragão e as de Miguel, com a vitória destas e a consequente expulsão do Dragão e seus "anjos" do céu, para a terra, "pois não se encontrou mais um lugar para eles no céu" (12:9), diz o autor. E acrescenta: "Foi expulso o grande Dragão, a antiga serpente, o chamado Diabo ou Satanás, sedutor de toda a terra habitada".

A precariedade deste único texto para servir de base a toda uma demonologia salta aos olhos.

Noções Sumárias de Demonologia

Falar do Diabo nos obriga a falar primeiro da origem do Mal. Falar da origem do Mal nos obriga a falar primeiro do Diabo. Estamos num círculo vicioso. Voltemos, por um instante, à afirmação de que Deus é o ser único criador de todas as coisas. Não tem antagonista. E toda a criação é boa, conforme declarações reiteradas do próprio Criador. O mal se instala na obra da criação divina a partir da tentação feita à primeira mulher pelo Diabo encarnado numa serpente (ela própria, a serpente, um ser "bom" conforme atestado divino).

O mal "não é uma abstração, mas designa uma pessoa, Satanás, o Maligno, o *anjo* que se opõe a Deus", diz o *Catecismo* (p. 2851). Há, portanto, um ser capaz de interferir na obra divina, e esse ser, do qual não há notícia até esse momento, é um anjo, um "anjo caído", mas um anjo. Como não temos notícia da criação dos anjos *anterior à do homem*, nem de sua *queda*, somos forçados a presumir, sem nenhum auxílio da Revelação, que tais seres já existiam antes do homem e que eles eram capazes de introduzir o mal na criação divina. Caímos num dualismo contraditório com

---

12. *Catecismo*, p. 391.

o monismo da Revelação. A partir daí, tudo o que se diz sobre os anjos, inclusive sobre sua revolta, não é objeto da Revelação. É pura conjectura humana. Satanás, "homicida desde o princípio... e pai de toda a mentira", nas palavras de João (8:44), vai ocupar-se todo o tempo de pôr empecilhos à "obra da salvação", "realizada em Cristo" (*Catecismo*, p. 2851), o que só faz sentido, nos termos em que a afirmação está colocada, se, como proclama o mesmo *Catecismo*, a própria criação terrena tenha tido como razão de ser propiciar o cenário para a queda do homem, articulada por um adversário de Deus, com isso preparando o cenário para a vinda de um Redentor, na pessoa do próprio Deus na sua manifestação de Filho.

Com maior ou menor aparência de autoridade, conforme a fonte, as especulações teológicas imaginam um cenário em que Deus, antes da criação do universo, teria criado os anjos para comporem a corte celestial (conjectura que, em si mesmo, já é uma projeção antropomórfica das estruturas de autoridades terrenas). A tais seres, puros espíritos, teria Deus conferido o livre-arbítrio, como, mais tarde, fará com o homem. Pergunta-se (em ambos os casos, mas sobretudo no primeiro), qual a razão de conferir o livre-arbítrio a seres espirituais criados para glorificá-lo e, mais tarde, servirem, quando da criação do universo, em tarefas ligadas ao que iria se passar na ordem material? Um grupo desses anjos, liderados por Lúcifer ("portador da luz")[13], recusa-se a servir aos desígnios divinos de tornarem-se vigilantes ou servidores de seres de menor hierarquia espiritual, donde, por orgulho, sua recusa de tornarem-se instrumentos da instrução divina, o famoso *non serviam*[14].

O "pecado" angelical foi (é) tão insuportável à majestade divina que, ao contrário do que fez com o homem, a quem deu a oportunidade de salvação por obra de uma redenção divina, no caso dos anjos revoltados não lhes foi dada a mesma possibilidade, problema, aliás, que tem ocupado a mente de muitos teólogos que não se conformam com essa dualidade de

---

13. A palavra Lúcifer, como nome próprio e designativo do comandante da rebelião angelical, será usada pela primeira vez por São Jerônimo, no século IV.
14. A versão se encontra na *Vita Adae et Evae*, apócrifo anterior ao cristianismo. Deus, orgulhoso da obra da criação, convoca a corte celestial para contemplá-la e, especificamente, a Adão e Eva, semente da futura humanidade. A esta deveriam os anjos servir (Gên. 12:1 a 16:1-4). Aqui se mistura a aplicação de sentimentos humanos como predileção, inveja e orgulho ao Criador e suas criaturas espirituais.

tratamento, e mantêm a esperança de que, também aos anjos caídos, seja proporcionada uma oportunidade de redenção por ocasião do juízo final.

A Bíblia rejeita a possibilidade da anterior existência de antagonista ao Deus criador. Fala de anjos tentadores posteriores à criação, sem indicar sua origem. Mas fala, também, da existência de seres maléficos não mencionados na criação que tampouco são anjos caídos. Isaías diz que, no dia do juízo final, Iahweh, "com sua espada dura, grande e forte, (punirá) a Leviatã, serpente escorregadia, a Leviatã, serpente tortuosa, e matará o monstro que habita no mar" (Is. 27:1). Sabemos de Leviatã por outras fontes, como Jó que, ao amaldiçoar o dia do seu nascimento, inclui, na sua desesperada amargura (Jó 3:8), "os entendidos em conjurar Leviatã" (o monstro que engolia momentaneamente o sol por ocasião dos eclipses, explica a BJ, à página 884 v) e, no capítulo 40:25 a 32, ouve a menção a ele feita pelo próprio Iahweh. Leviatã atende pelo nome de Dragão, em vários livros da Bíblia (Jó 7:12; Amós 9:3; Salmos 74:14), e pode ser Rahab, referido no Salmo 89:11. O Dragão do Apocalipse, de sete cabeças e doze chifres (12:3), nada deve ter a ver com a Leviatã (no feminino em Isaías) a que se referem as passagens anteriormente citadas. Confunde-nos a descrição da (ou do) Leviatã no Salmo 104:23, pois, enquanto nas demais citações Leviatã é antagonista de Iahweh, nesta ocorrência é mencionado entre as criações *que engrandecem* o Senhor: "Quão numerosas são tuas obras, Iahweh, e todas fizeste com sabedoria! A terra está repleta das tuas criaturas. Eis o vasto mar, com braços imensos, onde se movem, inumeráveis, animais pequenos e grandes; ali circulam os navios e o Leviatã (aqui no masculino) que formaste *para com ele brincar*"! (Salmos 104:23) Sobre essa finalidade lúdica de Leviatã omite a BJ qualquer comentário. Que Leviatã possa ser uma reminiscência do mito babilônio de Tiamat como entidade primitiva, senhor das águas e criador dos deuses originais, por um deles subjugado, a própria BJ o admite em comentário a Jó 7:12. A "imaginação popular e poética" transfere do mito para a história do Gênesis a organização do caos feita pelo Criador, uma afirmação surpreendente e equívoca, pois, como vimos afirmar o *Catecismo*, o livro revelado contém "tudo e só aquilo que ele próprio [Deus] queria"[15], não havendo lugar, portanto, para efusões poéticas de origem popular.

---

15. *Catecismo*, p. 106.

Há pouco lugar na Bíblia para configurar uma demonologia. Ao Diabo, adversário que não alcança ser "o antagonista", e seus asseclas, os demônios, Deus concede o poder de aplicarem provações e tentações aos seres humanos, como método de serem testados no seu merecimento de receberem as graças divinas.

AS MALDIÇÕES

> *Então Iahweh Deus disse à serpente: [...] és maldita entre todos os animais domésticos.*
> Gên. 3:14

Observe-se que neste versículo a Bíblia inclui explicitamente a serpente na categoria dos "animais domésticos", excluindo-a, por conseguinte, de entre "os seres vivos que rastejam", criados no quinto dia, e dos "répteis do solo", criados no sexto dia.

Nada indica no texto que Iahweh reconheça na serpente uma encarnação do adversário que não sabemos se já existe, quem é e que poder tem. A serpente foi mesmo reconhecida como coisa "boa" no dia da sua criação e a Bíblia a ela se refere apenas como "o mais astuto de todos os animais dos campos". Não há menção a qualquer anjo mau ou demônio. Será a literatura patrística, oito a dez séculos posterior à redação do javista que iniciará a representação da cena como de uma tentação diabólica, introduzindo o Espírito do Mal no projeto do Jardim no Éden na figura da serpente. E tanto é assim que o castigo que Iahweh dará à serpente é exclusivamente naturalista: arrastar-se sobre o ventre, o que, provavelmente, era o que ela já fazia antes. A inimizade com a mulher não chega a ser um castigo. Em nada afetará o futuro da espécie. Servirá, apenas, fundamentalmente, para a figuração posterior de Maria a esmagar-lhe a cabeça. E terá contribuído para a aversão quase universal que lhe devotam as mulheres, as quais, por certo, pouco terão a oportunidade de morder o calcanhar.

> *multiplicarei as dores de tuas gravidezes.*
> Gên. 3:16

Vimos que é ao homem que Deus se dirige para interpelá-lo sobre a desobediência ao mandamento de não comer o fruto da árvore do conhecimento do bem e do mal, o que, aliás, faz sentido, porque foi a ele, e antes da criação da mulher, que Deus proibiu comer o tal fruto. Seria natural que a ele se dirigisse, igualmente em primeiro lugar, na hora de distribuir os castigos e as maldições, e não à mulher. Mas é a ela que se dirige e dá--lhe um castigo físico pessoal: "multiplicarei as dores de tuas gravidezes". Algo que para Eva não fazia o menor sentido.

Ainda outra vez aparece a coincidência entre uma manifestação divina na Bíblia e outra similar, mas anterior, na religião heliopolitana. O deus Atum, já nosso conhecido, teve dois filhos: Geb (terra) e Ut (céu), que desobedeceram a um seu comando e, como castigo, determinou Atum que Geb teria dificuldades em seus partos[16].

Saberia a mulher o que seria uma gravidez? Já a teria experimentado? É claro que não. Caim só vai nascer depois da expulsão. Como podem ser aumentadas, "multiplicadas", as dores do parto da mulher que nunca as teve? Uma explicação possível para esse versículo é observar que em um mito sumério, anterior ao Gênesis, o parto das deusas era indolor e a gravidez durava apenas nove dias[17]. Bledstein refere-se a um estudo do sumeriologista S. N. Ktamaer que menciona duas das deusas sumérias conhecidas como, surpreendentemente, a "Senhora da Vida" e a "Senhora da Costela".

A única coisa perturbadora na maldição que sobre a mulher se abate é a declaração de que ela será impelida a dirigir seu "desejo" na direção do marido e que este a "dominará". O que seja o "desejo" fica sem explicação. "Domínio" é fácil entender.

A BJ vê nesse "despertar da concupiscência" a "primeira manifestação da desordem que o pecado introduz na harmonia da criação". Se assim é, não seria o próprio Iahweh que a estaria introduzindo, já que é ele que determina o castigo? Esse infeliz comentário é apenas um exemplo do cipoal em que a interpretação patrística lançou a Igreja ao figurar o aparecimento da libido como resultado da desobediência do primeiro par humano. A própria noção de "pecado", já vimos, é estranha à descrição da "queda" e a palavra só irá surgir quando o casal já não mais habitar o Jardim do Éden e aplicar-se ao que ameaçava ocorrer com Caim.

---

16. Gary Greenberg, *101 Myths of the Bible: How Ancient Scribes Invented Biblical History*, p. 44.
17. Adrien Janis Bledstein, "As Mulheres Foram Amaldiçoadas em Gênesis 3, 16?", s.d. em Brenner, *Gênesis a Partir de uma Leitura de Gênero*, p. 159.

Aos misóginos da Igreja só pode agradar, também, a maneira pela qual Deus condena o homem. Não diz Iahweh simplesmente: "porque comeste da árvore que eu te proibira de comer", mas começa por recriminá-lo: "porque escutaste a voz de tua mulher", como se mais grave fosse escutar a mulher do que desobedecer a Deus. A BJ confirma essa inferência misógina no comentário que oferece ao versículo 3:16: "o pecado transtorna a ordem querida por Deus: em vez de ser a associada do homem e sua igual, [...] a mulher se tornará a sedutora do homem" (35 *l*).

Ao homem, Iahweh não amaldiçoa. Amaldiçoa o solo que ele deve cultivar: "Maldito é o solo por causa de ti". O solo lhe será hostil, fazendo com que seja com o suor do seu rosto que produzirá os alimentos de que irá necessitar. E, quando morrer, retornará ao pó do qual foi feito. Destino que não lhe é privativo, pois atinge todo ser vivo, incluindo os animais e as plantas[18].

Observa a BJ que as maldições divinas são hereditárias. No entanto, para que do texto da Bíblia "se deduza a doutrina de uma *falta* hereditária, será preciso esperar que São Paulo ponha em paralelo a solidariedade de todos em Cristo salvador e a solidariedade de todos em Adão pecador".

A EXPULSÃO

O que vamos assistir agora é um momento capital na história de Deus e do homem. De Deus porque ele revelará, ao expulsar as criaturas humanas do Éden, o caráter ciumento do qual ele próprio se orgulhará um dia dizendo a Moisés: "Eu sou um Deus ciumento" (Êx. 20:5). No momento em que expulsa o homem e a mulher do Jardim do Éden, exclama: "Se o homem já é *como um de nós*, versado no bem e no mal, que agora ele não estenda a mão e colha também da árvore da vida, e coma e viva para sempre" (Gên. 3:22). Fica implícito nessas palavras que conhecer o homem a diferença entre o bem e o mal não fazia parte do plano original do

---

18. Observa Messadié que o castigo imposto ao primeiro homem denota pressupor que a agricultura já fosse conhecida na época em que foi formulado, o que situaria o episódio da condenação em época posterior ao aparecimento do cultivo do solo, o que só veio a ocorrer após o século IX a.C. (Messadié, *Histoire Générale de Dieu*, p. 501)

criador. E faz do homem um ser "como um de nós". Nós quem? A frase não se presta nem mesmo a um plural majestático.

Dessas palavras podemos deduzir que as características divinas são duas: o conhecimento do bem e do mal e a imortalidade. As demais atribuições feitas à divindade de onipotência, onisciência, justiça e bondade infinitas, amor (e que outras), terão que esperar a obra dos teólogos para serem explicitadas. De se haverem apoderado as criaturas humanas do conhecimento do bem e do mal, já nada pode fazer o Criador, senão amaldiçoá-las. Mas tem ainda a possibilidade de não restituir-lhes a imortalidade que teriam perdido, como já assinalamos, ao comerem o fruto da árvore proibida, impedindo-os de ter acesso à árvore da vida. E para que isso não ocorra, põe um querubim a guardar os portões do Éden. Os "querubins". É como está na Bíblia (Gên. 3:24). Voltaremos a isso, em seguida.

Deus lança o homem e a mulher no imenso desconhecido. Não lhes prepara o futuro senão com maldições. Mas, seja por cuidados paternos, ou pudicícia, veste-os com peles de animais. Havia, pois, no Éden, material disponível para a confecção.

O PECADO E O PECADO ORIGINAL

Unde malum?
TERTULIANO

Antes de entrarmos no exame do pecado original, façamos uma breve recapitulação do que pode ser deduzido da Bíblia nas suas referências ao "pecado".

A palavra nela aparece pela primeira vez em conexão com o episódio da recusa divina à oferenda de Caim quando Iahweh lhe pergunta se seu rosto abatido não é o sinal de que o "pecado" jaz à sua porta (Gên. 4:7) e só voltará a ocorrer no Gênesis em uma única outra ocasião, quando os irmãos de José decidem dizer a ele que Abraão, antes de morrer, lhes havia instruído que solicitassem o perdão pelos crimes, o "pecado" e o mal que lhe haviam causado (Gên. 50:17). No Êxodo, igualmente, só é mencionado em duas ocasiões: nas instruções sobre a maneira de oferecer o bezerro em holocausto, como "sacrifício pelo pecado" (Êx. 29:14), e na invocação que faz Moisés a Iahweh, na qual agradece, paradoxalmente, ao Senhor por sua tolerância com respeito "à falta, à transgressão e ao pecado" (Êx. 34:7 e 9).

No episódio da "queda" não há, pois, "pecado", ou isso teria sido dito expressamente. É em São Paulo no século I d.C. e, sobretudo, em Santo Agostinho, no século III, que se estabelecerá a relação entre o episódio ocorrido no "Paraíso" e a introdução do pecado na história da humanidade, que, por essa razão passou a ser chamado de "pecado original". Tal conceito não existe no Antigo Testamento, nem aparece nos ensinamentos de Jesus.

O *Catecismo* reconhece a dificuldade que oferece a noção de pecado e, em especial, de pecado original. Diz: "a transmissão do pecado original é um mistério que não somos capazes de compreender plenamente"[19]. É a vinda de Cristo que dá sentido à noção de pecado original, o "mistério da piedade" que empresta sentido ao "mistério da iniquidade" diz São Paulo (1Tim. 3:16). Ou, ainda ele, "pela desobediência de um só homem, todos se tornaram pecadores. [...] Assim como da falta de um só resultou a condenação de todos os homens, do mesmo modo da obra de justiça de um só (a de Cristo) resultou para todos os homens a justificação que traz a vida" (Rom. 5:17-19).

Ou seja, a vinda de Jesus reinventa o episódio da "queda" para emprestar sentido ao aparecimento do mal. "É preciso conhecer Cristo como fonte da graça para conhecer Adão como fonte do pecado"[20]. Adão e Jesus seriam as pontas da curva histórica que começa com a "queda" e termina com a redenção por Jesus, enquanto Cristo, o novo Adão. Não se pode atentar contra a revelação do pecado original sem atentar contra o mistério de Cristo[21]. Sentença gravíssima à luz dos conhecimentos científicos que o *Catecismo* ignora e que tornam impossível ao homem moderno (a quem diz o *Catecismo* estar dirigido) aceitar a existência real do par paradisíaco, "que ocorreu no início da história do Homem".

Santo Agostinho é o verdadeiro inventor do pecado original. Desenvolvendo as ideias de São Paulo faz uma revolução copernicana na teo-

---

19. *Catecismo*, p. 404.
20. *Idem*, p. 388.
21. *Idem*, p. 389.

logia incipiente do cristianismo. Longe de preservar a imagem inicial no Gênesis do homem criado à imagem e semelhança de Deus, aquele ser "pouco menos que um deus" a que se refere o salmista, Agostinho nele vê um ser essencialmente corrupto que, sem a graça divina, não encontra a salvação. Não é a liberdade moral que o caracteriza, mas a servidão ao mal. E esse mal é transmitido de homem para homem através do sêmen, razão pela qual o pecado já se instala no embrião. Do pecado original salvou-se apenas Jesus, que não foi concebido pelo sêmen. Não deixa o santo de instilar sua pitada de misoginia ao dizer que todos os homens, derivados que são do sêmen do homem original que "caiu em pecado *através da mulher que havia sido feita a partir de seu corpo*" (para que melhor prova da misoginia de São Paulo!), ficaram, assim, contaminados para sempre.

A necessidade de livrar Maria, mãe de Jesus, da mancha do pecado original levou a Igreja a ter que considerar que ela, também, não fora gerada pelo sêmen portador do pecado. O dogma da Imaculada Conceição terá que esperar, no entanto, dezenove séculos até ser proclamado, pelo Papa Pio IX, na bula *Ineffabilis Deus*, em 8 de dezembro de 1854.

Embalado na luta contra Pelágio, que acreditava ser responsabilidade moral do homem lutar contra o mal e buscar, com seus méritos pessoais, a salvação de sua alma, Agostinho retirava do homem, sem a graça divina, toda capacidade de superar a herança maléfica. Só o sangue purificador do Redentor e a graça divina poderiam resgatar o homem da condenação hereditária.

Tal concepção termina por levar ao absurdo do regozijo com o pecado pela oportunidade que deu à superabundância da graça. "Ó *felix culpa* que mereceu tal e tão grande redentor", diz São Tomás (*Suma Teológica*, III, 1.3.3). E abunda o Doutor Angélico: "Nada obsta a que a natureza humana tenha sido destinada a um fim mais elevado após o pecado. Com efeito, *Deus permite que os males aconteçam para tirar deles um bem maior*", diz o *Catecismo* (p. 412), que cita também São Leão Magno: "[...] a graça inefável de Cristo deu-nos bens melhores do que aqueles que a inveja do Demônio nos havia subtraído". Sobre tão estranhas bases apoia-se o *Catecismo* para afirmar, como já vimos, que a própria criação e a consequente "queda" foram concebidas por Deus para propiciar a vinda de Cristo como Redentor!

Uma última consideração a derivar de todo o episódio é que a punição da mulher de tornar-se, doravante, "dominada" pelo homem só tem explicação na misoginia prevalecente na sociedade hebraica no momento, ou nos momentos da redação do Gênesis, porquanto não há relação lógica ou causal entre a infração por ela cometida e a consequente submissão ao marido. A infração de Eva, aliás, era de todo modo menos grave do que a de Adão, pois o conhecimento que tinha da proibição divina (se é que o tinha) era intermediado, uma vez que, quando comunicada a Adão, ela sequer existia. Podemos mesmo deduzir que Eva ignorava a proibição ao ver que não é a ela que Deus se dirige, mas a Adão para dizer-lhe, expressamente: "Comeste, então, da árvore *que te proibi* de comer!" A resposta de Adão é, no mínimo que dela se possa dizer, de uma lastimosa covardia, ao tentar jogar sobre a companheira a culpa da desobediência: "A mulher que puseste junto de mim me deu da árvore. E eu comi" (Gên. 3:12). Deus, aliás, que tudo sabe, não tinha necessidade de fazer qualquer pergunta a Adão.

A natureza do chamado pecado original é, talvez, o tema mais crítico e controvertido do Gênesis, mesmo porque de sua definição decorrem regras de procedimento moral que afetam toda a posterior evolução das culturas do mundo ocidental. Não vamos aqui entrar no exame aprofundado da questão, mas apenas relembrar que não há menção à palavra "pecado" em todo o capítulo 3, que relata o episódio da "queda".

A doutrina oficial da Igreja, tal como recolhida no *Catecismo*, é que o pecado original foi a desobediência: "O homem, tentado pelo Diabo, deixou morrer em seu coração a confiança em seu Criador e, abusando de sua liberdade, *desobedeceu* ao mandamento de Deus. *Foi nisto que consistiu o primeiro pecado do homem.* Todo pecado daí em diante será uma desobediência a Deus e uma falta de confiança em sua bondade"[22].

Não parece haver divergência quanto a que o "pecado" foi a desobediência e o debate irresolvido se concentra em dois aspectos: o da origem do mal do qual o pecado é a primeira manifestação, e o das suas consequências. O primeiro traz de volta a questão do livre-arbítrio e todas as suas contradições internas; o segundo, a *rationale* mesma da criação. Não entraremos, nem num, nem noutro, desses temas que ultrapassam de muito

---

22. *Idem*, p. 397.

os propósitos e os limites deste ensaio. Mencionemos apenas algumas das consequências que mereceram maior atenção por parte dos estudiosos da Igreja: a perda do *status* quase divino de que gozava na origem o par humano em virtude de sua semelhança com o Criador; a perda da graça da santidade original[23]; a perda da liberdade, no sentido de que, se, antes do pecado, moralmente livre, sua natureza o encaminhava para o bem, depois do pecado tornava-o presa do Maligno ("o mundo inteiro está sob o poder do Maligno", lê-se em 1Jo 5:19); a decrepitude e a morte física; a culpa hereditária; e a sujeição à concupiscência.

Deixei deliberadamente estas duas para o fim porque representam as questões a que Agostinho mais se dedicou. A primeira encontra sua formulação original em São Paulo, já vimos. É objeto de uma tentativa de explicação pelo *Catecismo*, que, ele próprio admite ser a transmissão do pecado original um mistério[24]. E acrescenta ser a razão da exigência dogmática de crença na realidade do episódio da criação até à "queda", saber a Igreja "perfeitamente que não se pode atentar contra a revelação do 'pecado original' sem atentar contra o mistério de Cristo"[25].

A concupiscência era preocupação constante de Agostinho. Estaria tão na origem dos pecados do homem que passou a figurar na mente apressada como uma explicação para o próprio pecado original, identificando-se com o mesmo, mais do que sendo sua consequência. Tal identificação já vinha de longe, mas encontrou terreno fértil na imaginação de Agostinho. Quase um século antes do seu nascimento já motivava Clemente de Alexandria (*c.*150-215), Padre da Igreja, e outros teólogos eruditos, a considerar necessário afirmar que o pecado de Adão não fora sexual, pois a conjunção carnal era uma "participação" na obra divina da criação, não podendo, assim, ser considerada um mal, mas, sim, a desobediência, mostrando, com essas palavras, que a hipótese da assimilação do pecado original ao ato sexual já era corrente. Nesse sentido, a posição de Clemente se compatibilizava com a da maioria dos cristãos e judeus seus contemporâneos de que o que estava em jogo era a responsabilidade moral decorrente do livre-arbítrio concedido por Deus ao homem, apartando-se das sugestões de que tivesse podido

---

23. *Idem*, p. 399.
24. *Idem*, p. 404.
25. *Idem*, p. 389.

haver uma motivação sensual no episódio da "queda". Clemente foi, em sua época, um brilhante hermeneuta e pensador, responsável pela introdução de conceitos básicos para toda a cultura ocidental posterior, como o da igualdade entre os homens, que ele fazia derivar da condição de ter sido o homem criado à imagem de Deus[26].

Contemporâneo de Agostinho (354-386), Gregório de Nisa (330-395), igualmente Padre da Igreja (um dos dois capadócios), achou necessário abordar o assunto para discordar de que pudesse ter havido algum ato sexual entre Adão e Eva enquanto estavam no Jardim do Éden. Certamente eram ambos virgens e para que se multiplicassem, segundo o mandamento divino, Deus saberia encontrar maneiras que não exigissem a conjunção carnal. Por exemplo, a maneira como se reproduzem os anjos[27].

Tivesse havido ou estivesse por haver conjunção carnal, ou não, a outros hermeneutas patrísticos preocupou o significado dos versículos 2:10 e 11, nos quais diz o homem a Iahweh Deus ter tido medo, ao escutar-lhe a voz que se aproximava, porque estava nu, ao que Iahweh Deus contesta: "E quem te fez saber que estavas nu?" Observa Massadié haver possivelmente nessa parte da narração uma interpolação anacrônica porquanto os povos primitivos, e mesmo entre os antigos civilizados, a nudez não era objeto de preconceito e os deuses cultuados se apresentavam frequentemente nus, sem que isso causasse qualquer desconforto aos seus adoradores[28].

OS GUARDIÃES DO ÉDEN

> *Ele baniu o homem e colocou, diante do Jardim do Éden, os querubins e a chama da espada fulgurante para guardar o caminho da árvore da vida.*
>
> Gên. 3:24

A tradição, representada na iconografia de toda a história do cristianismo, apresenta a cena da expulsão com a presença de um só anjo, com

---

26. Elaine Pagels, *Adam, Eve, and the Serpent*, p. XXIII.
27. *Idem*, p. XXV.
28. Gerald Massadié, *Histoire Générale de Dieu*, p. 500.

as devidas asas identificadoras e uma espada flamejante na mão, guardando a entrada do jardim. A Bíblia, no entanto, fala expressamente de "querubins", no plural, embora "a chama da espada fulgurante" possa fazer pensar que a espada era única, o que não faz muito sentido.

O que são os querubins? Nenhuma menção é feita à sua existência em todo o relato da criação. E a Bíblia é taxativa: terminado o sétimo dia, Deus "descansou depois de *toda a obra da criação*. Essa é a história *do céu e da terra*, quando foram criados" (Gên. 2:4). Quer isso dizer que os querubins não foram criados? E se foram criados, dentro de que categoria entre as que foram descritas na obra da criação? E com que função? A que lhes é dada, por enquanto, é de guardar a entrada do Éden para evitar que o par edênico a ele regresse e tenha, assim, acesso à árvore da vida.

Voltaremos a falar do tema.

O FIM DO "PARAÍSO"

A palavra "paraíso" só aparece na Bíblia uma vez, no NT, em 2 Cor 12:4, mas aí como sinônimo de empíreo. Para referir-se à habitação dos primeiros homens, as palavras empregadas são ou o nome próprio Éden (que significa "delícia"), ou o substantivo comum "jardim". Dizer, pois, que Adão e Eva foram expulsos do paraíso é uma dupla impropriedade. Primeiro porque nenhum dos dois tinha ainda um nome. Eva ganhará o seu no momento de deixar o jardim. Adão só mais tarde. Segundo porque o paraíso, com esse nome, tampouco existia. O que não impede que, por dois mil anos, a palavra tenha ficado associada ao Éden e à expulsão, como castigo divino pela "queda" (outra expressão, já vimos, igualmente ausente da Bíblia) de mil maneiras evocada e representada na iconografia ocidental.

O *Catecismo* nada faz para desmanchar a ambiguidade. Antes a ratifica, pois intitula o item que trata da criação do homem de "O Homem no Paraíso", embora no texto a palavra "paraíso" não apareça, substituída corretamente por "jardim" (324). Nas duas outras referências feitas, a palavra aparece apenas como sinônimo da morada celestial[29].

---

29. *Idem*, pp. 1027 e 1721.

A Bíblia católica, tanto a *Vulgata Clementina*, quanto a *Nova Vulgata*, conserva a palavra *paradisum* desacreditada pela hermenêutica contemporânea por tratar-se de uma tradução imprópria derivada da Septuaginta. O termo está de tal modo impregnado não apenas na liturgia da palavra, mas, igualmente, no vocabulário cultural ocidental, que parece impossível reconsiderá-lo como palavra e como conceito. A associação do paraíso terreno ao paraíso celestial inviabiliza qualquer discussão semântica a seu respeito.

No imaginário popular, o Jardim do Éden, assimilado às tradições mitológicas pagãs da Idade de Ouro, dos Campos Elísios e das Ilhas Afortunadas, perdurou em simultaneidade com a migração de sentido produzida pela literatura eclesiástica que se consolida no século IV d.C., embora encontre raiz no Apocalipse. Pelos séculos XI e XIII, época de maior exaltação do culto mariano, tornou-se comum a associação de Maria com o Paraíso. Curiosamente, essa associação recorria a imagens naturalistas, fazendo da Mãe de Deus um jardim de delícias, ornado de todas as flores, tendo no centro a árvore da vida, nas palavras de Jacopone di Todi[30]. Essa associação é o resultado de uma assimilação da figura de Maria à Sulamita, a amada do Cântico dos Cânticos, num esforço de sacralizar o poema erótico atribuído falsamente a Salomão[31].

A persistente credulidade quanto à existência real de um paraíso na terra levou, ao longo dos séculos, a toda sorte de teorias e tentativas de identificação de possíveis sítios onde teria estado ou poderia ainda estar o paraíso terreno. São Tomás, por exemplo, acreditava que o Jardim do Éden, o paraíso, ainda devia existir em alguma parte ignorada do globo terrestre. Uma lenda surgida na Irlanda, por volta do século X, dá conta de uma viagem de São Brandão pelo Oceano Atlântico onde teria aportado numa ilha onde as aves falavam, "como no paraíso", ilha que figura num arquipélago representado no mapa de André Benincasa, de 1467, com o nome de *Brasil*. Cristóvão Colombo após a quinta viagem ao continente americano, acreditou, até à morte, que a desembocadura do rio Orinoco, por ele descoberta, era a entrada para o paraíso. Localidades candidatas

---

30. Jean Delumeau, *Que reste-t-il du paradis?*, p. 166.
31. Sobre o assunto ver meu livro *O Cântico dos Cânticos: Um Ensaio de Interpretação Através de Suas Traduções*, constante da Bibliografia.

à honra de terem abrigado o paraíso terrestre encontram-se espalhadas pelos quatro cantos da Terra. Do Irã a Java, da Etiópia a Sri Lanka, do Iraque às Ilhas Seychelles, da Turquia aos Estados Unidos da América. Os mórmons, da Church of Jesus of Latter-day Saints, acreditam que o paraíso se encontrava em um ponto do Estado de Missouri, conforme a revelação feita ao seu fundador, Joseph Smith Jr. Autores do passado argumentaram no sentido de ser inútil a busca, pois o dilúvio universal teria destruído o Jardim do Éden e seus vestígios. Outros acreditavam que ele deveria ser buscado nas montanhas mais altas da terra, cujos cimos talvez não tivessem sido atingidos pelas águas do dilúvio. Mistérios, diria São Paulo, que talvez nunca possam ser esclarecidos.

Ao longo do tempo a palavra "paraíso" passou a significar ou o lugar das delícias, em razão, sobretudo, de suas raízes etimológicas hebraicas, ou, mesmo, o lugar celestial no qual as almas dos justos encontrariam a felicidade eterna[32].

---

32. Jean Delumeau, *Que reste-t-il du paradis?*, Paris, Fayard, 2000, p. 29.

IV

Caim e Abel

> *Caim disse a seu irmão Abel: Saiamos. E, como estavam no campo, Caim se lançou sobre seu irmão Abel e o matou.*
>
> Gên. 4:8

A Bíblia nada nos diz sobre o caráter de qualquer dos dois irmãos. Diz apenas que um era pastor e cuidava de ovelhas e que o outro era agricultor e cuidava do solo. Caim faz a Iahweh a oferenda dos frutos que, com o seu labor, lhe forneceu o solo que cultivava. Abel oferece "as primícias e a gordura de seu rebanho". Ora, "Iahweh agradou-se de Abel e de sua oferenda. Mas não se agradou de Caim e de sua oferenda". Por que razão? Nada está dito. Mas a pergunta fica no ar e a resposta dada, por exemplo, pela BJ, apenas aguça a nossa perplexidade: o episódio manifesta "a livre escolha de Deus, seu desprezo pelas grandezas terrenas e sua predileção pelos humildes" (36 s). Um perfeito exemplo de um *non sequitor* absoluto. Observe-se que a narração do Gênesis está sendo dirigida a um povo de pastores nômades, o que pode explicar certa preferência do narrador, não de Iahweh, pela gordura das ovelhas. A partir deste primeiro momento, aliás, todas as oferendas feitas a Iahweh serão de carne e gordura, cujo odor lhe parecerá sempre agradável.

Não vemos muita especulação sobre as razões da preferência divina pela oferenda de Abel. Talvez sejam insondáveis e a melhor maneira de evitar a questão é aceitar para elas o que o próprio Iahweh diz a Moisés, numa das conversas entre os dois "face a face", a caminho da Terra Prometida: "Terei piedade de quem eu quiser ter piedade e terei compaixão de quem eu quiser ter compaixão" (Êx. 33:19). Ponto final.

O episódio apresenta, também, uma marcante predileção de Iahweh pelos filhos benjamins com relação aos primogênitos, ao contrário do que será uma das mais fortes características do povo judeu que é a primazia dada pela cultura israelita ao primogênito. Abel é preferido a Caim, Isaac a Ismael, Jacó a Esaú, Raquel a Lia, José aos demais filhos de Abraão, Efraim a Manassés, Davi aos de Jessé, Salomão a Adonias e assim por diante. O que não impede sejam todas as genealogias bíblicas compostas com os nomes dos primogênitos.

Para nossa análise o fato relevante é ser na narração deste episódio que aparece, pela primeira vez na Bíblia, a palavra "pecado" (Gên. 4:7). E qual foi o pecado ao qual se refere o próprio Iahweh em seu encontro com Caim, logo após a oferenda? A BJ cala. A JB e a OAB dizem que foi a revolta de Caim em aceitar a preferência divina.

Com ou sem razão para sentir-se diminuído, e roído pela inveja, Caim planeja matar Abel. Iahweh lhe aparece e pergunta a razão de sua irritação e abatimento e comenta: "Se estivesses bem disposto não levantarias a cabeça? Mas se não estás bem disposto não jaz o *pecado* à porta, como animal acuado que te espreita; podes acaso dominá-lo?" (Gên. 4:7). Parece claro que Iahweh sabe da intenção assassina de Caim e o adverte que é pecado a ação que está por cometer. Não seria o pecado, assim, a "revolta de Caim em aceitar a preferência divina", ou seu despeito por ser preterido pelo irmão nas atenções de Iahweh, mas o assassinato planejado, que nada fará Iahweh para evitar, além de advertir Caim do malfeito que lhe espera.

Cometido o crime, Iahweh volta a encontrar Caim e, apesar de tudo saber, assim como perguntou a Adão onde se encontrava, após ter ele comido do fruto proibido, agora pergunta a Caim onde está Abel, e dele ouve a resposta irritada consagrada na literatura universal: "Acaso sou guarda de meu irmão?" Iahweh o pune, pelo assassinato do irmão e, talvez, ainda, pela resposta insolente, expulsa-o do solo fértil e condena-o a viver errante. Caim redargui: "Minha culpa é muito pesada para suportá-la"[1] e argumenta que viver errante era o mesmo que expô-lo a ser, por sua vez, assassinado pelo primeiro que o encontrasse. E Iahweh o protege com uma marca que, explica, fará com que quem o viesse a matar seria

---

1. As traduções deste versículo são variadas e, às vezes, mal-intencionadas. No texto hebraico a palavra utilizada é *awon*, que significa "castigo". A versão clementina (*Major est iniquitas mea*) se aproxima da ideia de pecado que está refletida na tradução da BJ ("Minha culpa é muito pesada"); a *Nova Vulgata* (*Major est poena mea*) resgata a ideia de punição.

punido sete vezes. Em boa lógica, a marca não o protegia contra um assassino eventual, apenas lhe assegurava que, se tal ocorresse, seu matador receberia um castigo exemplar, o que, o simples bom senso faz perceber, não poderia ser a proteção que Caim esperava. Pode-se perguntar – o que não fazem os comentadores da Bíblia – quem poderiam ser esses matadores eventuais, já que a população humana estava reduzida naquele instante apenas aos três sobreviventes da família original, Adão, Eva e o próprio Caim?

Não é bem assim. Não está na narração, senão de forma implícita: a raça humana não está reduzida à família de Adão e Eva. Sem maiores explicações, a própria Bíblia indica que há pelo menos um outro núcleo de seres humanos, pelos lados de Nod, a leste do Éden (Gên. 4:16). A BJ limita-se a dizer: "Essa terra é desconhecida".

As questões suscitadas pelas palavras de proteção asseguradas a Caim são ambíguas. "Quem matar Caim será vingado sete vezes", diz Iahweh, e continua a BJ: "E Iahweh colocou um sinal sobre Caim, a fim de que não fosse morto por quem o encontrasse". As duas sentenças se contradizem. Se ninguém vai poder matar Caim, como é que quem o matar será vingado sete vezes? James Kugel refere-se à leitura de alguns hermeneutas para significar que a menção a Caim nesse versículo é, de fato, uma referência a toda a tribo dos seus descendentes, os quenitas, e não a um eventual assassino individual. Vemos, aliás, em Núm. 24:21-22, Balaão fazer explicitamente a equivalência entre o nome de Caim e o da tribo quenita. Acrescenta Kugel terem os quenitas a reputação de vingarem a morte de qualquer um de sua tribo matando sete indivíduos da tribo do assassino, afastando-se, assim, da prática usual entre as demais tribos do Oriente Próximo de observância da lei do talião[2].

Caim se muda para Nod e aí "conhece" a sua mulher. Havia, pois, além do lugar onde devem estar morando seus pais, após a expulsão do Éden, outro lugar, e, além de sua mãe, pelo menos mais uma mulher disponível para que Caim pudesse iniciar sua descendência. Curiosamente, ao contrário do que anuncia Iahweh, ao amaldiçoá-lo, quando diz que ele será "um fugitivo errante sobre a terra" (Gên. 4:12), Caim se torna o

---

2. James L. Kugel, *How to Read the Bible*, pp. 60 e ss.

sedentário construtor de uma cidade (Gên. 4:17), o primeiro urbanista da história. A essa cidade, na terra de Nod (Gên. 4:16), diz a Bíblia que Caim deu o nome de seu filho Henoc (Gên. 4:17). A cidade não foi identificada pelos historiadores e arqueólogos. Coincidentemente, *nod*, em hebraico, se escreve da mesma forma que *nad*, que quer dizer "errante".

Caim será pai de pastores, músicos, ferreiros e meretrizes, diz a BJ, extrapolando, parece, a liberdade hermenêutica, pois as profissões intuídas o foram a partir dos nomes dos seus filhos, cuja assonância recorda os respectivos ofícios: Jabel (condutor [de ovelhas]), Jubal (trombeta), Tubal (nome de um povo de uma região mineira), e Noema (a alegria, a amada). Poderia este último nome ser epônimo de uma profissão sobre a qual o texto se cala, diz a BJ pudicamente, poucas linhas após haver dito expressamente ter ela a profissão das meretrizes (37 z e a).

Observa a BJ que Caim se torna, assim, através de sua prole, o pai das profissões que "proveem as comodidades e os prazeres da vida urbana". Vê a BJ nessa constatação "a mesma condenação da vida urbana encontrada na narrativa javista da torre de Babel"[3].

As tentativas para encontrar uma explicação do comportamento de Caim remontam aos tempos bíblicos tardios. Mas sua demonização é obra do cristianismo. Veja-se a primeira epístola de João, que não podia ser mais clara: "Nisto se revelam os filhos de Deus e os filhos do diabo: todo o que não pratica a justiça não é de Deus, nem aquele que não ama o seu irmão. Porque esta é a mensagem que ouvistes desde o início: que nos amemos uns aos outros, não como Caim, que, *sendo do Maligno*, matou o seu irmão" (1Jo. 3:10-12).

Adão e Eva terão mais um filho, Set, com o qual Eva pretende substituir o filho morto. "Também a Set nasceu um filho", diz a Bíblia (Gên. 4:26). Nada diz ela, nem comenta a BJ, quem poderá ter sido a mulher com quem o concebeu já que apenas se conhece a existência de duas, Eva e a mulher de Caim. A esta altura já não constituirá surpresa observar que na religião heliopolitana os irmãos Geb e Nut tiveram três filhos, Osíris, Hórus e Seth, e que um deles matou o outro e o terceiro fundou a linhagem legítima do trono egípcio[4].

---

3. *Bíblia de Jerusalém*, 37 z.
4. Gary Greenberg, *101 Myths of the Bible: How Ancient Scribes Invented biblical History*, p. 44.

V
Os Gigantes

> *Quando os homens começaram a ser numerosos sobre a face da terra, e lhes nasceram filhas, os filhos de Deus viram que as filhas dos homens eram belas e tomaram como mulheres todas as que lhes agradaram.*
>
> Gên. 6:1

Episódio difícil, de tradição javista, diz a BJ. Só pode referir-se a lendas ou mitos populares sobre gigantes resultantes da união de seres humanos e celestiais. Tais seriam os Nefilim, aos quais se refere o texto. Diz ainda a Bíblia que dessas uniões haviam nascido os titãs, os "homens famosos" que foram "os heróis dos tempos antigos". No judaísmo original, e no cristianismo dos primeiros séculos, predominou a interpretação de que os filhos de Deus mencionados no texto eram os anjos caídos. A partir do século IV, começou-se a atribuir a denominação à descendência de Set, filho de Eva, nascido após a morte de Abel (BJ 39 *l*).

Este episódio parece uma interpolação um tanto extemporânea, pois não serve de ponte entre o que a ele precede e o que se lhe segue. O que parece importante salientar é que, dentro de seu pouco sentido, insere-se uma passagem, ela própria, sem razão de ser. Refiro-me ao versículo 6:3: "Iahweh disse: 'Meu espírito não se responsabilizará indefinidamente pelo homem, pois ele é carne; não viverá mais do que cento e vinte anos'". Iahweh disse isso a quem, em que ocasião e circunstância? E por quê? O que tinha esse desabafo a ver com o comportamento dos anjos? Ou está nele implícito que foram as mulheres que seduziram os anjos, o que não é possível deduzir dos versículos anteriores? Também fora de contexto parece a instituição, nesse momento, do limite de cento e vinte anos para a vida do homem. O que tinha isso a ver com a bacanal angélica? De qualquer forma, não parece Iahweh ter-se sentido ligado por essa decisão cominativa porquanto veremos, logo a seguir, que Noé viveu mais de seiscentos anos; seu filho Sem quinhentos; seu neto, Arfaxad, 403; seu bisneto, Salé, também 403; e assim, sucessivamente, Héber, 430; Faleg, 209; Reu, 207; Sarug, 200, e só Nacor, na oitava geração, não alcançará os 120, morrendo com 119 anos. Seu filho, Taré, pai de Abraão, volta a superar a meta e alcançará 205.

Uma versão antiga apresenta um roteiro que é um prodígio de imaginação. De acordo com ela, não foram os anjos caídos que vieram à terra para a projetada bacanal, mas os anjos corretos que, impressionados com a devassidão que grassava entre os seres humanos, solicitaram, e obtiveram, permissão de Iahweh para descerem na forma humana (de machos, para ser mais preciso) com a intenção de reconduzir a humanidade ao caminho da virtude. Uma vez na terra, porém, e encarnados como homens, não foram capazes de resistir ao apelo sexual que a beleza dos corpos femininos provocava. Esqueceram-se dos nobres propósitos e, buscando gratificação para sua luxúria, precipitaram-se na perdição. Sua prole e descendência foram os gigantes de que fala a Bíblia, com poderes sobre-humanos, como os anjos, mas mortais, como os humanos. Os gigantes pereceram durante o dilúvio, mas suas almas permaneceram errantes na terra como demônios.

Nada, aparentemente, se tem procurado esclarecer sobre quem foram os "homens famosos" e "os heróis" de antigamente.

Quanto a atribuir ao comportamento humano a ira divina que justifica a decisão de aniquilar a criação para tudo recomeçar do zero, pode-se perguntar se maiores responsabilidades não teriam os "filhos de Deus", supostamente dotados de qualidades superiores às do homem, que não souberam ou não puderam realizar sua missão terrena.

VI

O Dilúvio

Farei desaparecer da superfície do solo aos homens que criei – e com os homens os animais, os répteis e as aves do céu – porque me arrependo de os ter feito.

Gên. 6:7

É o primeiro dos arrependimentos de Iahweh. E nos deixa perplexos, pois não era boa toda a criação e muito boa a do homem? Outros se seguirão, e sempre pelos mesmos motivos. "Este arrependimento de Deus – diz a BJ, e fica incompreensível sua aclaração – exprime, à maneira humana, a exigência de sua santidade, que não pode suportar o pecado" (39,o). Frequentemente, o arrependimento de Deus "significa o aplacamento de sua cólera e a retirada de sua ameaça" (*idem*). Não sei o que é mais embaraçoso, se admitir que Deus se "arrependa" ou aceitar que se encolerize, ou que se aflija o seu coração (Gên. 6:5). Em qualquer hipótese se está transferindo a Deus sentimentos essencialmente humanos, que não podem existir no ser supremo.

A dupla narração do dilúvio testemunha mais uma vez a tendência antropomórfica do javista e a visão sacerdotal mais objetiva. Em uma, Iahweh sente dor e indignação pela perversão da humanidade, a javista; na outra, P coincide quanto à razão material para o castigo divino, mas não fala dos sentimentos de Deus. Já vimos, acima, uma das teorias sobre que tipo de iniquidade cometia a humanidade para merecer tanta indignação divina e pode haver-nos parecido *much ado about nothing* ("muito barulho por nada"). Enoc nos oferece outra teoria, esta mais plausível pela própria sequência dos versículos da Bíblia, pois a história do dilúvio, de que trata o capítulo 6, se inicia com o que parece uma interpolação gratuita sobre o conúbio dos filhos de Deus com as filhas dos homens, procedimento que causa tamanha indignação a Iahweh que o leva a declarar que seu "espírito não se responsabilizará indefinidamente pelo homem" (Gên. 6:3). Enoc atribui à exasperação de Iahweh as motivações do dilúvio (1Enoc 106:13-15)[1].

O dilúvio universal não é privilégio da história bíblica. Encontra-se em boa parte dos mitos do antigo Oriente-Próximo e deve rememorar alguma enchente catastrófica nos rios Tigre e Eufrates. Há, no Egito, o precedente mítico de um dilúvio, "modesto", segundo Gary Greenberg, devido a desentendimentos entre Nun, deus das águas, e Hathor, enviada de Ra para proceder à destruição da humanidade. Mas a história egípcia, que remonta à primeira dinastia, no século XXXI a.C., anterior, portanto, à data presumida do dilúvio universal, que estaria em torno do século XXI, pela contagem masorética, nada registra sobre o assunto. Diz a Bíblia que a primeira letra do nome de Noé, em hebraico, se pronuncia *Nun*. Coincidência ou não, *Nun* era a palavra egípcia utilizada para referir-se à divindade representativa do dilúvio primevo e condutora da barca solar que o atravessou. O precedente mais notório é o da épica de *Gilgamesh*, cujos mais antigos relatos datam do século XX a.C., muito anteriores, portanto, aos mais antigos registros bíblicos que não ultrapassam, para trás, o século X. John Romer registra antecedentes na Índia, na Pérsia, e na China[2]. Na narração babilônica, a decisão de inundar a terra parte do concílio dos deuses, incomodados no seu sono pelo ruído que os homens faziam. Um motivo frívolo, mas, pelo menos, explicado. No caso do dilúvio bíblico não há explicação adequada. "Iahweh viu que a maldade dos homens era grande sobre a terra, e que era continuamente mau todo desígnio de seu coração" (Gên. 6:5), "arrependeu-se de ter feito o homem... e afligiu-se o seu coração" (Gên. 6:6). "Farei desaparecer da superfície da terra os homens que criei – e com os homens os animais, os répteis e as aves do céu – porque me arrependo de os ter feito" (Gên. 6:7). A destruição do reino animal junto com quase toda a espécie humana só faz

---

1. *O Livro de Enoc* não figura nas bíblias judaicas e cristãs, à exceção das que estão incluídas nos cânones das Igrejas Ortodoxas etíope e eritreica.
2. John Romer, *Testament – The Bible and History*, Connectcut, Nonecky & Konecky, 1988, p. 30.

sentido na ótica de que tenham os animais sido criados apenas para deles servir-se o homem.

A que "maldade" está Iahweh se referindo? "A terra se perverteu diante de Deus e encheu-se de violência. [...] toda a carne tinha uma conduta perversa" (Gên. 6:12). Em que consistia essa perversão que transtornava de tal modo o autor da Criação a ponto de levá-lo ao ato desesperado (sem esperanças) de liquidar com toda a sua obra na terra, para tudo recomeçar, por assim dizer, a partir do zero? É importante salientar que toda essa catastrófica degenerescência moral da raça humana ocorreu em um período relativamente curto porquanto foram apenas dez as gerações entre Adão e Noé, das quais a Bíblia oferece circunstanciada anotação no capítulo 7, com o número de anos que viveram Adão (930 anos), e cada primogênito dos seus descendentes pela linha de Seth (912): Enós (905), Cainã (910), Malaleel (895), Jared (962), Henoc (apenas 365, pois foi arrebatado aos céus por Deus), Matusalém (969) e Lamech (777), o qual gerou Noé, que viveu 950 anos. A BJ chama atenção para a figura de Henoc, o que viveu o menor número de anos, "mas atinge um número perfeito, o número dos dias do ano solar". Essa atração pelo significado numerológico dos fatos na Bíblia leva a JB a observar que Henoc era o sétimo na lista de gerações, outra aparição mágica do número 7 (JB, 20). Henoc "desaparece misteriosamente, arrebatado por Deus". Divide, com Elias e Maria, a mãe de Jesus, o privilégio de ser transportado corporalmente ao paraíso celestial. Será um dos "seres vivos" presentes no paraíso celestial a que se refere o Apocalipse (Gên. 5:11)?

Essa cronologia, claramente, não pode ser mais do que uma invenção. A JB chama a atenção para a coincidência ou semelhança de vários nomes nas genealogias de Set e de Caim: Enoch e Lamec aparecem nas duas, Irad e Jared, Maviael e Malaleel, Matusael e Matusalém podem ser outros. Diz a tradição que a descendência de Caim pereceu no dilúvio. Não foi só ela, a de Set também, com a única exceção de Noé e sua família[3].

A cronologia pré-diluviana é totalmente hipotética. Segundo a Bíblia o dilúvio ocorreu 1656 anos depois da criação. Diz que Noé tinha qui-

---

3. Isidoro Mazzarolo, no seu detalhado estudo sobre o Gênesis, diz que, segundo a tradição javista, Noé era quenita, portanto descendente de Caim, através de Lamec ("Gênesis 1-11...", p. 38).

nhentos anos quando gerou seus filhos Sem, Cam e Jafé (Gên. 7:32), e seiscentos quando houve o dilúvio (Gên. 7:6 e 11). Há que compatibilizar esses dados com os que figuram no capítulo 7.

Mas voltemos às razões divinas para destruir a humanidade pervertida. Nada encontramos nos livros canônicos hebraico e cristão. Mas encontram-se explicações plausíveis em textos pseudoepigráficos não recolhidos nos dois cânones. É o caso do Livro Primeiro de Enoc, que figura no cânone de Qumram, explicação que traz a vantagem adicional de dar sentido ao capítulo 6 do Gênesis, considerado pela maioria dos hermeneutas deslocado na narração bíblica. Com efeito, diz Enoc que, na geração de seu pai, "seres celestiais", os anjos, cometeram pecados e transgressões da lei, foram promíscuos com as mulheres e com elas cometeram pecados, casaram-se com algumas e delas tiveram filhos. E aqui se segue a antevisão do descontentamento divino e do castigo que lhes será infligido: "E haverá uma grande destruição sobre toda a terra, e haverá um dilúvio, e haverá grande destruição por todo um ano" (1Enoc 106:13-15). É o caso também do apócrifo *Testamento de Reuben*, no qual a relação com o desregramento resultante da promiscuidade dos anjos com as mulheres é explícita: "Porque elas [as mulheres] seduziram os Veladores [expressão também usada para designar os anjos] antes do dilúvio" (Gên. 5:6).

Ora, Noé "encontrou graça aos olhos de Deus" (Gên. 6:8) e é por ele escolhido para salvar a humanidade da mortandade geral e recomeçar o projeto da criação, levando consigo para a arca apenas sua mulher, seus filhos e as mulheres de seus filhos (Gên. 7:7). Supõe-se que toda a família havia encontrado graça aos olhos do Senhor, para assim ser salva também. Sobre as excelsas qualidades de Noé para merecer tamanha distinção, pouco sabemos. Na descendência de Adão (cap. 5) ele aparece como filho de Lamec e o nome lhe foi dado, segundo Lamec, porque "este nos trará em nossos trabalhos, e no trabalho de nossas mãos, uma consolação tirada do solo que Iahweh amaldiçoou" (Gên. 5:29). Que Noé seja o único homem "justo" na face da terra diz mal da experiência de Deus com a criação do homem. Ao contrário do que irá acontecer com Abraão, mais tarde, quando Deus decide acabar com toda a população de Sodoma, Noé não barganha com ele a salvação de mais ninguém, aceitando, pois, ser a única pessoa respeitável no mundo. Veremos que, se assim era realmente, em nível muito baixo haviam sido recolhidas as esperanças divinas de reconstruir a humanidade, porque Noé, em nenhum momento, revelará as qualidades de um líder, muito menos as de um fundador.

Na épica de *Gilgamesh* é também um só homem, Utnapishtim, que é salvo, protegido por uma das divindades patrocinadoras do dilúvio. Nela, o episódio termina de forma mais "realista". Quando os deuses viram a terrível devastação que haviam causado, ficaram envergonhados. Decidiram não mais se imiscuir nos assuntos humanos. Não voltariam a ter contatos diretos com a humanidade, deixando aos homens a liberdade e responsabilidade de conduzirem suas vidas e negócios da maneira que lhes aprouvesse.

Não deve ter sido menos devastador o cenário encontrado por Noé após o dilúvio, com centenas de milhares de cadáveres de homens e de animais em putrefação e o espetáculo de árvores mortas e solo enlameado.

Na narração bíblica distinguem-se duas versões mescladas: uma, javista, mais colorida e cheia de vida, outra sacerdotal, mais precisa e seca (BJ, 39 n). Em uma, por exemplo, ordena Iahweh a Noé que de cada espécie animal selecione um par, macho e fêmea, para ser preservado na arca (Gên. 6:20); em outra, no início imediato do capítulo a seguir, diz que de cada animal puro e das aves do céu formasse Noé sete pares, e dos impuros apenas um casal, para que pudessem perpetuar suas raças sobre a terra (Gên. 7:2). Quanto à arca, Iahweh dispõe sobre sua construção com a meticulosidade de um armador de navios. Essa vocação manufatureira de Iahweh tem outras manifestações, a mais conhecida das quais é a instrução que dará a Moisés para a construção da "arca da Aliança", o santuário que será a morada do seu nome na terra, que veremos mais adiante. A arca de Noé, em conformidade com as instruções divinas (Gên. 6:14-16), deveria medir, convertendo-se o sistema de medidas da Bíblia para o métrico decimal, 150 metros de comprimento por 25 de largura e quinze de altura (JB, 22). Acomodados os passageiros e embarcados os mantimentos para a longa duração prevista de sua permanência a bordo, o próprio Iahweh fechou por fora a porta de acesso à embarcação. Na épica de *Gilgamesh* os preparativos para o dilúvio antecipam quase que ponto por ponto a narração bíblica. Utnapishtin manda que sejam derrubadas as casas e construída uma arca; nela será colocada "a semente de todos os seres viventes" (uma solução aparentemente mais pragmática, do que a de nela acomodar pares de todos os animais existentes, mas de impossível aplicação, pois como poderiam ser coligidas as sementes dos seres vivos animais?) e dá até as dimensões que a arca deve ter, tal como na Bíblia.

As chuvas torrenciais duraram quarenta dias e quarenta noites (Gên. 7:4) ou 150 dias, pois em 8:1 veremos que Deus fechou as fontes do abismo e as comportas do céu ao fim desse período, mas a inundação decorrente durou 150 dias (Gên. 7:24). Ou 227, ou 270, ou 340, dependendo das combinações entre os versículos que tratam do assunto (3 a 7), até que Deus "lembrou-se" de Noé e fez baixarem as águas para que a arca pudesse aterrar. Vendo-as paradas, Noé abre uma portinhola e solta um corvo, "que foi e voltou" (Gên. 8:6). Passados sete dias, Noé solta, desta vez, uma pomba para ver se ela encontrava terra firme. A pomba regressa de patas e bico vazios. A Bíblia não diz quanto tempo depois de haver soltado o corvo[4] foi expedida essa segunda mensageira, mas pode-se deduzir que houve um intervalo de sete dias, pois Noé esperará "outros sete dias" antes de soltar, novamente, a mesma pomba que, desta vez, regressa com um ramo de oliveira no bico. Também aqui há plena coincidência entre a história bíblica e o épico de Gilgamesh. Neste, igualmente, Utnapishtin solta por três vezes aves para reconhecer o estado das águas antes de aterrar sua barca no topo de uma montanha. Noé espera ainda mais outros sete dias antes de "retirar a cobertura" da arca (que "cobertura"? Não tinha a arca sido fechada pelo lado de fora pelo próprio Iahweh?). Mas teve que esperar mais 57 dias até ver o solo completamente seco e ouvir a voz de Iahweh autorizando o desembarque. Viveram assim, no interior da arca, Noé e sua família, e mais todos os animais que o acompanharam, um total de 397 dias.

A expressão "Deus lembrou-se então de Noé", com que se inicia a descrição do fim do dilúvio, tem intrigado os hermeneutas. A *JB* anota que expressões semelhantes ocorrem em outros pontos da Bíblia. Iahweh lembra-se de Ló para salvá-lo do incêndio de Sodoma (Gên. 19:29); de Rachel, para livrá-la da humilhação da infertilidade (Gên. 30:22); de sua aliança com Abraão, Isaac e Jacó, para salvar Israel da escravidão no Egito (Êx. 2:23-25).

---

4. Nas mitologias orientais, o corvo tem uma imagem positiva. É o mensageiro dos deuses, o que indica os lugares certos, o que sabe o que se passa com os espíritos (Mazzarolo, "Gênesis 1-11: E Assim Tudo Começou", p. 218).

Ao deixar a arca, Noé ofereceu a Iahweh um holocausto de animais e "de todas as aves puras" (Gên. 8:20), o que dá razão ao narrador que previu mais de um casal destes, de outra forma não teria sido possível fazer a oferenda sem dizimar as espécies utilizadas. Iahweh respirou o "agradável odor" (Gên. 8:20) do sacrifício (confirmando sua preferência pelo cheiro da gordura animal que o levara a desprezar as frutas de Caim), e prometeu para si mesmo nunca mais amaldiçoar sua criação e destruir os seres viventes. As razões dadas por Deus para assim vir a proceder são totalmente incompreensíveis: "Eu não amaldiçoarei nunca mais a terra por causa do homem, *porque os desígnios do coração do homem são maus desde a sua infância*" (Gên. 8:21). Um aparente *non sequitor*.

Ambos os episódios encontram precedentes nos mitos regionais. Já vimos que um mito anterior egípcio relata o arrependimento dos deuses pelo flagelo do dilúvio que haviam desencadeado e a promessa de não repetir a destruição da humanidade. O mesmo ocorre na epopeia mesopotâmica de Gilgamesh, igualmente anterior à narração bíblica, com o detalhe adicional de que nesta, tal como na Bíblia, também "the Gods smelled the pleasant fragrance" ("os deuses apreciaram o agradável odor") do sacrifício (OAB, 21).

Os sacrifícios e holocaustos têm tratamento irregular na Bíblia, tudo indicando que a opinião de Iahweh sobre eles tenha evoluído com o tempo. Encontramos afirmações incisivas de Iahweh sobre o desagrado que lhe causam os sacrifícios, sobretudo os cruentos, entre os profetas. Assim, pela boca de Isaías, diz: "Que me importam os vossos inúmeros sacrifícios? [...]/ Estou farto de holocaustos de carneiros e da gordura de bezerros cevados;/ no sangue de touros, de cordeiros e de bodes não tenho prazer" (Is. 1: 11). Pela de Jeremias: "Acrescentai os vossos holocaustos aos vossos sacrifícios e comei a carne! Porque eu não disse e nem prescrevi nada a vossos pais, no dia em que fiz sair da terra do Egito, em relação ao holocausto e ao sacrifício" (Jer. 7:21-22). E da de Oseias: "... é amor o que eu quero e não sacrifício, conhecimento de Deus, mais que holocaustos" (Os. 6:6). Mas essas manifestações são posteriores às que figuram no Pentateuco.

John Romer detalha as coincidências entre os mitos mesopotâmico e o bíblico referentes ao dilúvio. Naqueles, o deus maior, Enlil, irritado contra a humanidade, determina a sua destruição pelas águas. Irado, ainda, se aborrece quando sabe que houve sobreviventes. É acalmado pela deusa Ishtar e, em conjunto com os demais deuses, aceita receber o sacrifício na forma de oferenda dos sobreviventes, pois sentiam falta do "suave sabor [...] do cedro e da mirra [...] e da fumaça das carnes do sacrifício". Após o sacrifício, Ishtar, como Iahweh no dilúvio bíblico, faz um contrato com os sobreviventes no qual promete estar ao lado deles no caso de futuras iras de Enlil, assegurando nunca mais abandoná-los. E como garantia de sua palavra oferece um colar de ouro que recebera do deus dos céus quando decidira desatar as águas do dilúvio. Comenta Romer o simbolismo mítico que pode ter existido entre o colar de Ishtar e o arco-íris de Iahweh[5].

Como que para comemorar, Iahweh, ao dar instruções aos homens para que crescessem e se multiplicassem, fossem fecundos e enchessem a terra, diz-lhes, também, que poderiam passar a dispor de tudo o que tivesse vida como alimento, revisando, assim, as instruções dadas aos primeiros pais que estavam autorizados a agir apenas como vegetarianos e frugívoros, com apenas a restrição já mencionada do fruto da árvore do conhecimento do bem e do mal. Iahweh formaliza a aliança com Noé e "todos os seres vivos", estabelecendo o arco-íris como sinal da mesma. É importante reter que, nessa ocasião, a aliança constituída é com "a *raça humana* e com todos os seres vivos, [...] toda a carne que existe sobre a terra", e é apresentada como perpétua. Não foi. Iahweh refará os termos de sua aliança ainda duas vezes: primeiro para reduzi-la apenas a Abraão e seus descendentes, cujo sinal será a circuncisão (Gên. 17); depois, com Moisés, e também apenas para com o povo eleito [Israel], e o sinal será a obediência à Lei, em especial ao sabá (Êx. 19:5; 24:7-8; e 31:16-17).

A história do dilúvio termina com o arrependimento de Deus e a promessa de "nunca mais" destruir todos os viventes "pelas águas do dilúvio" (Gên. 9:11). Não ficam excluídos outros métodos. Não é a única vez em que Deus se arrepende de algo que fez. "Deus se arrepende (ou pode arrepender-se) da ameaça lançada contra Israel (Êx. 32:14) ou contra qualquer outra nação (Jer. 18: 7-8), ou contra Nínive (Jn 3:9-10). Iahweh se arrepende de haver feito Saul rei (1Salmos 15:11). Não devemos nos

---

5. Jonh Romer, *Testament – The Bible and History*, Connecticut, Nonecky & Konecky, 1988, pp. 31-32.

assustar com esse modo de falar" – diz Arana. "Deus não é indiferente à história do homem que criou."[6]

Deus abençoou Noé e os três filhos, e a eles fez seu maior discurso direto em toda a Bíblia. Noé será o Adão do novo ensaio de mundo. A ele e a seus filhos dá a instrução de crescerem e se multiplicarem, reminiscente da que deu a todos os seres vivos em Gênesis 1:22, com a diferença de que, da primeira vez, a instrução foi dada aos animais, antes da criação do homem, e desta vez é dirigida basicamente aos homens: "Quanto a vós, sede fecundos, multiplicai-vos, povoai a terra e dominai-a" (Gên. 9:7). Não ficam excluídos os animais. "Eis que estabeleço minha aliança convosco e com os vossos descendentes depois de vós *e com todos os seres animados que estão convosco: aves, animais, todas as feras,* tudo o que saiu da arca convosco, *todos os animais da terra*" (Gên. 9:9-10). É a primeira aliança formal estabelecida por Deus e ela é feita com os homens e todos os animais da terra.

Não parecem ter saído ganhadores de coisa alguma os animais assim incorporados à aliança. Ao contrário, sua sorte sofre uma indiscutível degradação. De companheiros do homem no jardim idílico (e até de parceria para Adão, caso o primeiro homem houvesse aceitado a proposta divina de escolher entre as feras selvagens e as aves uma para sua companheira), passam a ser objeto de dominação e fonte de alimento. "*Sede o medo e o pavor de todos os animais da terra* e de todas as aves do céu, como de tudo o que se move na terra e de todos os peixes do mar" (Gên. 8:2), diz Deus aos homens. Ficam eles autorizados a disporem dos demais seres vivos como alimento, o que estava excluído quando da Criação. A única restrição imposta é que não comam os animais "com sua alma", ou seja, com seu sangue. Para selar a aliança com a nova humanidade, e "com todos os seres vivos com toda a carne que existe sobre a terra" (Gên. 9:16), diz Deus que estabelecerá um sinal no céu para lembrá-lo. E este sinal será o arco-íris. Diferente da aliança que mais tarde estabelecerá com Abraão, a aliança com Noé não é um acordo. É uma promessa, sem contrapartida assumida por parte do homem.

---

6. Andrés Ibañez Arana, *Para Compreender o Livro do Gênesis,* São Paulo, Paulinas, 2003, p. 124.

VII

Noé

> *Os filhos de Noé, que saíram da arca, foram Sem, Cam e Jafé; Cam é o pai de Canaã. Esses três foram os filhos de Noé e a partir deles se fez o povoamento de toda a terra.*
>
> Gên. 9:18-19

Estamos prontos para entrar agora em mais uma história perturbadora. Noé, o escolhido núncio da vontade divina, fundador da estirpe dos eleitos, tendo plantado uma videira, com a primeira colheita fabrica um vinho e, exagerando em prová-lo, se embebeda e adormece nu, dentro da tenda. Noé devia conhecer muito bem, dos tempos anteriores ao dilúvio, os segredos do cultivo das videiras, e os prazeres da bebida do vinho. Este terá uma longa história de utilização e apreço desde os tempos bíblicos até à atualidade, fazendo parte de rituais religiosos. A única advertência sobre seu uso, e ela está na Bíblia, é que seja bebido "com moderação" (Ecles. 31:28). É o que Noé não observou nessa ocasião.

Cam, o filho caçula, entrando na tenda, vê o pai provavelmente em estado adiantado de embriaguez e informa a seus irmãos. Estes tomam de um manto e, caminhando de costas, para não contemplar a nudez do pai, vão à tenda e jogam o manto sobre seu corpo. Quando Noé acorda toma conhecimento do que havia acontecido e, abençoando Sem e Jafé, e suas descendências, por seu ato protetor, amaldiçoa não Cam, seu filho, mas o filho de Cam, seu neto, Canaã, que nada tinha a ver com o episódio, condenando-o a ser o "último dos escravos" de Sem e de Jafé (Gên. 9:25). Bem estranho desenlace.

Noé, sabemos, havia sido considerado um "justo", por Iahweh, ao ser admitido na arca, e fora abençoado, com toda "sua descendência", ao sair.

Agora Iahweh condena expressamente a descendência de Cam. Este, diz a BJ, não será mais mencionado na Bíblia, não sem observar que, do episódio, fica patente ter sido Cam realmente "o culpado" (BJ 43 h). Culpado de quê? A BJ não explica. Quanto a seu nome não ser mais mencionado na Bíblia, ele o é, e quase que imediatamente em seguida, nos versículos 10:6 e 20, que tratam, precisamente, da sua descendência.

O que poderá ter feito Cam para merecer que sua descendência seja amaldiçoada com todas as consequências históricas que daí advirão? É tão desproporcional a reação de Noé ao simples fato de ter sido visto nu por Cam e disso ter Cam avisado aos irmãos, que não faltaram, ao longo dos séculos, tentativas de explicação que beiram o delírio. David M. Goldenberg[1] menciona fontes rabínicas do século III que atribuem a Cam haver castrado o pai e outra versão talmúdica, aproximadamente da mesma época, que o acusa de haver sodomizado o pai, fundada esta na interpretação encontrada em Levítico 18:6 para as palavras "descobrir a nudez" com o significado de ter relações sexuais. Mais brandamente, Orígenes, pela mesma época, afirmava que Cam havia zombado do pai ao informar a seus irmãos do estado em que o havia encontrado, o que daria razão a Noé para irar-se contra o filho caçula. Ilações, todas elas, sem qualquer suporte no texto bíblico[2].

Ora, de Canaã ainda não era questão. Ou melhor, de sua existência sabemos apenas porque por duas vezes, ao mencionar a Bíblia os nomes dos filhos de Noé, logo após o final da narração do dilúvio, o nome de Cam é seguido, sempre, da cláusula "pai de Canaã" (Gên. 9:18 e 23), enquanto nada se menciona sobre a descendência de Sem e Jafé. A relação completa dos descendentes dos três só será feita no capítulo 10. Essa menção repetitiva e inesperada antes da narração da bebedeira só se explica como uma preparação para o versículo sobre a maldição.

A mais terrível consequência do episódio da maldição consistiu, no entanto, na associação, inicialmente de fonte islâmica, mas logo apro-

---

1. *The Curse of Ham: Race and Slavery in Early Judaism, Christianity and Islam*, citado em "Blacks Damned by the Bible", *The New York Review of Books*, nov. 16, 2006, p. 38.
2. É oportuno saber que em um mito ugarítico, a "História de Aqht", encontra-se a prescrição de ser obrigação do filho que encontre o pai em estado de embriaguez levantá-lo pela mão e resguardá-lo. Mais uma coincidência entre a narração bíblica e mitos que lhe são anteriores (Andrés Ibañez Arana, *Para Compreender o Livro do Gênesis*, p. 150).

priada pela hermenêutica cristã e judaica, de que a maldição de Noé consistiu em escurecer a pele de Canaã, fazendo-o iniciar a raça negra que, com a cor da pele, adquiria, também, o destino de vir a servir para sempre aos descendentes dos brancos Sem e Jafé. Por mais absurdo que tal concepção pareça aos nossos olhos, por dois mil anos tem servido para justificar teorias racistas e nela se apoiou, declaradamente, todo o drama multissecular da escravidão das tribos africanas. Mais uma vez não faltaram hermeneutas imaginativos para especular de forma aberrante, e sem a mínima base documental na Bíblia, sobre a maneira como a raça negra se originou. Obviamente estaria fora de cogitação qualquer especulação poligenética, contrária à tradição adâmica. Já no século III, o rabino Hiyya mencionava uma lenda judaica segundo a qual Iahweh, levando em conta as limitações de espaço, havia proibido a Noé, a seus filhos e a todos os animais recolhidos na arca, de manterem relações sexuais durante todo o tempo em que nela estivessem confinados, para que não procriassem. Ora, Cam, violando a proibição divina, teria tido relações com a mulher, após o que notou que sua pele havia enegrecido. Um texto islâmico medieval diz, diferentemente, que a mudança de cor foi resultado da maldição expressa lançada por Noé que determinava a perpetuidade da cor negra nos descendentes de Cam "até o dia da ressurreição final". Já neste caso, fica aparente que a explicação religiosa servia para justificar a expansão do tráfico negreiro então florescente.

Assim como serviu para justificar a escravidão negra, o episódio bíblico deu pretexto, igualmente, a uma justificação da escravidão dos povos indígenas. Aqui o argumento ainda consegue ser mais especioso. Observa Eduardo Bueno que uma das alegações do Padre Manuel da Nóbrega para justificar a escravização dos indígenas do Brasil estava relacionada ao fato de eles andarem nus. Em seu livro *Diálogo da Conversão dos Gentios*, faz Nóbrega a ligação entre este fato e o episódio bíblico em que, segundo ele, Cam escarnece da nudez de seu pai, sendo por essa razão exilado e condenado à servidão.

A maldição caída sobre Canaã terá consequências dramáticas para a história dos hebreus. Cam teve quatro filhos, Cuch, Mesraim, Fut e Canaã. Este, por sua vez, teve numerosa descendência, que se distribuiu pelo território de Canaã. A Bíblia assim os designa: "Sídon, seu primogênito, Het, e o jebuseu, o amorreu, o gergeseu, o heveu, o araceu, o sineu, o arádio, o samareu e o emateu" (Gên. 10:15-17). O leitor encontrará vários desses nomes entre as tribos dizimadas por Josué na conquista das terras de Canaã. E encontrará, também, os filisteus, descendentes de Cam, mas pelo filho Mesraim (Gên. 10:13).

Já Sem terá uma descendência abençoada, na qual vamos encontrar, na nona geração, Abrão, filho de Taré, tio de Ló (Gên. 11:27). Os filhos de Jafé darão origem a povos da Ásia Menor e das ilhas gregas, sem maior relevância para a futura história bíblica.

VIII

A Torre de Babel

*Todo o mundo se servia de uma só
língua e das mesmas palavras*

Gên. 11:1

Os filhos de Noé foram prolíficos e suas descendências se dispersaram sobre a terra. Falavam uma só língua e uniram-se, pelos lados da Babilônia, para construírem uma cidade e nela uma torre elevada que os conduzisse mais perto de Deus. É de supor que a referência aí seja aos descendentes dos três filhos, portanto dos abençoados de Sem e Jafé e dos amaldiçoados de Cam, unidos numa empresa comum, pois deixara claro o versículo 19 que seria a descendência dos três, que iria assegurar "o povoamento de toda a terra".

Ora, Iahweh toma conhecimento do que está acontecendo e desce à terra para ver com os próprios olhos o zigurate, pois disso se tratava, e, mais uma vez, se indigna com o que encontra. Se, no Éden, temia que os homens comessem da árvore da vida e, com isso, se igualassem aos deuses na sua imortalidade, agora se escandaliza com a engenhosidade dos homens e diz para si mesmo: "Eis que todos constituem um só povo e falam uma só língua. Isso é o começo de suas iniciativas! Agora nenhum desígnio será irrealizável para eles. Vinde! Desçamos! Confundamos a sua linguagem para que não mais se entendam uns aos outros" (Gên. 11:6-7). Deus confunde as linguagens dos habitantes da cidade e os dispersa sobre "toda a face da terra".

Observe-se, de passo, que, ao usar a primeira pessoa do plural, Deus parece estar incitando outros seres, não denominados, a que o acompanhem na empresa que se propõe realizar, a de impedir a construção da torre, servindo-se, para tanto, da impossibilidade de comunicação entre os construtores, ao desuniformizar a língua que falavam. A exortação "Vinde" (*venite*) é a mesma palavra usada pelos construtores ao convocarem a colaboração de todos na elevação da torre (Gên. 11:3). Uma chamada coletiva.

O episódio levanta diversas dificuldades que os comentaristas não ajudam a elucidar.

A primeira delas é, evidentemente, a resistência de Deus a iniciativas do homem que lhe pareçam ambiciosas. Nada está dito no relato que indique a pretensão dos homens de, por assim dizer, invadirem "os céus"[1]. A própria BJ admite que a intenção dos construtores pode bem ter sido procurar "um meio de encontrar seu deus" (BJ 45 g).

A segunda é o expediente de confundir as línguas para dificultar a comunicação entre os homens. Seria então a intenção divina propiciar rivalidades e confrontos, incompreensão e intriga?

A terceira, e que não está comentado, é o regresso à fórmula majestática de referir-se a si próprio, mais ambígua aqui do que no episódio da criação. Deus já havia descido à terra e estava observando *in situ* o empreendimento humano (Gên. 11:5). A quem, pois, estava dirigindo o apelo "Vinde! Desçamos! Confundamos a sua linguagem" etc.? A si próprio não poderia ser, pois ele ali já estava, já tinha descido. A JB renova a interpretação de que Deus estava invocando o Conselho celestial, que já vimos por ela mencionado no comentário a Gênesis 1:26, o que, mais uma vez, revela uma concepção antropomórfica da corte celestial que não encontra fundamento em nenhum texto revelado.

À falta de melhor explicação para o episódio, diz a BJ que o "tema da torre combina com o da cidade: é uma condenação da civilização urbana". E cita o versículo 4:17 e os seguintes em apoio. Ora, nos versículos citados não figura nenhuma condenação à "civilização urbana" e a única e indireta menção que nela aparece com respeito à vida urbana é a de que Enoc, filho de Caim, "tornou-se um construtor de cidade" [*sic*], sem que nessas palavras possa ser encontrada qualquer intenção derrisória.

---

1. John Römer, *Testament – The Bible and History*, p. 31.

Como ocorre com respeito a outros episódios do Gênesis, é fácil encontrar precedentes nas mitologias vizinhas para a construção de uma torre que se alçasse para os céus. Tinham os homens descoberto a arte de fabricar tijolos e foi essa invenção que permitiu a ousada empresa da torre de elevada proporção. No poema babilônio "Enuma Elish", é quando os homens descobrem a arte de fabricar tijolos que tomam a decisão de elevar uma torre. Fabricaram os tijolos durante todo um ano e no segundo começaram a construção. No mesmo poema encontramos a narração da decisão divina de desentender os homens entre si pela multiplicação das línguas. O mesmo ocorre em outro documento ainda mais antigo, a *Epopeia de Ermerkar*, na Suméria, de aproximadamente 1200 a.C. Enki, senhor da sabedoria "mudou a fala de suas bocas [...] na fala do homem que havia sido uma"[2].

A ênfase dada desde sempre ao aspecto da construção de uma torre com o propósito de alcançar o céu, revelando uma arrogância humana inconfortável ao Criador, deixa esquecido que o que chama a atenção de Iahweh não é apenas a torre, mas "uma cidade e uma torre" (Gên. 11:4). Quando Iahweh desce para inspecionar o que está havendo, o faz para "ver a cidade e a torre" (Gên. 11:5). O mais importante a notar, porém, é que, obtido o resultado de confundir os obreiros e dispersá-los, não é à torre que a Bíblia se refere, mas à cidade quando diz: "e eles cessaram de construir a cidade". Da torre não há mais notícia. Da cidade, sim, pois é então que a ela é dado um nome: Babel (Gên. 11:8). Trata-se da Babilônia, cujo nome hebraico é Babel, dizem alguns intérpretes contemporâneos. A apreensão dos israelitas estava em ver crescer ao seu lado uma cidade imensa, de grande expressão religiosa, uma apreensão compreensível num povo distribuído em comunidades pequenas e esparsas no vasto território semita. Quanto à torre, não devia ser mais do que um zigurate, construção frequente na Babilônia, cujos vestígios arqueológicos, pelo menos uma trintena deles, já foram encontrados no Irã e no Iraque. No que diz respeito à língua comum, anterior à dispersão, divergem os linguistas, que preferem denominá-la, simplesmente, "protossemítica", mas são unânimes em reconhecer que não era o hebraico, desaprovan-

---

2. Andrés Ibañez Arana, *Para Compreender o Livro do Gênesis,* São Paulo, Paulinas, 2003, pp. 169--170.

do, assim, a suposição de Agostinho de que o hebraico era a protolíngua universal e que era em hebraico que Deus se comunicava com os homens no "paraíso"[3].

---

[3]. James L. Kugel, *The Ladder of Jacob – Ancient Interpretations of the Biblical Story of Jacob and His Children*, p. 87.

IX
Abraão

Vê, eu sei que és uma mulher muito bela. Quando os egípcios te virem, dirão: "É sua mulher", e me matarão, deixando-te com vida. Dize, eu te peço, que és minha irmã, para que me tratem bem por causa de ti e, por tua causa, me conservem a vida.
Gên. 12:11-13

Estelionato: "fraude praticada em contratos ou convenções, que induz alguém a uma falsa concepção de algo com o intuito de obter vantagem ilícita para si ou para outros".
Dicionário Houaiss

A menção à palavra "estelionato" não pretende chocar. Se a prática de "falsidade ideológica" não tinha nome próprio na Bíblia, nem por isso deixava de ser moralmente condenável, como se verá por suas consequências. Abrão (seu nome original até o estabelecimento da aliança, em Gênesis 17:4) é, de fato, o primeiro personagem da Bíblia a usar do reprovável expediente de "induzir alguém a uma falsa concepção de algo com o intuito de obter vantagem ilícita para si ou para outros". O segundo, e mais famoso, é Jacó, seu neto, terceiro na linhagem dos patriarcas. Mas isso veremos depois.

Sabemos que Iahweh abençoou a descendência de Sem, filho de Noé, de cuja nona geração foi Taré, pai de Abrão casado com Sarai, que a Bíblia diz ser estéril. Taré pensa mudar-se para Canaã com a família, Abrão, Sarai e Ló, neto de Taré e sobrinho de Abrão. Mas, a caminho, decide fixar-se em Harã, não diz a Bíblia o porquê. O fato, porém, é que era Canaã o destino desejado por Iahweh, do que faz saber a Abraão não se sabe se em sonho ou em visão (Gên. 12:1), e foi em Harã, e não em Ur, que Abrão recebeu a instrução de Iahweh de partir para Canaã: "Sai de tua terra, da tua parentela e da casa de teu pai, para a terra que te mostrarei. Eu farei de ti um grande povo, eu te abençoarei, engrandecerei teu nome; sê uma bênção. Abençoarei os que te abençoarem, amaldiçoarei os que te amaldiçoarem. Por ti serão benditos todos os clãs da terra." É a primeira de muitas manifestações de Iahweh aos patriarcas que suportam a promessa de uma aliança com o povo, a nação, o clã dos judeus.

Diz a pesquisa moderna que a cidade de Ur não existia no tempo de Abrão, e só aparecerá na história mil anos após o episódio narrado na Bíblia[1]. Assim como Ur então não existia, não faltaram hermeneutas bíblicos que duvidaram da existência real do próprio Abrão (Abraão), baseados em comparações históricas ou com argumentos internos à Bíblia. As menções aos filisteus em conexão com a história de Abraão e Isaac (Gên. 20 e 26) surgem anacrônicas, pois não há notícia dos filisteus na região até centenas de anos depois. Quanto aos argumentos bíblicos, observam alguns estudiosos que não aparece menção a Abraão em nenhum livro bíblico anterior ao século VIII a.C., mesmo quando se referem a episódios que datam da época em que teria vivido o patriarca: a destruição de Sodoma e Gomorra (Os. 11:8; Am. 4:11), a história de Esaú e Jacó (Os. 12:4-5, 13), o êxodo e a travessia do deserto (Os. 2:7, Am. 2:10 e 3:1). É apenas em Isaías, em textos pós-exílicos, que os intérpretes datam do século sexto ou posterior, que aparecem referências a Abraão[2].

Abrão é mandado separar-se da família para dedicar-se por completo à nova missão. O tema da separação da família para obedecer à voz do Senhor será reproduzido de maneira eloquente no Novo Testamento, com palavras, desta vez, de Jesus (Lucas 14:26). Quanto à escolha de Abrão para fundar a estirpe do povo eleito, não são dadas as razões. Como não são dadas, e isso com maiores consequências históricas, como sabemos, para eleger, entre os seus descendentes, um grupo particular de indivíduos privilegiados para receber as bênçãos do Senhor e dominar o resto da humanidade. Com Abrão, pretende Deus, ao que se percebe, recomeçar mais uma vez a história da humanidade. A posteridade de Noé não deu certo, como não havia dado a de Adão. Irá cair sobre os ombros de Abrão, que, de início, mal tem ideia do que lhe aguarda, a terceira tentativa de

---

1. Gary Greenberg, *101 Myths of the Bible: How Ancient Scribes Invented Biblical History*, p. 115.
2. James L. Kugel, *The Ladder of Jacob...*, p. 102.

pôr ordem na humanidade. E será essa, talvez, a explicação para a concepção de um povo eleito, numa terra prometida. A humanidade, com a qual Deus fizera uma aliança que abrangia todos os seres vivos, crescera demais, Deus perdera o controle. E isso fica claro quando ele se perturba com o que está acontecendo em Babel e resolve dividir os homens confundindo suas línguas. Deus decide experimentar uma aliança mais restrita, com um povo de sua escolha, do qual possa exigir fidelidade e cumprimento de suas ordens com mais viabilidfade do que com a humanidade inteira. E escolhe Abrão para ser o iniciador dessa nova geração mais compacta, mais fácil de controlar. Abrão será o terceiro Adão. Por intermédio dele Iahweh abençoa todos os *"clãs!* da terra". A palavra é nova. E restritiva. "Abençoarei os que te abençoarem, amaldiçoarei os que te amaldiçoarem". Deus quer estar seguro de que desta vez não haverá erro. Daí as provas a que submeterá a fidelidade de seu novo condutor escolhido, as quais chegarão ao limite do insuportável: deixar a cidade natal e a família para dirigir-se a Canaã; retirar-se da Terra Prometida mal nela chegado, por causa da fome, e partir para o Egito; receber o aviso de que sua descendência viverá "como estrangeiros numa terra que não será a deles", que lá "eles serão escravos, serão oprimidos durante quatrocentos anos"; realizar o sacrifício de seu primogênito; a prolongada infertilidade de Sara enfim, uma sucessão ininterrupta de desgraças pessoais que fizeram da vida do seu eleito um teste incessante de fé e de fidelidade.

Separa-se Abrão de Taré e parte para Canaã com seu pequeno séquito familiar, seus bens e os servos que tinha adquirido em Harã, e lá chegaram, parando primeiro em Siquém e em seguida em Betel. "Nesse tempo, os cananeus habitavam nesta [*sic*] terra", diz a Bíblia (Gên. 12:6), e, mais adiante, "nesse tempo os cananeus e os ferezeus ocupavam essa terra" (Gên. 13:7), reafirma, como se o fizesse para não haver dúvida de que se trata da terra prometida a Abrão para sua descendência. E como se não bastasse, Iahweh lhe aparece em pessoa para confirmar: "É à tua posteridade que eu darei esta terra" (Gên. 12:7).

Ora, houve uma seca que inviabilizava a permanência de Abrão nas terras prometidas, e, como em outras ocasiões, é em terras do Egito que Abrão e seu séquito vão buscar refúgio para sobreviver. Aparentemente, Abrão e sua comitiva não encontraram problemas em atravessar as terras que seus sucessores deveriam invadir, pois a Bíblia não registra qualquer incidente nesse percurso. Não era o bom momento para se estabelecer em Canaã, como ordenara Iahweh. Isto se passa aproximadamente no fim do século XVIII a.C. A capital do reino faraônico estava em Tebas e boa parte do território egípcio, particularmente a área do delta, havia sido ocupada pelos hicsos. Estes ficaram no Egito cerca de duzentos anos e lá deixaram má reputação. Quando Isaac se estabelece em terra egípcia a convite do Faraó, diz a Bíblia que os hebreus foram malvistos "por serem pastores, como eram os hicsos".

Ao aproximar-se do destino, não pôde Abrão esquivar-se de participar a Sarai a preocupação que tinha sobre como seriam acolhidos pelos egípcios: "Vê, eu sei que és uma mulher muito bela. Quando os egípcios te virem, dirão: 'É sua mulher', e me matarão, deixando-te com vida. Dize, eu te peço, que és minha irmã, para que me tratem bem por causa de ti e, por tua causa, me conservem a vida" (Gên. 12:11-13). Sarai tinha então, 65 anos, mas, pelo visto, estava na flor da idade para ser requerida pelo Faraó para o seu harém. Veremos, adiante, que, aos noventa anos, já agora chamada Sara, continuará bela e sedutora, a ponto de justificar os receios de Abrão, ao chegar a Gerara, quanto à possibilidade e o perigo de ela atrair as atenções e a cobiça de Abimelec, o rei da cidade, em circunstâncias em tudo paralelas à da chegada ao Egito.

Deixando de lado o egoísmo de Abrão e a disposição que faz de Sarai, tornada, a seu mando, concubina do Faraó, não pode deixar sem comentário que a entrega de Sarai era, também, o descumprimento do mandato que recebera de Deus de ter uma descendência fecunda capaz de assegurar a formação de todo um Povo. Não há notícia de que Sarai se tenha revoltado contra o marido por obrigá-la a mentir, tornar-se adúltera e prostituir-se.

Tal como temera, ou previra, os oficiais egípcios viram que Sarai era bela e a levaram para o harém do Faraó. Este recompensou Abrão com bens, "ovelhas, bois, jumentos, escravos, servas, jumentas e camelos" (Gên. 12:16), dele fazendo um homem rico. Julga-se a BJ obrigada a justificar o procedimento de Abrão e esclarece que isso se passa numa época em que "a consciência não reprovava *sempre* [sic] a mentira e na qual a vida do marido valia mais do que a honra da mulher" (BJ 47 h). Podia ter ficado aí. Mas a preocupação em exculpar o patriarca leva-a a acrescentar que a história bíblica "quer celebrar a beleza da ancestral da raça (!), a *habilidade do Patriarca* (!!) e a proteção que Deus concede aos dois (!!!)" (BJ 47 i).

Prossegue, no entanto, a sucessão de eventos extraordinários. Deus, que tudo sabe, enquanto protege o casal, pune o Faraó, o único inocente nesse complô, assim como, "também a sua casa, por causa de Sarai, a mulher de Abrão" (Gên. 12:17). Ora, é precisamente o Faraó quem tem o comportamento mais digno em todo o episódio. Quando descobre a trama de que fora vítima, perdoa a Abrão a trapaça que tanto lhe custara como soberano e como pessoa, devolve-lhe Sarai, e ainda os faz conduzir à fronteira, com todos os bens que haviam acumulado no interregno.

Diz a Bíblia que Abrão era muito rico antes mesmo dos bens recebidos do Faraó, "rico em prata e em ouro". Mas a essa riqueza não há menção antes da estada no Egito. Rico também era, ou havia se tornado, o sobrinho Ló, que o acompanhara ao Egito e agora retornava com o tio à Terra Prometida. Tanta fortuna junta desaconselhava ficarem os dois ocupando as mesmas terras, sobretudo porque a maior parte das riquezas era constituída pelos rebanhos que necessitavam amplas áreas de pastagem. Decidem, pois, separar-se, dando Abrão ao sobrinho a escolha da parte de Canaã que lhe caberia. Ló escolhe a planície do Jordão, onde estavam as terras mais férteis. Abrão fica com as restantes. Nelas planta morada no Hebron, perto do carvalho de Mambré.

Volta Iahweh a aparecer a Abrão, agora que regressa às terras que lhe haviam sido prometidas antes da partida para o Egito. Manda Iahweh que Abrão estenda seus olhos para contemplar as terras onde se encontra, em toda sua extensão, "para o norte e para o sul, para o oriente e para o ocidente. Toda a terra que vês, eu ta darei, a ti e à tua posteridade para sempre. Tornarei a tua posteridade como poeira da terra; quem puder contar os grãos de poeira da terra poderá contar teus descendentes. Levanta-te! Percorre esta terra no seu comprimento e na sua largura, porque eu ta darei" (Gên. 13:15). É a terceira vez que faz essa promessa a Abrão, a quinta que faz a um de seus escolhidos, as duas primeiras tendo sido a Adão, implicitamente, e a Noé explicitamente. Mas, enquanto as primeiras se estendiam a toda a humanidade, esta, agora, se endereça apenas à posteridade de Abrão, a uma "raça", "a tua raça", como deixará claro ao dirigir-se a Abrão para mudar-lhe o nome posteriormente. A Terra Prometida é a terra que era dos cananeus, conforme já fomos informados (Gên. 12:6), ou dos cananeus e ferezeus (13:7), ou, ainda, a dos quenitas, dos cenezeus, dos cadmoneus, dos heteus, dos ferezeus (já mencionados em 13:7), dos rafaim, dos amorreus, dos cananeus (reconfirmando 12:6), dos gergeseus e dos jebuseus (10:15); ou, além desses, também as dos heveus, dos hititas, mencionados no Deuteronômio (Deut. 7:1). Não é pouco.

Sobre o direito divino de apropriar as terras dos povos mencionados, são expressivas as palavras do ilustre rabino Salomão ben Isaac (1040-1105), mais conhecido como Rashi, talvez o mais notável comentarista israelita da Bíblia: "A Bíblia inicia-se pela criação para justificar a distribuição da terra santa para Israel, pois Deus sendo o criador do Mundo poderia atribuir qualquer parte da terra a quem desejasse"[3]. Quanto à maneira como se procedeu a conquista, foge ela a este exame do Livro do Gênesis, mas não pode deixar de ser evocada, em suas linhas mais gerais, porque se trata, precisamente, do cumprimento das promessas de Iahweh a Abrão, as quais afetam o destino dos ocupantes históricos da Terra Prometida. É evocando as promessas divinas que Josué irá dirigir-se aos oficiais de seu exército popular de ocupação da Terra Prometida: "Passai pelo meio do acampamento e dai esta ordem ao povo: 'Tomai provisões porque, dentro de três dias, atravessareis este Jordão, para ocupardes a terra cuja posse vosso Deus vos dá'" (Josué 1:11). Disso trataremos um pouco adiante.

Ora, passavam-se os anos desde que Abrão se estabelecera em Canaã e, não obstante as renovadas promessas de Iahweh quanto a conceder-lhe uma descendência numerosa, Sarai continuava estéril. Abrão se queixa a Iahweh, não sabemos como, mas, aparentemenre, atendendo a rogo de Abrão, Iahweh lhe aparece numa visão e diz-lhe para não temer: "Eu sou teu escudo, tua recompensa será muito grande". Abrão revida: "Eis que não me deste descendência e um dos servos de minha casa será meu herdeiro". Ao que Iahweh responde: "Não será esse o teu herdeiro, mas alguém saído de teu sangue" e, em seguida, conduz Abrão "para fora" e diz: "Ergue os olhos para o céu e conta as estrelas, se as podes contar. [...] Assim será a tua posteridade. [...] Eu sou Iahweh que te fez sair de Ur dos caldeus para te dar esta terra como herança" e, para encerrar o encontro, encomenda a Abrão uma oferenda constante de "uma novilha de três anos, uma cabra de três anos, um cordeiro de três anos, uma rola e um

---

3. Em Erich Fromm, *O Antigo Testamento – Uma Interpretação Radical*, p. 21n.

pombinho", no que é atendido por Abrão, mas, pelo que descreve a Bíblia, alguma coisa não deu muito certo. Iahweh volta a aparecer a Abrão no fim da tarde e retoma a conversa da manhã, como se não a tivesse interrompido. "Sabe, com certeza, que teus descendentes serão estrangeiros numa terra que não será a deles. Lá eles serão escravos, serão oprimidos durante quatrocentos anos. Mas eu julgarei a nação à qual estarão sujeitos, e em seguida sairão com grandes bens. Quanto a ti, em paz irás para os teus pais, serás sepultado numa velhice feliz." É pouco provável que essas palavras tenham sido exatamente as que Abrão esperava ouvir. À noite, porém, uma "fogueira fumegante e uma tocha de fogo passaram entre os animais preparados para o holocausto" (que ainda não estariam consumidos?) e Iahweh estabelece uma aliança com Abrão "nestes termos [diz a Bíblia]: À tua posteridade darei esta terra, do Rio do Egito até o rio Eufrates, os quenitas, os cenezeus, os cadmoneus, os heteus, os ferezeus, os rafaim, os amorreus, os gergeseus e os jebuseus" (Gên. 15:15-17).

É a quarta vez que Iahweh se dirige a Abrão para assegurar-lhe fecundidade e domínio territorial. É possível compreender os possíveis sentimentos de inquietação que se apossam da mente do patriarca que não pode perder a fé no seu protetor celestial, mas se confunde com a interminável postergação da promessa divina.

O episódio tem todo o aspecto de uma interpolação extemporânea. Abrão não tinha ainda tido o filho com Agar que será assunto do capítulo seguinte.

E Sarai continuava estéril.

A esterilidade é, aliás, a marca das três grandes matriarcas bíblicas, Sara, Rebeca e Raquel, precisamente as que estavam encarregadas de iniciar a infinita progênie prometida a cada um de seus maridos. Assim, para que a promessa divina se cumprisse, é a própria Sarai que aconselha Abrão a fazer um filho em Agar, sua serva egípcia, procedimento legítimo segundo os costumes da época. Abrão tinha então 86 anos. "Conhece" Agar e ela engravida. Narra o javista que isso a fez começar a olhar para sua senhora "com desprezo". Injuriada, Sarai impõe: "Que Iahweh julgue entre mim e ti". Estava em jogo o destino do povo eleito. Abrão deixa nas mãos de Sarai a decisão e Sarai maltratou Agar "de tal modo que ela fugiu da sua presença" para o deserto. Ali a encontra "o Anjo de Iahweh" que a aconselha a regressar à casa, informando-a que dela nascerá um filho, ao qual deverá ser dado o nome de Ismael (que significa "Deus escuta"), "pois Iahweh ouviu tua aflição" (Gên. 16:11). Diz mais: "Eu multiplicarei grandemente a *tua* descendência [dela, Agar, está sendo dito], de tal modo que não se poderá contá-la." Tais palavras deixam claro que quem está falando a Agar, designado na narração bíblica como o Anjo do Senhor, é, nada mais, nada menos, do que o próprio Iahweh. Ora, não era essa a promessa reiteradamente feita a Abrão por Iahweh, precisamente para assegurá-lo de sua (dele) herança? Nesta ocasião está sendo feita a Agar para aplicar-se à descendência dela, através do filho que terá com Abrão e que se chamará Ismael! O "Anjo de Iahweh" é frequente aparição na Bíblia como personificação do próprio Iahweh e este é, seguramente, o caso nesta instância. E, se assim é, seria apropriado considerar esta aparição, como "Anjo de Iahweh", e as palavras por ele proferidas, usando a primeira pessoa, uma legítima teofania? Parece-me que sim e, neste caso, seria a quinta vez que a promessa divina de aliança com o povo de Israel estaria sendo anunciada. Mas deixemo-la de lado, pois não é feita diretamente ao patriarca mas por interposta pessoa.

Na continuação das palavras de Iahweh está dito que Ismael será "um potro[4] de homem, sua mão contra todos, a mão de todos contra ele" (Gên. 16:12) e não sabemos o que o Anjo de Deus queria dizer com isso. De qualquer forma, um prognóstico que não confere com o que formula, usualmente, para o herdeiro da sua palavra. A explicação dada pela BJ para o episódio apenas aumenta a nossa estupefação: "Os descendentes de Ismael são os árabes do deserto, independentes e errantes como o asno" (BJ 52 *l*)[5].

Quatro anos depois, quando o patriarca completa 99 anos, a situação doméstica continua a mesma e Abrão se inquieta quanto ao cumprimento das promessas de Iahweh de ele vir a ser o tronco de numerosa descendência, o que deixa claro não reconhecer o patriarca em Ismael o herdeiro da aliança que tem com o Senhor, e, portanto, inconsequente

---

4. A palavra "potro", usada pela BJ como tradução para a latina *onagro*, é inteiramente inadequada. Onagro é "burro", *ass*, em inglês, o que poderia dar uma conotação pejorativa com respeito a Ismael que a BJ pode ter querido evitar falseando o texto.
5. Mas a BJ, aqui, está citando Jo. 5-8, e não o Gênesis.

o estratagema de Sarai. E, de fato, volta a aparecer-lhe Iahweh, como se nada houvesse acontecido antes, usando um nome diferente, "Eu sou El Shaddai", e anunciando, como se fosse uma novidade absoluta, que estava instituindo uma aliança com ele: "Anda na minha presença e sê perfeito. Eu instituo a minha aliança entre mim e ti, e te multiplicarei extremamente" (Gên. 17:1-2). Abrão cai com a face por terra, diz a Bíblia, e pode ter sido por várias razões, a surpresa, o respeito, o medo do que iria ouvir, ou até mesmo porque já estava cansado de escutar a mesma promessa. É esta a quinta vez em que a escuta e sempre proferida como se fosse inédita. Ou seria, ainda, porque o Senhor, que até então conhecia como Iahweh, agora se apresenta com o estranho nome de El Shaddai, que era o nome dado ao deus dos pagãos? O fato é que El Shaddai/Iahweh faz-lhe, como se fosse pela primeira vez, promessas que já lhe tinham sido feitas por Iahweh outras vezes, apenas, agora, com alguns poucos novos detalhes: "eis a minha aliança contigo: serás pai de uma multidão de nações. E não mais te chamarás de Abrão, mas teu nome será Abraão[6], pois eu te faço pai de uma multidão de nações. Eu te tornarei extremamente fecundo, de ti farei nações, e reis sairão de ti. Estabelecerei minha aliança entre mim e ti, e tua raça depois de ti, de geração em geração, uma aliança perpétua, para ser o teu Deus e o de tua raça, depois de ti. A ti, e à tua raça, darei a terra em que habitas, toda a terra de Canaã, em possessão perpétua, e serei o vosso Deus" (Gên. 17:4-8).

O texto, que repete o das quatro vezes anteriores como se fosse novidade, é repetitivo em si mesmo. Apresenta, agora, no entanto, uma nova condição, para revalidar a doação, que é a obrigação de todos os descendentes do sexo masculino serem circuncidados no oitavo dia após o nascimento, assim como os servos e os estrangeiros que habitem suas terras. Essa linguagem geral possivelmente quer significar que serão circuncidados, igualmente, os homens adultos já existentes, assim como seus servos e estrangeiros, e

---

6. Abrão e Abraão não parecem ser palavras com sentidos diferentes. A mudança de nome não introduz, assim, um avatar para o Abrão anterior. É possível, diz James Kugel, que a mudança de nome não tenha qualquer significação transcendental, mas resulte apenas de variações dialetais de narrações transmitidas oralmente (JK 159). Quanto a Iahweh apresentar-se como El Shaddai, não deixa de ser intrigante essa autodenominação, pois El Shaddai era, precisamente, a divindade dos cultos pagãos.

também destes, os nascituros⁷. A circuncisão, largamente praticada entre povos primitivos de vários continentes, não era comum entre os semitas da Assíria e da Babilônia. No exílio, portanto, assim como na diáspora, a circuncisão vem a assumir o caráter de uma profissão de fé. Diz a Bíblia que "nesse mesmo dia foram circuncidados Abraão e seu filho Ismael, e todos os homens de sua casa" (Gên. 17:27). É a primeira vez, no entanto, em que se esclarece que a aliança não é com toda a raça humana, mas com uma *raça* particular, a raça de Israel. Na primeira aliança, usa-se a palavra "povo" e "clã". Na quarta, Iahweh fala nos herdeiros "de sangue" de Abrão. Na quinta, fala de "nação" e de "raça". A palavra "raça" é usada três vezes.

De sua parte, El Shaddai, para dar início ao cumprimento da aliança, anuncia que Sarai conceberá um filho e passará a ser chamada Sara, que significa "princesa"⁸. Ora, a reação de Abraão a essas palavras tão carregadas de *benesses* foi a mais inesperada: cai por terra torcendo-se de risos, dizendo, para si mesmo: "Acaso nascerá um filho a um homem de cem anos, e Sara que tem noventa anos dará ainda a luz"? (Gên. 17:17). Mas El Shaddai reconfirma o que dissera a respeito de Sara e, para desinquietar Abraão quanto ao destino de Ismael, diz-lhe que o filho de Agar terá, também, sua parte de grandeza no futuro, gerará doze príncipes e deles fará uma grande nação⁹. "Mas minha aliança eu a estabelecerei com Isaac que Sara dará à luz no próximo ano, nesta estação" (Gên. 17:21). Está feita a promessa e até mesmo dado o nome do futuro herdeiro da primogenitura: Isaac, cujo significado é "que Deus sorria, seja favorável". Com ele El Shaddai renovará a aliança perpétua que Iahweh estabelecera com o pai¹⁰.

---

7. Segundo a JB, não existe qualquer indicação de que o procedimento da circuncisão tivesse algo a ver com questões de higiene, e ela observa que "o processo da circuncisão higiênica não é idêntico ao que é praticado pelo *mohel* (o oficiante) em uma *berit milah*" (JB, p. 38).
8. Aplica-se, aqui, o mesmo que foi dito a respeito da mudança de nome de Abrão. Sarai e Sara têm o mesmo significado.
9. Não há notícia de quem foram esses doze príncipes.
10. A associação do nome de Isaac com o riso é feita três vezes no Gênesis. Nesta primeira vez, que a hermenêutica traça a P, Deus não manifesta qualquer reprovação à reação bizarra e cética de Abraão. A segunda vez ocorrerá pouco mais adiante, quando é Sara quem expressa dúvida e ri, e recebe uma admoestação de Deus. É a versão javista do fato. Mas ocorre uma terceira vez, quando nasce Isaac, e Sara igualmente ri e diz: "Deus me deu motivo de riso, todos que o souberem rirão comigo". É a versão de E. Na primeira, Deus parece indiferente. Na segunda, irritado. Na terceira está ausente e "agora é um riso de alegria", comenta a BJ (58 z).

O RISO DE SARA

Não sabemos se Abraão pôs Sara ao corrente dessa entrevista divina. Pouco tempo depois, no entanto, estando à entrada da tenda, num dia de muito calor, vê Abraão aproximarem-se três homens e num deles parece reconhecer Iahweh. No diálogo que se segue, os três homens ora são tratados no plural, ora no singular, o que conduziu futuros Padres da Igreja a quererem ver no episódio uma demonstração gráfica da Santíssima Trindade! Diz um deles a Abraão: "voltarei a ti no próximo ano; então tua mulher terá um filho" (Gên. 18:10). Sara escutava a conversa por trás da cortina da tenda e, da mesma maneira que Abraão, quando primeiro ouviu a promessa da boca de Iahweh, pôs-se a rir, dizendo no íntimo: "Agora que estou velha e velho também está o meu senhor, terei ainda prazer?" (Gên. 18:12). Ora, o homem que fizera a promessa profética era precisamente Iahweh que, ouvindo o riso de Sara, interpela Abraão: "Por que se ri Sara? [...] Acaso existe algo de tão maravilhoso para Iahweh?" (Gên. 18:13) Sara entra na conversa e diz que não riu. Ao que Iahweh contesta: "Sim, tu riste" (Gên. 18:15)

O que chama atenção neste episódio?

Vimos que, por ocasião dos dois anúncios, a Abraão e a Sara, já com os novos nomes, a reação de ambos foi rir. Abraão porque se questiona como poderiam ter filho um homem de cem anos e uma mulher de noventa, que de há muito "deixara de ter o que as mulheres têm" (Gên. 18:11). Em Sara, porém, é a perspectiva de voltar a gozar numa relação sexual o que a faz rir. Essa reação indica que Abraão nada lhe informara da conversa que tivera com Iahweh, nem tampouco procurou ter relações com Sara no intervalo, a "visitara", na pudica linguagem da Bíblia. Abraão esperava o quê, se Iahweh já lhe tinha dado a segurança de que teria um filho de Sara? Mas em Sara havia, ainda, certo pudor ameaçado com a perspectiva de dar à luz, tanto que, ao nascer Isaac, o primeiro pensamento que lhe vem à cabeça é evocar o riso que lhe havia acometido ao receber o anúncio: "Deus me deu motivo de riso, todos os que o souberem rirão comigo" (Gên. 21:6).

Quanto à razão de ter Iahweh feito Abraão e Sara esperarem tanto tempo para verem concretizada a promessa de terem um filho que lhes pudesse assegurar a descendência que iria ocupar as terras de Canaã, nada está dito na Bíblia. O expediente divino será repetido nas duas gerações subsequentes. Isaac verá Rebeca ser estéril e Jacó o mesmo acontecer a Raquel.

A infertilidade de Sara devia ser a mais dura provação para a fé de Abraão. Temos que considerar que, no seu tempo, a fé envolvia uma total confiança recíproca, difícil de manter por parte de Abraão quando as circunstâncias objetivas de sua vida pareciam fazer pouco de todas as possibilidades concretas de cumprimento da promessa divina. Acrescentemos a isso o fato de que, para os judeus bíblicos, não havia a perspectiva de alguma compensação, após a vida, pelos sofrimentos e provações durante a mesma. Era na existência terrena que estavam as compensações para o sacrifício, a culminação das esperanças, e a forma mais evidente de ver-se recompensado com a bênção divina era uma descendência numerosa.

JOSUÉ: UMA HISTÓRIA INTERCALADA

Era minha intenção ater-me, exclusivamente, ao livro do Gênesis nestas considerações que, como expliquei no início, visam não a um estudo hermenêutico do livro, dos pontos de vista histórico, religioso ou literário, mas a uma leitura "descomprometida", isenta de preconceitos religiosos, que pudesse justificar, ou não, a possibilidade de ser ela edificante. Vejo-me obrigado, neste instante, e talvez o venha a ser novamente, a saltar para outros livros da Bíblia, a fim de colocar na devida perspectiva fatos narrados no Gênesis ou nele anunciados. Afinal, tudo na Bíblia, segundo a Igreja, não é lenda ou mito; quando não é história, é profecia. E a Bíblia deve ser lida como uma unidade textual.

Mencionei acima que a terra prometida a Abraão era a terra que era dos cananeus, ferezeus, quenitas, cenezeus, cadmoneus, heteus, rafaim, amorreus, gergeseus, e jebuseus. Se sairmos por um instante do Gênesis, podemos ampliar a lista para incluir os heveus (Josué 3:10), os enacim (Josué 12;21) e que outros. Ora, todos esses povos terão que ser dizimados para abrir espaço para a descendência de Abraão. Seus reinos serão destruídos, seus reis assassinados, suas cidades incendiadas, suas casas arruinadas, suas propriedades confiscadas, suas vidas exterminadas pelo exército do povo eleito, chefiado por Josué. "A ferro e fogo" (tomo aqui emprestado o título de um livro de Henryk Sienkiewicz, que nada tem a ver com esta história, salvo a violência e a carnificina).

A carnificina começa antes mesmo da entrada do exército de Israel em Canaã. Ainda sob as ordens de Moisés, foram os guerreiros de Israel destruindo, do lado leste do rio Jordão, as cidades que encontravam pelo caminho, nos combates contra Midiam, Sihon e Og.

Na batalha contra Midiam, levavam os guerreiros de Moisés instruções expressas de Iahweh para matar todos os habitantes, o que foi apenas parcialmente executado, pois foram poupadas as mulheres, tomadas como cativas, junto com suas crianças. Isso enfureceu Moisés: "Como? Deixastes em vida todas as mulheres?" (Núm. 31:15). Sem mais demora, deu instruções a seus capitães para regressarem e as matarem, ou melhor, matarem as "que conheceram varão", poupando e tomando para si as que ainda fossem virgens. Que matassem, também, todas as crianças do sexo masculino. As mulheres que não haviam conhecido varão eram 32 000, das quais 32 constituíam a "taxa para o Senhor", o que quer que isso tenha querido dizer e os comentaristas da BJ (e de outras bíblias consultadas) não esclarecem. A caminho, Moisés pede trânsito livre para suas tropas pelo território governado por Sihon, rei dos emoritas. Tendo-lhe sido recusado, Moisés o passa "a fio de espada" e conquista todas as cidades do seu reino, matando, igualmente, os seus habitantes. Ainda no caminho, estava Og, rei de Basham. Diante da preocupação de Moisés perante esse novo adversário, disse-lhe Deus: "Não o temas. Entrego-o em tuas mãos, ele, todo o seu povo e sua terra. Tu o tratarás como trataste Sihon" (Núm. 21:34). E narra a Bíblia: "Derrotaram-no, a ele, a seus filhos e a todo o seu povo, a tal ponto que não restou um sobrevivente sequer, e tomaram posse de sua terra" (Núm. 21:34). Outras batalhas não estão narradas, mas diz a Bíblia que foram, igualmente, mortos os reis de Evi, Recém, Sur, Hur e Rebe (Núm. 31:8), eliminados os homens, levadas "cativas as mulheres dos madianitas, com as suas crianças", tomado "todo o seu gado, todos os seus rebanhos, todos os seus bens", e queimadas todas as suas cidades.

Tudo isso se passa antes de os israelitas atravessarem o rio Jordão, em terras que ainda não eram a prometida, simplesmente, por estarem no caminho. Quanto à prometida, sabemos que Iahweh não permitirá a Moisés, seu leal servidor, guia do povo eleito durante os quarenta anos em que veio a peregrinar pelo deserto, a recompensa de nela penetrar. Deus manda-o subir ao cimo do monte Nebô para que de lá a contemple, advertindo-o que nela não entrará, "pois fostes infiel a mim no meio dos filhos de Israel, junto às águas de Meriba-Cades, no deserto de Sin, não reconhecendo a minha santidade no meio dos filhos de Israel. Por isso contemplarás a terra à tua frente, mas não poderás entrar nela, na terra que estou dando aos filhos de Israel". (Deut. 32:51)

Dizem os comentaristas que Deus está se referindo ao episódio durante o qual o povo de Israel fez demonstrações de que duvidava da promessa do Senhor de que sairia vencedor da batalha contra um inimigo mais poderoso e constituído por homens tão gigantes que, perto deles, os israelitas pareceriam gafanhotos (Núm. 13:33). Se assim foi, nada transparece na Escritura, pois, ao contrário, o que ali vemos é Moisés intercedendo junto a Iahweh para que compreenda e perdoe a dúvida inquietante do seu povo. Muito maior culpa teria tido então Josué, a quem Iahweh entrega o comando do povo migrante e seu exército, que, ante a derrota logo na primeira refrega contra os habitantes de Ai, no início da campanha em terras de Canaã, revolta-se abertamente contra a instrução divina de fazê-lo enfrentar, com o seu povo, um inimigo aparentemente inexpugnável (Js 7:6-9). Ou, se o que inquietou Iahweh foi a ousadia de Moisés em interceder por seu povo, rogando clemência por seus desvios, muito mais iremos ver fazer Abraão ao apelar para a justiça de Iahweh a fim de que não puna os inocentes junto com os culpados ao destruir Sodoma, quando Iahweh aceita a barganha impertinente do patriarca e cede terreno sem mostra de irritação. Passado o rio, à frente de quarenta mil guerreiros, Josué inicia o massacre sistemático dos habitantes da Terra Prometida. A ele confirma Iahweh que Israel sairá vitorioso e desalojará de suas terras "os cananeus, os heteus, os heveus, os ferezeus, os gergeseus, os amorreus, e os jebuseus" (Josias 3:10). Desalojar não é bem a palavra, pois as instruções recebidas são claras: passar a fio de espada todos os seres vivos, homens, mulheres, crianças, todos os animais, e recolher o que houvesse de ouro ou prata como butim de guerra. Haverá variantes, como se verá adiante.

Jericó é a primeira cidade tomada nas terras de Canaã e, seguindo as instruções recebidas de Iahweh, Josué determina a seus homens que passem ao fio da espada "tudo o que se achava na cidade, tanto homem quanto mulher, jovem como ancião, touro, ovelha e jumento" (Js 7:21). Ora, Acã, um dos guerreiros, violou o anátema divino e levou para sua tenda, como butim pessoal, um manto, duzentos siclos de prata e uma barra de ouro pesando cinquenta siclos. Esse ato inflama a ira de Iahweh "contra *os filhos* de Israel" (Js 7:1), todos, e não apenas Acã. E Iahweh faz com que, na primeira investida a Ai, objetivo seguinte das tropas de Josué, sofresse Israel uma derrota que custou a vida de 36 guerreiros. Apavorado, Josué invectiva Iahweh, ao que este lhe comunica que, enquanto não forem destruídos os bens subtraídos ao anátema, deixará de apoiar as forças por ele comandadas. Dá instruções para que o culpado seja identificado até a manhã do dia seguinte e ele, junto com "tudo o que lhe pertence", seja queimado. Acã se denuncia e Josué o toma, e a todos os seus "pertences", "a prata, o manto, e a barra de ouro, seus filhos, suas filhas, seu boi, seu jumento, suas ovelhas, sua tenda" e "todo Israel o [sic] apedrejou e os [sic] queimou e os cobriu de pedras." "Aplacou-se então Iahweh de sua ardente ira" (Js 7:26).

Resolvido o problema, Josué retoma o assalto a Ai, que desta vez lhe resulta favorável. Os soldados de Israel incendiaram a cidade e passaram os doze mil habitantes ao fio da espada (Js. 8:22).

Diante do avanço das tropas de Israel, os reis de cinco povos vizinhos se coligam para defender-se. Mas Iahweh destroça os seus exércitos, primeiro com uma saraivada de granizo, depois parando o sol para permitir que se conclua a investida de Josué. Os povos dos cinco reinos foram exterminados e seus reis, mortos *pessoalmente* por Josué, tiveram seus cadáveres pendurados em cinco árvores.

"Naquele dia", continua a Bíblia, Josué apoderou-se de Maqedá, igualmente matando toda a população (Js. 10:28). De Maqedá passou a Libná, e desta a Lakish, e depois a Eglon, Hebron, Debir, exterminando em cada reino todos os habitantes (Js. 10: 29-38). A narração torna-se tediosa e repetitiva à medida que a Bíblia continua citando os demais reinos e a saltamos para mencionar apenas o resumo que das batalhas faz o próprio Josué:

> [...] estes são os reis da terra que Josué e os filhos de Israel venceram, além do Jordão, ao ocidente, desde Baal-Gad, no vale do Líbano, até o monte Escarpado, que se eleva em direção a Seir, e cujas terras Josué distribuiu *por herança* [!] aos filhos de

Israel [...]: o rei de Jericó, um; o rei de Hai, perto de Betel, um; o rei de Jerusalém, um; o rei de Hebron, um; o rei de Jarmut, um; o rei de Laquis, um; o rei de Eglon, um; o rei de Gazer, um; o rei de Dabir, um; o rei de Gader, um; o rei de Horma, um; o rei de Arad, um; o rei de Lebna, um; o rei de Odolan, um; o rei de Maceda, um; o rei de Betel, um; o rei de Tafua, um; o rei de Ofer, um; o rei de Afec, um; o rei de Saron, um; o rei de Meron, um; o rei de Hasor, um; o rei de Semeron Meron, um; o rei de Acsaf, um; o rei de Tanac, um; o rei de Meguido, um; o rei de Cedes, um; o rei de Jecnaam, no Carmelo, um; o rei de Dor, um; o rei das nações na Galileia, um; o rei de Tersa, um; ao todo 31 reis (Js. 12:7-24).

São 31 reinos destruídos a mando de Iahweh, ou com sua colaboração, seja para facilitar o avanço do exército do povo eleito (Js. 45:13), apartando as águas do rio Jordão para permitir sua passagem (Js. 3:16-17), parando o sol e a lua para que um combate chegasse a bom termo (Js. 10:13), seja tomando *pessoalmente* a frente dos exércitos (Js. 5:14), seja destruindo todo um exército adversário com uma chuva de granizo (Js. 10:11). Não deixou Josué "nenhum sobrevivente e votou todo ser vivo ao anátema, conforme havia ordenado Iahweh, o Deus de Israel" (Js. 10:40).

A destruição dos "inimigos de Israel" foi, pois, total. Envolvia passar a fio de espada (o ferro) "todos os seres vivos" de cada cidade, inclusive os animais (há uma única exceção explícita no caso da tomada de Jericó, onde foi permitido, após o saque de todo o ouro e a prata, destinados ao tesouro de Iahweh, que os invasores pudessem apoderar-se do gado), e o incêndio (o fogo) de todas as casas que, além da destruição física, ficavam também "anatematizadas". Não está claro o que possa significar as palavras "inimigos de Israel", pois nada narra a Bíblia de qualquer atitude prévia desses povos contra seus futuros invasores e destruidores.

Josué não chegou a completar a conquista. Faltavam ainda todas as províncias dos filisteus e as terras dos gessuritas, desde o Sior, que está na fronteira do Egito, até Acaron, ao Norte, os aveus, e a terra dos sidônios (Js. 13:6). Isso preocupa Josué, velho e cansado (Js. 13:1). Mas Iahweh o tranquiliza dizendo que desses se encarregará pessoalmente: "Eu mesmo (os) expulsarei" (Js. 13:6).

Vimos acima que o exército israelita contava com quarenta mil homens armados. Do que eram as populações dizimadas não nos dá a Bíblia estimação. Sabemos, apenas, que a população total de Ai, por exemplo, era de doze mil pessoas, pelo cômputo feito dos cadáveres após a ocupação. Ora, Ai era apenas uma das dezenas de cidades dizimadas. Seguramente não a maior, ou isso teria sido mencionado na Bíblia. Não vale a pena fazer cálculos para estimar a população total de área conquistada e destruída. Qualquer cálculo seria sem base. De alguns reinos sabemos, pois o diz a Bíblia, que eram constituídos por várias cidades e os explicitamente mencionados na Bíblia como destruídos, já vimos, foram 31.

Esse espetáculo de carnificina, de destruição maciça de populações inocentes, de devastação geral das cidades e matança de animais dificilmente poderá considerar-se edificante, e espero que não venha a ocorrer com o leitor de boa-fé que faça recurso às *sortes vigilianae* em sua leitura da Bíblia. Nenhum dos povos massacrados havia atacado Israel. Tiveram apenas a pouca sorte de serem nativos de terras que Iahweh havia prometido a um povo estrangeiro, ou de estarem no seu caminho.

O CRIME DO POVO DE GABAÁ, SEGUNDA HISTÓRIA INTERCALADA

Não podemos encerrar este capítulo sem pedir a atenção para o fato de que o que aconteceu na casa de Ló, antes da destruição de Sodoma, encontra-se repetido, quase que literalmente, em Gabaá, conforme a narração constante em Juízes (Jz. 19).

A história é mais um desses episódios horripilantes da Bíblia. Um levita israelita, residente em Efraim, do qual não se tem o nome, tendo sido abandonado por sua concubina, resolve ir buscá-la na casa do pai, em Belém de Judá, onde ela se refugiara. De regresso, trazendo "dois jumentos carregados e também a sua concubina e o seu servo", resolve passar a noite em Gabaá, terra dos benjaminitas, uma das tribos de Israel, como sabemos, e, portanto, povos irmãos. Senta-se na praça à espera de que alguém lhe ofereça hospitalidade, como é costume. Convidados por um ancião, sem nome na Bíblia, são os estrangeiros abrigados como hóspedes. "Os viajantes lavaram os pés, depois comeram e beberam", narra a Bíblia. Eis que surgem alguns vagabundos da cidade, que,

[...] fazendo tumulto e batendo na porta com golpes seguidos, diziam ao dono da casa: "Faze [sic] sair o homem [o levita] que está contigo, para que o conheçamos". Então o dono da casa saiu e lhes disse: "Não, irmãos meus, rogo-vos, não pratiquem um crime. Uma vez que este homem entrou na minha casa, não pratiqueis tal infâmia. Aqui está minha filha que é virgem. Eu a entrego a vós. Abusai dela e fazei o que vos aprouver, mas não pratiqueis com este homem uma tal infâmia". Não quiseram ouvi-lo. Então o homem [o levita] tomou sua concubina e levou-a para fora [entegando-a aos sitiadores]. Eles a conheceram e abusaram dela toda a noite até de manhã, e, ao raiar da aurora, deixaram-na (Jz. 19:22-25).

Leitor amigo, se até agora esta história não lhe fez roer as entranhas, prepare-se para a continuação.

Pela manhã a mulher veio cair à porta da casa do homem com quem estava o seu marido e ali ficou até vir o dia. De manhã seu marido se levantou [dormia, pois, o levita!] e, abrindo a porta da casa, saiu para continuar o seu caminho, quando viu que a mulher, sua concubina, jazia à entrada da casa, com as mãos na soleira da porta. "Levanta-te", disse, "e partamos." Não houve resposta. Então ele a colocou sobre seu jumento e se pôs a caminho da casa. Ao chegar, apanhou um cutelo e, pegando a concubina, a retalhou, membro por membro, em doze pedaços, e os remeteu a todo o território de Israel. Deu ordem aos emissários: "Direis a todos os filhos de Israel: Desde o dia em que os filhos de Israel subiram do Egito vistes algo semelhante? Refleti sobre isso, consultai entre vós e pronunciai a sentença" (Jr. 20:26-30).

A sentença, pronunciada pelos homens das outras tribos de Israel, arrebanhados para emiti-la, e referendada por Iahweh, foi o extermínio dos benjaminitas de Gabaá e outras cidades em volta. Os dois exércitos se aprestaram para o combate, reunindo os benjaminitas, 26 000 homens, "sem contar os habitantes de Gabaá", e os homens das demais tribos de Israel, quatrocentos mil. Num primeiro encontro, as perdas israelitas somaram dezoito mil homens. Não diz a Bíblia quantos perderam os benjaminitas. Os filhos de Israel consultaram Iahweh julgando-se culpados por estarem em guerra contra uma tribo irmã. Mas Iahweh insiste: "Marchai contra ele(s)". No segundo dia, nova perda de dezoito mil homens deixa os filhos de Israel desavorados. Após um dia de holocaustos, dúvidas e inquitações, voltam os homens de Israel a consultar Iahweh: "Devo sair ainda para combater os filhos de Benjamim, meu irmão, ou devo desistir?" Iahweh é categórico: "Marchai, porque amanhã o entregarei nas vossas mãos". A própia BJ se vê forçada a dizer em nota que "as duas primeiras tentativas haviam igualmente sido feitas por ordem de Iahweh, mas é somente na terceira consulta que Deus promete a vitória" (BJ, 411 *h*).

Reverte-se o quadro. Dez mil homens de elite de Israel dispõem-se em emboscada e um pequeno grupo de trinta homens, dispostos como isca, atrai os benjaminitas para fora da cidade onde 25 100 são trucidados. E assim, a um custo de sessenta mil vidas *Justice est faite*, como dizem os juízes franceses ao declararem suas sentenças.

LÓ: TERCEIRA HISTÓRIA INTERCALADA

Voltemos à casa de Abraão, de onde acabam de sair os três mensageiros divinos, ou o próprio Iahweh em um deles disfarçado, como Abraão percebeu de imediato.

Terminado o diálogo, manifestam os três homens terem a intenção de dirigirem-se a Sodoma, e Abraão se oferece para acompanhá-los, indicando o caminho. Iahweh hesita (se pergunta) sobre se deve ou não a ele comunicar o propósito de sua visita à cidade (Gên. 18:17), mas termina por fazê-lo e diz a Abraão: "O grito sobre Sodoma e Gomorra é muito grande! Seu pecado é muito grave! Vou descer e ver se eles fizeram tudo o que indica o grito que, contra eles subiu até mim. *Então* ficarei sabendo" (Gên. 18:21). Envia Iahweh seus dois companheiros para que lhe tragam um relatório preciso da situação. Este simples fato parece desautorizar a hipótese, acima referida, de que os três personagens eram a representação trinitária do Deus de Israel.

É preocupante que o Deus onisciente precise descer à terra para certificar-se empiricamente do que está ocorrendo em uma de suas províncias, checar a veracidade das informações que vem recebendo de seus anjos, que para mensageiros seus existem. Para sermos exatos, porém, até agora nada foi dito na Bíblia que Deus seja onisciente. Não já havia mostrado surpresa com o comportamento de Adão e Eva? E depois com o de Caim? E quando investiga o que se passa em Babel?

Diz Iahweh a Abraão estar disposto a destruir a cidade se se confirmarem os boatos sobre a corrupção lá imperante. Já fizera coisa semelhante, e até mais grave, por sua extensão, a toda a humanidade, quando do dilúvio. Abraão se inquieta: "Destruirás o justo com o pecador?" A questão é um repto a Iahweh para que manifeste a justiça divina. "Sendo forte, no antigo Israel, o sentimento da responsabilidade coletiva, não cabe aqui a pergunta se os justos poderiam individualmente ser poupados", comenta, benevolamente, a *BJ* (54 *b*). Ora, é precisamente a injustiça da condenação em bloco, sem atentar para a inocência dos justos, o que preocupa Abraão e o faz apelar para a justiça de Iahweh: "Não fará justiça o Juiz de toda a terra?" (Gên. 18:25). E propõe a Iahweh poupar a cidade se nela forem encontrados cinquenta justos. Cede Iahweh, mas Abraão insiste, e segue barganhando a redução do número de justos exigido, quarenta e cinco, quarenta, trinta, vinte e finalmente dez. Negócio fechado, Iahweh "foi-se" e Abraão voltou para a sua tenda, ficando a tarefa investigativa aos cuidados dos dois outros homens, que já se sabe serem anjos disfarçados[11].

Estes chegam a Sodoma ao anoitecer, encontrando Ló, que tomava a fresca na entrada da cidade. Ao vê-los acercar-se, precipita-se o sobrinho de Abraão na sua direção para oferecer-lhes a hospitalidade devida aos forasteiros, insistindo para que pernoitem na sua casa. Cumpridos os devidos rituais, preparavam-se os anjos para deitar-se quando a casa de Ló se viu cercada por uma multidão de homens de todas as idades, habitantes de Sodoma, a exigirem que Ló lhes entregue os dois estrangeiros que havia abrigado para que deles "abusassem" (Gên. 19:5). Devia o disfarce humano dar-lhes aparência particularmente sedutora para provocarem tamanho assédio.

Ocorre, neste momento, um dos mais aberrantes incidentes entre todas as histórias nada edificantes da Bíblia. Ló assoma à porta, que fecha detrás de si, e apela para a multidão dos homens em cio: "Ouvi: tenho duas filhas que ainda são virgens; eu vo-las trarei: fazei-lhe tudo o que bem vos parecer, mas a estes homens nada façais, porque entraram sob a sombra de meu teto" (Gên. 19:8). Mais uma vez a *BJ* nos surpreende e choca com seus comentários absolvedores: "A honra de uma mulher tinha, então, menor consideração do que o dever sagrado da hospitalidade"! (*BJ* 55 *g*). Não eram, no entanto, mulheres o que seduzia os sodomitas que procuravam entrar à força na casa de Ló. Nesse momento decisivo, os anjos intervêm puxando Ló para dentro da casa e fechando a porta da entrada, ao mes-

---

11. Eric Fromm observa que o conceito de que a existência do mundo possa depender do número de justos nele encontrado persegue a hermenêutica rabina e cita o Talmud, onde se encontra a afirmação de Abbaye de que "deve haver no mundo não menos do que trinta e seis [homens justos] em cada geração", e o Sanhedrin, no qual Raba põe esse número em dezoito mil (242).

mo tempo em que cegavam todos os perseguidores, fazendo-os perder o rumo na escuridão. Dão os anjos instrução a Ló para que, com a família, abandone a cidade, pois iriam destruí-la. Ofereceram-lhe, inclusive, buscar na cidade, para igualmente salvá-los, os futuros genros de Ló, os quais, no entanto, não dando crédito às informações recebidas do futuro sogro, recusaram-se a abandonar suas casas, achando que o futuro sogro "gracejava" (Gên. 19:14), o que mostra que era pequena a credibilidade do sobrinho de Abraão junto aos próprios familiares. A decisão já estava tomada, pois, sem necessidade de ser referendada por Iahweh, de cuja negociação com Abraão, aparentemente, não estavam os anjos informados. Tomando a Ló e os familiares pela mão, os "homens" (que sabemos serem os anjos que irão destruir a cidade) fazem-nos partir. E enquanto o levavam para fora, diz a Bíblia, "ele" disse a Ló: "Salva-te pela tua vida! Não olhes para trás de ti nem te detenhas em nenhum lugar da Planície; foge para a montanha, para não pereceres!" (Gên. 19:18). Percebe Ló nesse instante que é Iahweh quem lhe dirige a palavra pela boca de um dos anjos. Não se surpreende, e, sem demora, aproveita para pedir outro destino que não seja a montanha, onde pode vir a morrer, e sugere seja "aquela cidade, bastante próxima" que depois vamos saber ter sido Segor. Não apenas Sodoma será destruída, mas também a Planície, e a narração do triste episódio termina com apenas as palavras: "Ora, a mulher de Ló olhou para trás e converteu-se numa estátua de sal". Nada diz a Bíblia sobre a reação de Ló e das filhas com respeito a esse trágico desenlace[12].

Iahweh destruiu Sodoma com o fogo e o enxofre vindos de si mesmo ("vindos de Iahweh", diz a Bíblia, Gên. 19:24), e, de quebra, Gomorra, que até este momento não havia sido mencionada. A destruição voltará a ser lembrada como exemplar no Antigo como no Novo Testamento. Isso

---

12. Fato curioso, Josefos atesta em suas *Antiguidades Judaicas* ter visitado a área e nela haver encontrado uma formação rochosa que tinha estranhamente a aparência de uma mulher. Na existência dessa pedra pode estar a origem da narração bíblica do episódio (James L. Kugel, *The Ladder of Jacob...*, p. 130). No livro *The Bible as History* (ver Bibliografia), Werner Keller, que visitou a região em meados do século passado, confirma nela haver encontrado formações em blocos de sal que se assemelham, estranhamente, a figuras humanas em pé. "It is easy to imagine them suddenly seeming to come to life" ("É fácil imaginá-las subitamente parecerem adquirir vida") (Werner Keller, *The Bible as History*, p. 80). Tais figuras devem ter-se desfeito com o tempo, pois delas não encontrei vestígio quando visitei o local (N. do A.).

não obstante, não se descobriu, até hoje, evidência arqueológica quanto à existência das duas cidades, nem são elas mencionadas em fontes extrabíblicas. Em Mateus e em Lucas encontramos, no entanto, surpreendentemente, o que mais parece ser uma absolvição relativa dos pecados das duas cidades. No discurso com que Jesus dá as primeiras instruções gerais aos apóstolos sobre como deverão atuar na sua missão evangelizadora, diz o Mestre: "Se alguém não vos recebe e não dá ouvidos às vossas palavras, saí daquela casa ou daquela cidade e sacudi o pó de vossos pés. Em verdade vos digo: no Dia do Julgamento haverá menos rigor para Sodoma e Gomorra do que para aquela cidade" (Mateus 10:14-15). Já Lucas narra episódio semelhante, mas não é aos doze apóstolos que nele Jesus está se dirigindo e sim aos 72 discípulos. Mas a absolvição é a mesma:

> Em qualquer cidade em que entrardes e fordes recebidos, comei o que vos servirem; curai os enfermos que nela houver e dizei ao povo: "O Reino de Deus está próximo de vós". Mas em qualquer cidade em que entrardes e não fordes recebidos, saí para as praças e dizei: "Até a poeira da vossa cidade que se grudou aos nossos pés, nós a sacudimos para deixá-la para vós. Sabei, no entanto, que o Reino de Deus está próximo. Digo-vos que, naquele Dia, haverá menos rigor para Sodoma do que para aquela cidade" (Lucas 10:8-12).

Nietzsche, que cita erradamente o episódio como estando em Marcos 6:2, comenta laconicamente: "Quão evangélico!"[13] Incidentalmente, essa possibilidade de remissão dos pecados de Sodoma e Gomorra é contrariada na epístola de São Judas, uma das epístolas católicas, a última a figurar no NT, antes do Apocalipse: "Sodoma e Gomorra e as cidades vizinhas, por se terem prostituído, procurando unir-se a seres de uma natureza diferente, foram postas como exemplo, ficando sujeitas ao *castigo* de um fogo eterno" (Jd 1:7), o que não se coaduna com as palavras de Jesus citadas por Lucas acima transcritas. Diz a BJ, aliás, e nisso diferentemente do que estamos acostumados a pensar acerca do pecado de Sodoma, que a "natureza" diferente à qual alude a epístola é a natureza angelical, pois os homens de Sodoma quiseram unir-se aos anjos de Iahweh (BJ 2296 *h*). Não se recorda a BJ, ao assim falar, que o "pecado" de Sodoma era anterior à visita dos anjos, que ali estavam, precisamente, para fazer o balanço

---

13. "The Antichrist", em *Essential Thinkers, Frederic Nietzsche,* Barnes & Noble, p. 45.

da situação. Aliás, as palavras "fogo eterno" só aparecem na Bíblia em Mateus 18:8 e Judas 1:7, no NT. Não aparecem em nenhum lugar no AT. Da mesma forma que a palavra "inferno" que só aparece no NT, em Mateus (18:9 e 23:13) e em Lucas (10:15 e 12: 5), em nenhum desses casos está associada a "fogo eterno". No AT a única menção existente está no Salmo 41: "caiu sobre ele uma praga do inferno". Frágeis suportes para o que diz o *Catecismo* de que a doutrina da Igreja sobre o inferno está fundada nas "afirmações das Sagradas Escrituras"[14].

Quanto a Ló e suas filhas, abrigaram-se numa caverna longe da cidade onde, de início, pretenderam habitar. Sozinhas, naquele ermo, tiveram as filhas de Ló a ideia de embebedá-lo para com ele copularem, de modo a assegurar-lhe uma descendência, já que a falta desta poderia ser considerada uma maldição divina. E assim fizeram, livrando o pai da ignominiosa reputação de infertilidade. A BJ sempre disposta a compreender o comportamento por vezes bizarro dos personagens do Gênesis observa que, como Tamar (veremos adiante), as filhas de Ló não são apresentadas como impudicas; "elas querem apenas perpetuar a raça" (*BJ 57 o*). A cena, chocante à moral posterior do cristianismo, serviu abundantemente para representações pictóricas de caráter erótico, sobretudo na pintura da Renascença. Do acoplamento incestuoso nascem dois filhos homens, Moab ("de nosso pai") e Amon ("do pai deles"), que serão o tronco dos moabitas e dos amonitas.

VOLTANDO A ABRAÃO

Por razões não explicitadas, Abraão resolve mudar-se para a cidade filisteia de Gerara, na terra do Neguev. Era rei de Gerara Abimelec, e Abraão temendo, como ocorrera no Egito 25 anos antes, que a beleza de Sara atraísse a cobiça do rei, com ela combinou que se apresentariam na cidade como irmãos.

Sabemos que Abraão tinha 75 anos quando partiu de Harã para o Egito (Gên. 12:4), e que Sara era dez anos mais moça do que ele (Gên. 17:17). Tinha, portanto 65 anos. Se o Anjo do Senhor promete-lhe que será pai

---

14. *Catecismo...*, p. 1036.

aos cem anos, ter-se-ão passados 25 anos. A ida de Abraão para Gerara deve ter-se produzido entre esse anúncio e o nascimento de Isaac, é o que se supõe da leitura de Gênesis 21:1. Sara terá, por conseguinte, quando chega a Gerara, cerca de noventa anos. Confirma-se, pois, que Sara permanecia enormemente atraente, apesar da idade.

Mais uma vez o estratagema funciona. Apercebida na cidade pelos oficiais do rei, Sara é requisitada para o harém de Abimelec. Este, porém, antes mesmo de possuí-la, é visitado em sonhos por Iahweh que lhe comunica ser Sara casada e mulher de Abraão, ameaçando-o de morte se nela tocasse (cuidados que não teve com o Faraó em circunstância semelhante, como vimos). Ao amanhecer, Abimelec chama Abraão e o repreende pelo mal que lhe poderia ter causado, tivesse ele consumado o pecado a que houvera sido induzido. Como ocorreu com o Faraó, porém, longe de castigá-lo pela reprovável ação, Abimelec devolve-lhe intocada a mulher e ainda o cumula com ovelhas e bois, servos e servas, e permite-lhe que se estabeleça em suas terras, onde quisesse. A Sara entrega, ainda, mil siclos de prata, não para ela, é claro, mera propriedade do faltoso, mas para serem entregues ao "irmão" (Gên. 20:16). Como o siclo babilônio correspondia, aproximadamente, a dez gramas, mil siclos seriam, portanto, cerca de dez quilos de prata. Não tenho como comparar essas vantagens obtidas por Abraão com as que lhe valeram o mesmo golpe aplicado ao Faraó. De qualquer forma, a trama foi altamente lucrativa. Para Sara, pelo menos, o resultado foi mais confortável, pois não teve que prestar serviços pessoais não remunerados no harém, como seguramente ocorreu no Egito, o que, aliás, pode não ter sido algo que a tenha molestado, pois disso não consta haver-se queixado ou contado ao marido. Em Sara, aliás, não parecia extinta a capacidade de sentir prazer sexual, pois, como vimos acontecer quando do anúncio de que daria à luz um filho, sendo ela nonagenária, foi na oportunidade de voltar a sentir "prazer" que primeiro pensou, antecipando que Abraão, para que esse resultado se produzisse, teria que voltar a "visitá-la".

Abraão só tinha razões para agradecer a Iahweh desfecho tão inesperado e remunerador e a ele intercede para que remova de Abimelec, sua mulher e seus servos, a maldição de esterilidade a que os havia condenado por ter havido o rei requisitado Sara para seu harém. Desse castigo, aliás, não estava Abraão informado, nem ele, nem sua esposa e suas servas, nem nós, seus leitores, já que, se as coisas se passaram como narradas na Bíblia, não teria havido nem razão, nem ocasião, para que Iahweh o tivesse decretado. Na mesma hora em que Iahweh informou Abimelec sobre a relação de Sara com Abraão e o ameaçou de morte, caso tocasse em Sara, Abimelec foi claro em demonstrar sua inocência: "Meu Senhor, vais matar um inocente? Acaso não foi ele que me disse: 'Ela é a minha irmã,' e ela, ela mesma, não disse: 'É meu irmão?'. Foi com boa consciência e mãos puras que fiz isso", ao que Iahweh teria respondido: "Também eu sei que fizeste isso em boa consciência, e fui eu que te impediu de pecar contra mim, não permitindo que a tocasses" (Gên. 20:4-6). Não teria havido, assim, certa precipitação de Iahweh em decretar a esterilidade de Abimelec, de sua mulher e a de seus servos, antes mesmo do entendimento havido entre ele e Abimelec? Outra vez vemos repetidos aqui dois constantes acontecimentos na Bíblia: o desconhecimento por parte de Iahweh do que está acontecendo (o plano de Abrão) ou vai acontecer (a rápida decisão de Abimelec de não praticar o pecado) e a renovada injustiça de punir pessoas inocentes, no caso tanto Abimelec, com a morte, que afinal não ocorreu, como, e mais grave, com a esterilidade de sua mulher e das mulheres de seus servos, que nada tinham com a história.

Mas não fica neste segundo golpe de Abraão o recurso de varões patriarcais à falsidade ideológica. Seu filho Isaac fará igual e, extrema coincidência, com o mesmo Abimelec, para não ser morto por causa de Rebeca, sua mulher. Estas repetições são quase sempre o resultado de incorporação ao texto, feitas por P, de versões diferentes da mesma história, oriundas de J ou de E. No caso presente, por exemplo, a narração original é do eloísta, enquanto que, no caso anterior, de episódio semelhante ocorrido no Egito, o texto original é do javista, como do javista será a narração do episódio com Isaac e Rebeca. O eloísta, sempre mais rigoroso e austero, procura justificar Abraão, explicando não haver senão uma meia verdade, ou uma meia mentira, na afirmação de Abraão de ele e Sara serem irmãos, pois Sara era irmã por parte de pai embora não o fosse por parte da mãe (Gên. 20:13). Não há evidência bíblica que suporte essa afirmação.

Mas estamos nos antecipando.

x
Isaac

Nasce Isaac ("ele ri", em hebraico), finalmente, e se renovam as hostilidades de Sara para com sua serva Agar. Brincavam juntos Isaac e Ismael, narra a Bíblia, e isso despertava temores em Sara de que Ismael pudesse equiparar-se a Isaac na herança de Abraão. Pede ela a Abraão que expulse a serva e o filho de sua casa. Mas não tinha sido ela que dera Agar a Abraão para que nela tivesse o primogênito que Iahweh demorava a produzir? Não importa. Abraão, aparentemente, não era homem para opor-se aos caprichos de Sara, mas, no caso em espécie, parecia não se decidir a atender ao pedido da mulher. Eis quando Deus lhe fala (não diz a Bíblia de que naneira; presume-se que em sonhos, em virtude do que se segue) e o conforta dizendo: "[...] não te lastimes por causa da criança e de tua serva [serva que era, no caso, mãe de seu primogênito]: tudo que Sara pedir, concede-o, porque é por Isaac que uma descendência perpetuará o teu nome, mas do filho da serva eu farei também uma grande nação, pois ele é da tua raça". Abraão levanta-se cedo, "tomou pão e um odre de água que deu a Agar; colocou-lhe a criança sobre os ombros e depois a mandou embora" (Gên. 21:14). Não era muita provisão para quem iria vagar errante pelo deserto de Barsabeia, com um filho nas costas. Abraão estava, praticamente, condenando à morte mãe e filho.

Se atentarmos para outros fatos relacionados à vida de Abraão e de Ismael, temos que reconhecer a improbabilidade deste ser ainda uma criança capaz de ser transportada nos ombros da mãe. Ismael nasceu quando Abraão tinha 86 anos e Isaac quando o pai tinha cem anos (Gên. 21:5), o que já daria a Ismael a idade de catorze anos quando do nascimento do irmão. Em outro capítulo, diz a Bíblia que Ismael tinha treze anos quando foi circuncidado, no mesmo dia em que Abraão e todos os homens de sua família, *antes* do nascimento de Isaac[1]. A cena que se segue, de Agar pôr a "criança" à sombra de uma árvore e afastar-se para não vê-la morrer de sede, é, assim, de todo improvável. Aos treze anos, não poderia Ismael ficar inerme à sombra da árvore de onde gritos de desespero foram ouvidos por Deus. Diz o narrador, desta vez provavelmente a fonte sacerdotal: "Deus ouviu os gritos da criança e o Anjo de Deus, do céu, chamou Agar, dizendo: 'Que tens, Agar, não temas, pois Deus ouviu os gritos da criança, do lugar onde ele está. Ergue-te, levanta a criança, segura-a firmemente, porque eu farei dela uma grande nação'" (Gên. 21:17-18). Temos aqui um caso claro em que o Anjo de Deus é o próprio Iahweh, o que fica explícito pela cláusula final "eu farei". Um poço é materializado em sua frente e, presume-se, Agar e o filho, sob a proteção divina, encontraram na terra algum lugar onde viver e prosperar. Nada é dito na Bíblia sobre o que se passou depois do aparecimento do poço. Em duas linhas diz a narrativa apenas que Ismael cresceu e residiu no deserto, "era um potro de homem" (Gên. 16:12), tornou-se um flecheiro, e casou-se com uma mulher da terra do Egito (como era Agar, aliás). E é tudo o que dele se sabe. Quanto às promessas divinas de "que ele [Ismael] se estabelecerá diante de todos os seus irmãos" (Gên. 16:12), e a Abraão (de Elohim) de que fará "do filho da serva uma grande nação" (Gên. 21:13), sabe-se apenas, e por fontes não bíblicas, que os árabes consideram Ismael seu primeiro ancestral. Os islamitas acreditam mesmo que a Caaba, em Meca, contém os restos mortais de Agar e de seu filho. E é em sua homenagem que as crianças islâmicas são circuncidadas aos treze anos. Salmos 83 coloca os ismaelitas como inimigos dos israelitas, ao lado dos moabitas e dos amonitas, os descendentes das uniões entre Ló e suas filhas. Ismaelitas são, também, os mercadores que, a caminho do Egito, encontraram os filhos de Isaac que lhe venderam José (Gên. 37:28). Nada parecido com as promessas divinas.

---

1. Para a verificação destes dados, ver Comay & Brownrigg, *Who's who in the Bible*, pp. 144-145.

Ainda com relação às promessas, a feita a Agar, de que seu filho "se estabelecerá diante de todos os seus irmãos" (Gên. 16:12 e 25:18), é particularmente ambígua. Está traduzida na *King James* como: "and he shall dwell in the presence of all his brethren" ("e ele habitará na presença de todos os seus irmãos") nos dois versículos em que aparece. A JB traduz o versículo 16:12 como "He shall dwell alongside of all his kinsmen" ("ele habitará ao lado de todos os seus parentes") e o Gênesis 28:15 como "then he breathed his last and died, and was gathered to his kin" ("então ele deu o seu último suspiro e morreu, e foi reunido à sua família"). É desnecessário continuar comparando traduções. O importante a notar é que o que aparecia ao final do hino com que o Anjo do Senhor enumera as bênçãos que cairão sobre o filho de Agar, da qual a última parecia ser o coroamento de qualidades e de feitos, passa a ser interpretado apenas como uma promessa de ser enterrado junto com seus irmãos, ou, antes deles, mas com eles depois, ou com sua família.

A realidade histórica e, especialmente, a do mundo contemporâneo, traz à reflexão o desdobramento no tempo das promessas divinas a Isaac e a Ismael. O povo eleito cresceu e multiplicou-se, mas ao longo de toda sua história não conheceu senão o exílio, a perseguição, o sofrimento. Hoje, os judeus, que Iahweh prometeu a Abraão viriam a ser tão numerosos como "as estrelas do céu", somam, no mundo inteiro, cerca de catorze milhões de indivíduos, apenas seis milhões dos quais vivendo em Israel. De Ismael, disse Iahweh que dele faria uma grande nação (Gên. 21:18). Não há vestígio disso na Bíblia. Seus descendentes hoje, porém, se levarmos em consideração apenas as populações dos 22 países da Liga Árabe, somam duzentos milhões de pessoas. Apreciando o quadro do ponto de vista religioso, veremos mais reduzido do que o número total de judeus no mundo o de praticantes da religião hebraica. Já os islâmicos, herdeiros da religião maometana, somam hoje 1 790 560 000 indivíduos, ou seja 26,73% da população mundial.

Entrementes cresce Isaac na plenitude do gozo de uma primogenitura usurpada. E grande devia ser a afeição de Abraão por aquele que, para todos os efeitos práticos, era seu filho único. Ora, resolve Deus provar a fé de Abraão ainda outra vez e encomenda-lhe um sacrifício no qual a vítima propiciatória seria o próprio filho. Não sabemos com que idade Isaac está, mas já devia ser suficientemente grande para poder acompanhar o pai durante os três dias que tiveram que caminhar até alcançar a Montanha de Moriá, lugar indicado por Deus para o holocausto, e, chegados ao sopé da montanha, levar às costas a lenha para a fogueira do sacrifício. Nada nos diz a Bíblia sobre os sentimentos de Abraão. Afinal não se tratava apenas de matar um filho, e filho único. Mas a morte de Isaac, filho único de Sara, punha em xeque a reiterada promessa divina de dar a Abraão uma numerosa descendência, a qual viria ocupar a Terra Prometida.

Sabemos o fim da história. O Anjo de Iahweh, que é o próprio Iahweh, como de outras vezes, interrompe a execução de Isaac quando este já estava amarrado sobre a lenha e a mão de Abraão, segurando o cutelo, ia cortar-lhe o pescoço: "*Agora* sei que temes a Deus: tu não me recusaste teu filho, teu único". Ora, disso não deveria saber Deus sem precisar submeter Abraão à tão dilacerante prova? Não o sabia *antes*? Só *agora*? Ou temos aqui mais um episódio em que parece reiterado o fato de que Deus não é onisciente? Agostinho dá uma curiosa explicação para os "testes" aplicados por Deus a suas criaturas. Não se destinam eles a provar o que quer que seja ao próprio Deus que, sendo onisciente, já lhes conhece o resultado, mas a provar a fidelidade daqueles a quem os subordina perante os homens. Não são os testes um sinal de desaprovação, mas, ao contrário, um sinal de aprovação, pois dão à pessoa testada a oportunidade de provar sua virtude. Ora, tal explicação contradiz o que está explícito nas palavras do próprio Deus a Abraão acima citadas, pois é só "agora", ou seja, quando vê a disposição de Abraão de cortar o pescoço de Isaac, que Deus se certifica ("sabe") que Abraão lhe é fiel.

Quanto a ser Isaac filho "único", repudiava Deus, assim, a primogenitura dada a Ismael pelo ventre de Agar, a quem, aliás, Deus fez a promessa de ser a fundadora de uma progênie numerosa e poderosa? Deus reitera as promessas feitas a Abraão quando de sua aliança como se novas fossem: "porque tu me obedeceste". Estavam, pois, *sub judice*, dependendo dos resultados do teste em Moriá, as promessas irrevogáveis que já lhe havia feito anteriormente?

Nenhuma palavra diz a Bíblia sobre a reação de Isaac ao estranho episódio, para ele, seguramente, traumatizante. Mas não esquece de terminar o capítulo enumerando a descendência de Nacor, irmão de Abraão, entre os quais Bartuel, que gerou Rebeca, que será, veremos, a esposa de

Isaac, arrematando assim a história de Isaac do seu nascimento até seu futuro casamento.

A BJ, sempre benévola, diz que a narrativa do episódio do quase sacrifício de Isaac "implica" a condenação, tantas vezes pronunciada pelos profetas, dos sacrifícios de crianças[2] (59 *d*). Não são tantas assim. O único versículo citado na Nota em apoio à afirmação é Levitico 18:21, cujo texto é: "Não entregarás os teus filhos para consagrá-los a Moloc, para não profanares o nome de Deus", o que dificilmente pode ser uma "condenação" à prática de oferendas sacrificiais de crianças a Iahweh. Nem mesmo o que figura em Deuterônomio 18:9-10, que não está citado na BJ, pode ser considerado uma "condenação" explícita: "Quando entrares na terra que Iahweh teu Deus te dará, não aprendas a imitar as abominações daquelas nações. Que em teu meio não se encontre alguém que queime seu filho ou sua filha". Por seu lado, Agostinho, num procedimento regular na leitura (como na feitura) da Bíblia, dá ao episódio uma explicação proléptica. Isaac, filho único (Agostinho descarta a filiação de Ismael) de Abraão é uma antevisão de Jesus, filho único de Deus, e o cordeiro que aparece para ser a verdadeira vítima propiciatória encontrado entre espinhos, "quem pode representar senão Jesus que, antes de ser sacrificado, foi coroado com uma coroa de espinhos?"[3]

O episódio do sacrifício de Isaac é, talvez, o que maior dificuldade oferece aos hermeneutas para desfazer seu aspecto aterrador. Querer afastá-lo, no entanto, não é possível à luz de outras palavras de Iahweh claramente presentes na Bíblia. Que pode querer dizer a ordem de Iahweh transcrita em Êxodo 22:28-29: "Não tardarás em oferecer de tua abundância e de teu supérfluo. O primogênito de teus filhos tu mo darás. Farás o mesmo com os teus bois, e com tuas ovelhas?" Não será o próprio Iahweh que reconhecerá, através das palavras de Ezequiel, que pode ter exagerado nos seus comandos?

[P]orque não praticaram as minhas normas e rejeitaram os meus estatutos, profanaram os meus sábados e os seus olhos foram após os ídolos dos seus pais. Dei-lhes então estatutos que não eram bons e normas pelas quais não alcança-

---

2. *Bíblia de Jerusalém*, 59 *d*.
3. Em *A Cidade de Deus*, 16:32.

riam a vida. Contaminei-os com as suas oferendas, levando-os a sacrificarem todo o primogênito, a fim de confundi-los, de modo que ficassem sabendo que eu sou Iahweh (Ez. 20:25).

O Anjo de Iahweh volta a falar com Abrão após a suspensão do sacrifício. Vimos ele dizer: "Agora sei que temes a Deus", e o estranhamos. Mas tanto o Anjo de Deus, que era o próprio Iahweh, sabia ter sido extrema a prova a que havia submetido Abrão que, desta vez, se anuncia dizendo

Juro por mim mesmo, palavra de Iahweh, porque me fizeste isso, porque não me recusaste teu filho, teu único, eu te cumularei de bênçãos, eu te darei uma posteridade tão numerosa quanto as estrelas do céu e quanto a areia que está na praia do mar, e tua posteridade conquistará a porta de seus inimigos. Por tua posteridade serão abençoadas todas as nações da terra, porque me obedeceste (Gên. 22:15-18).

É a sexta vez que Iahweh faz a mesma promessa a Abraão.

Deus não volta a falar com Abraão após esse episódio sinistro. Morre Sara e Abraão casa-se com Cetura, com quem tem seis filhos homens. Estes foram por ele mandados para longes terras, a fim de proteger a herança de Isaac, que lhe herdou a bênção, os bens e a linhagem (Gên. 25:5). Muitos dos descendentes dos filhos descartados por Abraão vieram a tornar-se inimigos ferozes de Israel.

Ao deixarmos para trás a terrível história da provação de Abraão, não podemos nos privar de evocar outro episódio bíblico relativo ao sacrifício a Iahweh de um ser humano, este ainda mais horrendo, talvez o mais abominável de toda a Bíblia, por ter sido consumado. Trata-se da promessa feita por Jefté a Iahweh de "oferecer em holocausto" "aquele que sair primeiro da porta da minha casa para vir ao meu encontro", se Iahweh o ajudasse a vencer a batalha contra os amonitas. Iahweh o atende e, ao aproximar-se Jefté do lar, a primeira pessoa que vem a seu encontro é a filha única, dançando alegre ao som de tamborins, para celebrar a vitória paterna. Jefté era homem de palavra e homem de fé. Cumpriu a promessa (Jz. 11:28-39). E teve a distinção de ser colocado por Paulo, na epístola aos hebreus, ao lado de Gedeão, Barac, Sansão, Davi, Samuel e os profetas, entre os heróis "pela fé", do povo eleito. Bem alerta o Eclesiastes: "Se fazes uma promessa a Deus, não tardes em cumpri-la, porque Deus não gosta dos insensatos. Cumpre o que prometeste. Mais vale não fazer uma promessa, do que fazê-la e não cumpri-la" (Ecl. 5:3-4). A filha de Jefté não tergiversou em atender à promessa do pai. Pediu apenas que o pai lhe concedesse dois meses antes de efetuar o sacrifício para que ela pudesse "ir errando, pelos montes", com suas amigas, "lamentando a sua virgindade", porque ficar sem descendência era uma "desgraça e desonra para uma mulher", diz a BJ simplesmente (398 *h*).

Alguns anos se passaram, não sabemos quantos. Abraão era então "um velho avançado", mas o que era um velho avançado nessa época? Quando Sara morreu, Abraão tinha 137 anos e depois disso ainda casou--se com Cetura, que lhe gerou seis filhos, tendo morrido aos 175 anos. Mas, voltando à Bíblia, Abraão era um velho avançado quando decidiu arranjar uma esposa para Isaac. Como Isaac nasceu quando Abraão tinha 100 anos e já estava com quarenta quando se casou com Rebeca, Abraão estava, portanto, com 140 anos, viúvo há três anos, e, talvez até, já casado com Cetura.

Não queria Abraão que sua nora fosse buscada onde vivia, entre os cananeus, mas na terra de seus ancestrais, onde estava seu irmão Nacor. Chama, pois, um servo, sem nome na Bíblia (mas a quem alguns comentadores, baseados não sei em quê, chamam de Eliezer), e a ele dá a incumbência de ir procurar uma noiva entre a sua parentela, em Harã. Obriga-o a jurar que não se afastará dos termos precisos de sua embaixada, o que o servo faz, segundo os costumes da época, segurando os testículos do patrão[4].

Parte o servo levando dez camelos e "de tudo o que seu senhor tinha de bom" e, ao chegar perto de Harã, para, numa aguada às portas da cidade, à espera de que a ela venham as mulheres encher os cântaros. O servo era esperto e dá mesmo instruções a Iahweh (!): "à jovem que eu disser: 'inclina o teu cântaro para que eu beba' e que responder: 'Bebe, e também a teus camelos darei de beber', esta será a que designaste para teu servo Isaac" (Gên. 24:14). Assim se passou. Iahweh seguiu literalmente o *script* fornecido pelo servo de Isaac e foi Rebeca, a filha de Betuel, a escolhida. Quando os camelos acabaram de beber, o servo tomou, de entre os presentes

---

4. Diz a JB que o costume, provavelmente, vem da invocação à esterilidade implícita no gesto, caso haja violação do juramento (JB 48).

que trazia, um anel de ouro pesando meio siclo (cinco gramas) que pôs nas narinas de Rebeca e em seus braços colocou braceletes de ouro, cada um pesando dez siclos (cem gramas).

Rebeca leva o servo à casa da mãe, onde Labão, seu irmão, faz as honras da casa, deixando-nos supor que o dono, Betuel, está morto ou ausente. Essa dúvida logo se desfaz, pois, após ter o servo explicado o sentido de sua embaixada, "Labão e Betuel tomaram a palavra" (Gên. 24:50). Pôr o nome de Labão à frente do de Betuel parece uma impropriedade, mas já vimos que Betuel nem sequer apareceu para receber o mensageiro. Da mesma forma, não é ele quem responde ao servo, mas os dois (em uníssono?): "não te podemos dizer nem sim e nem não. Eis Rebeca na tua presença; toma-a e parte, que ela seja a mulher do filho do teu senhor, como disse Iahweh" (Gên. 24:50-51).

É confusa a identificação dos personagens ligados a Rebeca. Aparentemente a menção a Betuel no versículo 50 é um lapso. Em todo o restante do texto dele não se fala e os protagonistas na casa de Rebeca são apenas ela própria, o irmão e a mãe. É para a mãe que o servo traz presentes (versículo 53). São o irmão e a mãe que procuram determinar a data da partida de Rebeca (versículo 55). Confusa é a reação de Labão e Betuel (só no versículo 50 mencionado), pois, depois de afirmarem que não podem dizer nem sim, nem não, emendam a frase com outra pela qual entregam Rebeca ao mensageiro. Confusa, igualmente, é a identificação das relações de parentesco entre os membros da família de Rebeca. Sabemos pela genealogia de Nacor (capítulo 22) que Rebeca é sua neta, filha de Betuel. Ora, se Labão é irmão de Rebeca, é filho de Betuel e não de Nacor. Mas, um pouco mais adiante, quando se irá narrar a visita que Jacó faz a Labão, este será apresentado como filho de Nacor e, portanto, tio de Rebeca (Gên. 29:5). Quanto ao protagonismo de Labão, só se explica pela falta de um dono da casa. A mãe de Rebeca é, pois, viúva e cabe a Labão a gestão da família. A menção a Betuel em 24:50 é, efetivamente, um descuido.

Acertados os detalhes, parte Rebeca com o servo para conhecer o noivo, que a encontra a caminho, por onde estava a passear, findo o dia, ao pôr do sol. Isaac introduziu Rebeca em sua tenda "e a tomou e ela tornou-se sua mulher e o amou" (Gên. 24:66). Um tanto intempestivamente, dir-se-ia.

Não sabemos muito da história seguinte de Isaac até o nascimento de Esaú e Jacó. Diz-nos pouco a Bíblia, e, no que diz, há um curto capítulo que não dá muito brilho ao seu currículo. Havia fome em Gerara, onde ele habitava com Rebeca, e o futuro patriarca se apresta a buscar regiões mais férteis onde o fizeram seus antecessores: no Egito. Aparece-lhe, no entanto, o Senhor e o instrui:

> Não desças ao Egito; fica na terra que eu te disser. Habita nesta terra, eu estarei contigo e te abençoarei. Porque é a ti e à tua *raça* que eu darei todas estas terras e manterei o juramento que eu fiz a teu pai Abraão. Eu farei a tua posterioridade numerosa como as estrelas do céu, eu lhe darei todas estas terras, e por tua posteridade serão abençoadas todas as nações da terra (todas?), porque Abraão me obedeceu, guardou os meus preceitos, meus mandamentos, minhas regras e minhas leis. (Gên. 26:2-5).

Já conhecemos a fórmula.

É a sétima vez que Iahweh faz a mesma promessa, a primeira, porém, diretamente a Isaac (Gên. 26:2-4).

Ocorre, então, a estranha repetição do lamentável episódio de aplicação do golpe de falsidade ideológica, que o comentador da BJ absolve de uma penada: Isaac realiza manobra idêntica à que se havia mostrado tão compensadora a seu pai, mais de quarenta anos antes, e espalha a notícia de que sua mulher, Rebeca, obviamente um belo espécime de mulher, era sua irmã, e o faz pelos mesmos motivos que haviam levado o pai a mentir ao Faraó, primeiro, e ao próprio Abimelec, depois, o de salvar a própria pele, não importando, em nenhum dos casos, o que pudesse disso resultar para suas esposas.

Abimelec não chega a requisitar Rebeca para seu harém. Gato escaldado? Talvez. Quantos anos teria então o rei de Gerara? Não importa. Velhice não era impedimento para a luxúria, disso já tivemos provas. Mas sabe do que se diz de Rebeca, de sua beleza e de sua disponibilidade, por não ser casada, mas apenas irmã de Isaac. Certo dia, porém, estando Abimelec à janela do palácio, avista Isaac que acaricia Rebeca de uma maneira que não podia ser outra da de um marido com a esposa. Chama Isaac ao palácio para recriminá-lo. Sua mentira poderia ter levado a que algum homem do seu reino, não ele, dormisse com Rebeca, atraindo sobre todo o povo a maldição de Iahweh. Falava com experiência própria, sabemos disso. A justificativa apresentada por Isaac – "Pensei comigo: corro o risco de morrer por causa dela" (Gên. 26:9) – parece tíbia. Ainda que o sentimento de medo de Isaac pudesse ser o mesmo que levara seu pai a entregar Sara ao harém do faraó ou ao próprio Abimelec, não consta que Abraão tenha tido a fraqueza de confessá-lo a mais ninguém, a não ser à própria esposa. Longe de punir Isaac pela quase tragédia que dizimaria o seu reino, Abimelec o protege contra uma possível ira ou vingança por parte dos filisteus. Baixa um decreto segundo o qual quem ousasse tocar em Isaac e sua mulher seria morto e permite a Isaac estabelecer-se em suas terras. "Isaac semeou naquela terra e, naquele ano, colheu o cêntuplo. Iahweh o abençoou e o homem se enriqueceu, enriqueceu-se cada vez mais, até tornar-se extremamente rico" (Gên. 26:12-13), o que, não é de estranhar, despertou a inveja dos habitantes do reino. Como ocorreu a seu pai, o reprovável estelionato proporcionou-lhe, mais uma vez, grandes compensações materiais, aumentando-lhe de maneira considerável a fortuna pessoal. No caso de Isaac a tal ponto que o próprio Abimelec o aconselha: "Vai-te daqui, pois te tornaste muito mais poderoso do que nós" (Gên. 26:16).

De poço em poço, Isaac vai sendo perseguido pelos filisteus (que, não esqueçamos, são os proprietários legítimos do lugar) até que chegam a Bersabeia, onde, por sinal, havia sido feito, muito tempo antes, o pacto entre Abimelec e Abraão ao qual já nos referimos. Lá se estabelece e não surpreende que, ainda outra vez Iahweh se manifeste para reafirmar-lhe proteção: "Eu sou o Deus de teu pai Abraão. Não temas, pois estou contigo. Eu te abençoarei, multiplicarei a tua posteridade em consideração a meu servo Abraão" (Gên. 26:23). É oitava vez que Iahweh faz promessa semelhante a um patriarca, e praticamente com as mesmas palavras.

XI

Jacó

Mais uma vez Iahweh concede, àqueles a quem promete uma posteridade numerosa, uma mulher estéril. Assim era Rebeca e não foi senão, passados vinte anos de casada, que lhe ouviu os rogos para ter um filho. Teve gêmeos, dois, e tanto brigavam em seu ventre que ela chegou a lastimar-se: "Se é assim, para que viver?" (Gên. 25:22). E Iahweh lhe disse: "Há duas nações em teu seio, dois povos saídos de ti, se separarão, um povo dominará um povo, o mais velho servirá o mais novo" (Gên. 25:23). Este versículo seria o que alguns hermeneutas modernos chamam de *vaticinium ex eventu*, ou seja, uma pseudoprofecia, pois escrita após o evento e estaria baseado no fato histórico de que os edomitas, descendentes de Esaú, havendo-se constituído num reino antes de Israel, foram por este conquistado ao tempo do Rei Davi, descendente de Jacó ("o mais velho servirá o mais novo"). A narração da profecia feita a Rebeca pode ser datada com precisão entre a conquista de Edom por Davi e a revolta dos edomitas, e separação de Israel, ao tempo de Salomão, ou seja, no início do século x a.C. No fim de contas, porém, outra pseudoprofecia, esta de Isaac, em resposta à súplica de Esaú de que também lhe dê uma bênção, após descoberto o roubo da primogenitura (Gên. 27:36), dirá: "Tu viverás da tua espada, servirás a teu irmão. Mas quando te libertares, sacudirás seu jugo de tua cerviz" (Gên. 27:40), o que faz esta parte da redação da história de Esaú ser posterior à rebelião vitoriosa dos edomitas ao tempo de Salomão.

Quando Rebeca deu à luz, nasceu primeiro Esaú, ruivo e peludo "como uma manta de pelos". Esse detalhe é importante. Logo veremos. Seguiu-se-lhe Jacó, que lhe segurava o calcanhar, disputando a primogenitura. Não diz muito a Bíblia sobre a etimologia desses nomes. De Esaú nada; de Jacó igualmente nada ao mencionar-lhe o nome pela primeira vez, contrariamente ao que usualmente faz cada vez que aparece em cena um protagonista, mas vamos encontrar, um pouco mais adiante, o que parece ser a etimologia procurada. Diz Esaú a Jacó, após o episódio, ainda a ser narrado, da captura da bênção patriarcal: "Com razão se chama Jacó: é a segunda vez que me enganou. Ele tomou meu direito de primogenitura e eis que agora tomou a minha bênção" (Gên. 27:36). Comenta a BJ que o nome Jacó pode derivar do verbo *aqab*, que significaria "suplantar com engano", "atacar ou fazer a jogada por trás". Quanto à importância de ter reconhecida a primogenitura, é bom recordar que não apenas ela reservava, para quem a tinha, a bênção especial do pai, mas também o dobro da herança que coubesse ao irmão.

Os meninos cresceram e revelaram temperamentos opostos. Esaú preferia as correrias pelo campo e os prazeres da caça. Jacó era tranquilo e preferia quedar-se pelas tendas. Isaac via no primogênito uma projeção do que ele mesmo fora e tinha por ele uma clara preferência. As preferências de Rebeca iam para Jacó, e, assim fazendo, diz o comentador católico Ibañez Arana, tornava-se, inconscientemente, a colaboradora de Iahweh nos planos que tinha para o caçula.

É mais uma coincidência da Bíblia com mitos egípcios antigos, como o narrado por Plutarco a respeito do nascimento dos gêmeos Set e Hórus, Set tendo, como Esaú, vencido o irmão pela primazia de saída do ventre da mãe. Como Esaú, Set era peludo e aguerrido e gozava da preferência de Ra, chefe dos deuses. Hórus e Jacó contavam com a proteção e os ardis das respectivas mães, Ísis e Rebeca, para sobrepujarem o irmão[1].

Em algum momento, e já seriam adultos os irmãos, voltando Esaú exausto de uma caçada, pede a Jacó, que havia preparado um prato de lentilhas, que o deixe dele comer e Jacó acede ao preço da renúncia, pelo irmão, do direito de primogenitura. Mal acaba o narrador de mencionar

---

1. Gary Greenberg, *101 Myths of the Bible: How Ancient Scribes Invented biblical History*, pp. 126--137, 140-141.

esse episódio e interrompe a história dos gêmeos para dizer que uma nova fome ameaçava as terras onde viviam os eleitos de Iahweh. A inclusão dos episódios que se seguem mais parece, pois, uma forma encontrada pelo narrador sacerdotal para espessar a biografia de Isaac, que, na realidade, é bem sucinta para quem exerceu o elo patriarcal entre Abraão e Jacó. Entre os episódios intercalados figuram a história da ida de Isaac, com Rebeca, para Gerara, e o episódio inverossímil da repetição do golpe de Abraão aplicado agora por Isaac a Abimelec, já acima narrado.

Voltemos, pois, à história dos dois irmãos, no ponto em que a Bíblia a havia deixado; muitos anos devem ter passado desde que foi interrompida, após o episódio da venda da primogenitura por Esaú a Jacó. Isaac está velho e cego e Esaú, já com quarenta anos, casado com Judite e Basemat[2], ambas filhas de heteus. "Estas se tornaram uma amargura para Isaac e Rebeca", diz a Bíblia (Gên. 26:35). Não vamos saber por quê. Isaac tomará, mais tarde, uma terceira mulher, Maelet, filha de Ismael, portanto sua sobrinha (Gên. 28:8). De Jacó, e como se entendia ou não com Esaú, nada sabemos.

Isaac está velho, e já mal enxerga. Um dia, chama Esaú e pede-lhe que tome suas armas e vá ao campo, traga-lhe uma boa caça e lhe prepare um prato como aqueles de que mais gosta, "a fim de que eu coma e minha alma te abençoe antes que eu morra" (Gên. 27:4). Ora, as tendas que habitavam tinham ouvidos. Lembremo-nos de Sara ouvindo a conversa dos anjos de Iahweh com Abraão. Rebeca ouviu o pedido de Isaac e decide preparar para o marido uma armadilha que a Jacó, seu preferido, como sabemos, lhe permita capturar a bênção prometida ao irmão. Retomando uma observação já exposta, podemos supor que a venda da primogenitura não havia tido consequências práticas até então, pois é a bênção, que assegura a herança do contrato divino com os descendentes de Abraão, sua principal vantagem. É legítimo perguntar-se como podia

---

2. Judite era hitita. Diz o *Who's Who* bíblico: "mulher com quem Esaú casou, para desgosto de seus pais" (Joan Comay e Ronald Brownrigg, *Who's Who in the Bible*, p. 246). E ficamos na mesma. A única Basemat encontrada na Bíblia é uma das filhas de Salomão, casada com Ahimaaz, funcionário da governança real (1Reis 4:15), o que não pode ser o caso da segunda mulher de Esaú, que viveu quatrocentos anos antes do filho de Davi.

Esaú dispor de sua primogenitura, como o fez quando do episódio da venda a Jacó, já que a ela estava ligada a herança da bênção patriarcal que continuava em mãos de Isaac. Não encontrei resposta entre os comentadores ou os hermeneutas bíblicos. Encontrei, porém, em James Kugel, a pia explicação de que toda a trama fazia parte dos planos divinos de conferir a Jacó a missão especial de fundar o povo eleito.

Ciente da conversa e, provavelmente, cúmplice de Jacó na trama para apoderar-se do direito de primogenitura, Rebeca dá instruções a Jacó para que se antecipe, busque no rebanho dois belos cabritos que ela preparará à maneira preferida do marido, e Jacó a ele o apresente, fingindo ser Esaú, desse modo podendo capturar a bênção que caberia ao primogênito. Trata-se, no caso, de um procedimento reprovável, condenado expressamente, na própria Bíblia, como disso podia muito bem saber o redator (P), agravado no caso de golpe aplicado a um cego, o que a mesma Bíblia igualmente condena: "não porás obstáculo diante de um cego" (Lev. 19:14) e "maldito seja aquele que extravia um cego no caminho" (Deut. 27:18). Mas Jacó, aparentemente, nele não vê os aspectos éticos envolvidos, a mentira, a trapaça, a "falsidade ideológica", já praticada por outros protagonistas do Gênesis, inclusive o avô, Abraão, e o pai, Isaac, ambos abençoados por Iahweh. Preocupa-o, sim, a efetividade do estratagema e, cautelosamente, observa à mãe que ele é glabro e Esaú peludo. Isaac o reconhecerá. Rebeca tampouco parece ter dedicado um instante sequer à gravidade do delito que propõe ao filho cometerem juntos, e não se deixa abater. Tem tudo programado. Tomará das melhores roupas de Esaú para vestir Jacó e cobrirá seus braços e pescoço com a pele dos cabritos mortos, de maneira que, mesmo que Isaac o viesse a apalpar, não notaria a diferença. Jacó ainda hesita, mas Rebeca é peremptória: "Caia sobre mim a tua maldade, meu filho. Obedece-me, vai e traze-me os cabritos" (Gên. 27:13). E assim foi feito. Essa inabalável determinação de Rebeca de levar adiante o projeto que tem para Jacó tem sido apresentada, por alguns comentaristas católicos, como resultante do plano divino de fazer de Jacó o novo patriarca, embora agisse Rebeca como se estivesse sendo impelida apenas por preferências pessoais com respeito ao filho caçula, ignorante de estar sendo instrumento de um plano superior. Um plano que, visto de hoje, seria considerado diabólico e não divino.

Isaac chega a desconfiar quando Jacó se aproxima, travestido de Esaú, trazendo-lhe pronta a refeição desejada. "Como a encontraste [à caça] depressa, meu filho!" Ao que Jacó responde: "É que Iahweh, teu Deus, me foi propício" (Gên. 27:20). Tanto sangue frio na desfaçatez das respostas de Jacó não impressiona o comentador da BJ que explica, condescendentemente: "essa referência a Deus na mentira nos parece blasfematória, mas a mentalidade oriental não via nisso nenhum mal" (BJ 68 m). Isaac pede para apalpá-lo e pergunta-lhe se ele é mesmo Esaú. Jacó responde que sim. Agostinho justifica Jacó e diz que de fato já era ele possuidor da primogenitura, que fora adquirida quando trocada com Esaú por um prato de lentilhas. Ora, disso não sabia Isaac, que era o único detentor da capacidade de alterá-la, como já vimos fazer seu pai no caso da disputa de Isaac sobre Ismael. Muitos anos devem ter passado desde o episódio da "venda" da primogenitura, sem que disso houvesse sido dada notícia a Isaac. Reassegurado, Isaac come do prato que lhe é servido e abençoa o filho, dá-lhe toda a herança e amaldiçoa todos os seus inimigos. Diz-lhe mais: "Sê um senhor para teus irmãos, que se prostrem diante de ti" (Gên. 27:29), ominosa sentença que nos traz, ademais, a notícia de que havia outros irmãos, além de Esaú, dos quais nada diz o relato!

Na verdade, Isaac abençoa Jacó, erradamente, duas vezes: no versículo 23 e no 27. O texto hebraico do versículo 23, reproduzido na BJ, diz que Isaac não reconheceu Jacó e o abençoou, antes de servir-se do prato que lhe foi trazido. E no 27 que, depois de haver tomado a refeição e bebido o vinho que lhe trouxe o filho, chama Jacó, beija-o e o abençoa novamente, desta vez com as fórmulas mais elaboradas e costumeiras para tais ocasiões. Essa duplicação pode ser o resultado da incorporação por P de duas narrações anteriores.

A usurpação de nome, hoje designada, de maneira um tanto esdrúxula, "falsidade ideológica", não podia ser mais desastrada. De que toda a trama teria de ser logo descoberta não podia haver dúvida entre seus autores. Estes nada fizeram, no entanto, para encobrir o crime ou preparar Esaú para o encontro com o pai. Assim é que, chegando com a caça, Esaú faz o prato prometido e, ao entregá-lo a Isaac é, como o pai, surpreendido ao descobrirem a farsa a que tinham sido submetidos. Não é difícil imaginar o choque e a indignação de ambos. Esaú implora ainda a Isaac a bênção paterna, mas Isaac responde que nada mais pode fazer. Sua bênção já havia sido concedida a Jacó e de outra mais não dispunha.

A impossibilidade para Isaac de abençoar também a Esaú não está justificada na Bíblia. Há exemplos de bênçãos repartidas. Diz Arana não existir na Bíblia nenhum outro exemplo de bênção reservada apenas ao primogênito. O mesmo Jacó, em Gênesis 48, abençoará os dois filhos de José e, em Gênesis 49, os próprios doze filhos, embora com bênçãos individualizadas para adaptar-se aos seus destinos particulares[3]. Na narração do Gênesis só resta ao real primogênito viver de sua espada, "longe das gorduras da terra [...] e do orvalho que cai do céu" e, em definitivo, servindo ao irmão (Gên. 27:39-40), o que não acontecerá. Quanto a viver da espada, interpreta a BJ significar que viverá "de rapina e de pilhagem", o que, sim, acontecerá, pois é da espada, como assaltantes, que viverão os edomitas, aos quais o nome de Esaú está ligado, como se lerá mais adiante.

É claro que tal desenlace enfurece Esaú, que passa a alimentar pensamentos assassinos com relação a Jacó. Ou chega mesmo a disso falar, pois Rebeca, ao saber das intenções de Esaú, procura montar um esquema que permita a Jacó fugir da proximidade do irmão. Isso faz manifestando a Isaac a preocupação que tem de que Jacó termine por casar-se com uma habitante de Canaã e sugerindo, para evitar tal desgraça, que ele seja mandado para a casa de Labão, a fim de procurar mulher entre suas filhas. Espera, é claro, que em poucas semanas teria o filho querido de volta. Isso nunca ocorrerá.

Parte Jacó para Padã-Aram (hoje Síria). A caminho, dormindo ao relento, teve um sonho no qual vê uma escada que liga a terra ao céu, por onde subiam e desciam os anjos de Iahweh. Este lhe surge e se anuncia:

> Eu sou Iahweh, o Deus de Abraão, teu pai, e o Deus de Isaac. A terra sobre a qual dormiste, eu a dou a ti e à tua descendência. Tua descendência se tornará numerosa como a poeira do solo; estender-se-á para o ocidente e o oriente, para o norte e para o sul, e todos os clãs da terra serão abençoados por ti e por tua descendência. Eu estou contigo e te guardarei em todo lugar aonde fores, e te reconduzirei a esta terra, porque não te abandonarei enquanto não tiver realizado o que te prometi (Gên. 28:13-15).

É a nona vez que o Senhor se dirige à linhagem patriarcal com semelhantes palavras e, talvez porque seja a primeira vez que o faz a Jacó,

---

3. Andrés Ibañez Arana, *Para Compreender o Livro do Gênesis*, p. 356.

é expletiva e repetitiva, a única novidade sendo a substituição do símile com as estrelas, como normalmente usado, pela poeira do chão, feita apenas uma vez, na terceira promessa feita a Abraão. Jacó torna-se, assim, o sucessor legítimo da linhagem patriarcal, a de Abraão e Isaac. Tal sonho-visão teria de ser motivo para o reconhecimento humilde e agradecido, por parte de Jacó, da responsabilidade que lhe era posta nos ombros e da grandeza de seu destino. Longe disso, ao acordar, é com arrogância e impondo condições contratuais desafiadoras que Jacó se dirige em pensamentos ao Senhor: "Se Deus estiver comigo e me guardar no caminho por onde eu for, se me der pão para comer e roupas para me vestir, se eu voltar são e salvo para a casa de meu pai, então Iahweh será meu Deus" (Gên. 28:20). Estas eram as condições apresentadas por Jacó a Iahweh, num insólito repto ao Senhor. E que Iahweh atenderá. Como atendeu às do servo de Abraão na missão à casa de Betuel.

Mais uma vez, não será difícil encontrar no Egito um precedente para a cena da escada. Na pirâmide do faraó Unas, da quinta dinastia, entre 2500 e 2100 a.C., encontra-se gravado um hino no qual é dito que Ra ergue uma escada para que por ela Osíris até ele suba, e, em outra pirâmide, a de Pepi I, da sexta dinastia, leem-se as palavras: "Louvor a ti, Ó Escada de Deus, Louvor a ti, Ó Escada de Set, ergue-te Ó Escada do Senhor, ergue-te Ó Escada de Set, ergue-te Ó Escada de Hórus, por onde Osíris subiu ao céu"[4].

Não foram fáceis os dias de Jacó passados na casa de Labão. E trouxeram amplas oportunidades para que os dois se trapaceassem mutuamente. Observa Arana: "Pelo visto, a astúcia combinada à falta de escrúpulos era patrimônio da família já que Labão se comporta aqui como Rebeca e o próprio Jacó em relação a Isaac"[5].

A chegada foi emocionante. Jacó estava ainda longe quando parou perto de um poço onde três rebanhos esperavam para se abeberar. Indagou dos pastores por que não retiravam a pedra que cobria o poço para que os animais pudessem beber. Disseram-lhe esperar que todos os rebanhos estivessem reunidos para que nenhum ficasse prejudicado. Eis que chega

---

4. Gary Greenberg, *101 Myths of the Bible: How Ancient Scribes Invented biblical History*, p. 143.
5. Andrés Ibañez Arana, *Para Compreender o Livro do Gênesis*, pp. 379-380.

o último e era o de Raquel, filha de Labão, que era pastora. Informado de quem se tratava, Jacó a beija e começa a chorar, contando à prima o que lhe havia acontecido. Levado por Raquel à casa do tio, Jacó nela se instala por um mês findo o qual oferece a Labão os seus serviços para que em sua casa possa permanecer. Labão aceita, mas diz que não permite que Jacó trabalhe de graça. Que lhe diga o que espera receber como paga. E Jacó pede-lhe a mão de Raquel por sete anos de serviços. Labão tinha duas filhas, Lia, a mais velha, tinha olhos ternos, Raquel um belo porte e um belo rosto. Por isso, ou talvez por ter sido a que primeiro viu e o levou à casa, foi dela que Jacó se enamorou.

Os sete anos pareceram a Jacó sete dias, tanto ele amava Raquel, e, vencido o prazo, pediu ele a Labão que cumprisse sua parte do contrato entregando-lhe a filha em casamento. Labão não só concordou como preparou para a noite do casamento um formidável banquete para o qual estiveram convidados todos os homens do lugar. Imagino que a bebedeira foi geral, e muito especialmente o foi a de Jacó, pois, quando recolhido ao leito conjugal, não se apercebeu de que era Lia que nele estava deitada e não a tão desejada e prometida Raquel, e com Lia se uniu só dando pelo enredo na manhã seguinte, à luz do dia. Aqui vemos Jacó vítima do mesmo gênero de trapaça que ele próprio infligira a seu pai para furtar-lhe a bênção da primogenitura. Jacó interpela Labão que lhe dá a desculpa de que não era hábito da terra que se casasse a irmã mais nova antes da primogênita, mas que lhe daria também Raquel, ao cabo de uma semana, contra a promessa de mais sete anos de serviços (Gên. 29:27). Esta é a verdadeira história do trio e não a que transparece do famoso soneto de Camões que faz Jacó esperar por Raquel mais sete anos. Esperou uma semana. Viveram um *ménage à trois,* mas Jacó amava Raquel mais do que a Lia, uma situação esdrúxula que não deixou de ter consequências nefastas. A versão romântica do enamoramento de Jacó por Raquel aparece enodoada num comentário aparentemente desprovido de má intenção feito por James Kugel com relação às palavras da Bíblia na ocasião em que Jacó vê aproximar-se Raquel do poço em que a aguardava: "Logo que Jacó viu Raquel, a filha de seu tio Labão, e o rebanho de seu tio Labão..." (Gên. 29:10). Jacó, que chegava à casa do tio, por assim dizer, com a mochila nas costas, pode ter se encantado tanto com a beleza da prima quanto com a antecipação do dote que o aguardava.

Lia, como Raquel, era estéril, uma condição aparentemente endêmica nas mulheres da Bíblia destinadas, paradoxalmente, a terem progênies incomensuráveis. Iahweh, compassivamente, vendo que Lia não era amada por Jacó, suspende-lhe a esterilidade e deixa-a conceber sucessivamente quatro filhos: Rúben, Simeão, Levi e Judá. Os nomes dados aos quatro filhos refletem os sentimentos com que Lia os recebeu: Rúben ("eis um filho") corresponde à satisfação de Lia ao ver-se atendida por Deus para gerar um filho homem (Gên. 29:32); Simeão ("ouvindo") assim se chama porque Deus ouviu seus apelos para conceber outro filho (Gên. 29:33); Levi ("juntando"), porque desta vez espera que o marido dela se aproxime por ter-lhe dado três filhos homens (Gên. 29:34); e Judá ("dando graças"), "porque desta vez darei glória a Iahweh" (Gên. 29:35). A cada vez esperava Lia que o fato lhe propiciasse o amor de Jacó (Gên. 29:32). Em vão. Enquanto isso, Jacó devia estar mantendo relações com Raquel, que lhe tinha sido dada legitimamente por concubina, pois, se assim não o tivesse feito, como saberíamos que Raquel "permanecia" estéril? Vendo-se nessa condição, Raquel apela para Jacó que lhe diz nada poder fazer, se essa era a vontade de Iahweh. Não obstante o amor que professa pela cunhada, sua resposta chega a ser cruel: "Acaso estou eu no lugar de Deus que te recusou a maternidade?" (Gên. 30:2). Raquel tem, então, a mesma ideia de Sara, quando ofereceu Agar a Abraão. Pede a Jacó que lhe dê um filho através de sua serva Bala. Iahweh colabora e de Bala nascem dois filhos, Dã ("ele fez justiça"), porque Raquel reconhece que Deus ouviu o seu pedido e concedeu-lhe um herdeiro (29:5), e Neftali ("minha luta"), porque Raquel se sente vingada e exclama: "Eu lutei contra a minha irmã as lutas de Deus e prevaleci" (Gên. 30:8). Lia não se dá por vencida. Tendo voltado a ser estéril, pede a Jacó que continue a dar-lhe filhos, desta vez, seguindo o exemplo de Raquel, na pessoa de sua serva Zelfa. E Iahweh, mais uma vez complacente, dá Gad ("que sorte") a Zelfa, porque Deus a atendeu (Gên. 30:10), e Aser ("que felicidade"), porque o fez com a bênção divina. E Zelfa será felicitada por todas as mulheres (Gên. 30:13).

Os tempos passaram, pois, de repente, já vemos Rúben crescido, regressando do campo onde havia colhido mandrágoras para a mãe. Raquel pede à irmã que lhe dê algumas e Lia, asperamente, responde: "Não é bastante que me tenhas tomado o marido e queres também tomar as mandrágoras de meu filho?" (Gên. 30:15). O desejo de Raquel pelas frutas afrodisíacas devia ser muito intenso, pois, não obstante a ofensa recebida, propõe a Lia que Jacó volte a dormir com ela, em troca das frutas que lhe pedia[6]. Contrato acertado, Iahweh colabora. Ouve Lia e suspende-lhe, novamente, a esterilidade, permitindo-lhe conceber mais três vezes, para dar à luz Issacar ("recompensa", porque "Deus me deu meu salário, por ter dado minha serva a meu marido") e Zabulon ("Príncipe", porque "Deus me fez um belo presente; desta vez o meu marido me honrará, pois lhe dei seis filhos"). E a Bíblia encerra a narração dos filhos gerados por Jacó "not with a bang but a whimper"[7]: "Em seguida ela [Lia] deu à luz uma filha e pôs-lhe o nome de Diná" (Gên. 30:21). Sendo mulher, é claro, não necessita mais do que essa menção *en passant*. Ora, por ser mulher, ela irá ter um importante papel, como vítima, evidentemente, na história do povo de Israel.

"Então Deus se lembrou de Raquel" (Gên. 30:22). As lembranças de Deus eram intermitentes. É Raquel, agora, que volta a ser fecunda e dá à luz José. O que não a impede de continuar insatisfeita e esperar que Iahweh lhe dê outro filho (Gên. 30:24). Iahweh não a atende. No total, enriqueceu-se a descendência de Jacó de onze filhos e uma filha.

Vinte anos se passam. Jacó resolve que já é tempo de cessar a servidão que se impôs para atender às exigências de Labão e pede-lhe permissão para regressar às suas terras, levando mulheres e filhos. Labão quer dar-lhe uma indenização pelos seis anos extras de serviços prestados, depois dos quatorze que foram o preço das mãos de suas filhas, e Jacó pede-lhe, do rebanho do tio, todas as ovelhas que fossem negras e os cabritos que fossem malhados. Dessa forma seria fácil identificar os animais que poderia levar consigo. Como guardador que era dos rebanhos do sogro, Jacó empenha a palavra: "minha honestidade testemunhará por mim no futuro quando vieres verificar meu salário, tudo o que não for salpicado ou malhado entre as cabras,

---

6. Santo Agostinho, querendo compreender as razões de Raquel para justificar tão forte desejo, provou a mandrágora e achou-a bela para a vista, agradável para o olfato, mas de sabor insípido. Tivesse lido Plínio atentamente, e teria se abstido de cheirá-la, pois, segundo o naturalista, o simples odor da mandrágora pode anestesiar uma pessoa para que possa ser operada. São Francisco de Sales advertirá que quem as aspira longamente pode ficar mudo, assim como, quem as "bebe" abundantemente, pode morrer (Geraldo Cavalcanti, 2007, 448).
7. O leitor reconhecerá aqui o último verso do poema de T.S. Eliot, *The Hollow Men* (*Os Homens Ocos*, na tradução de Ivan Junqueira: "Não com uma explosão, mas com um gemido".

ou negro entre os cordeiros, será em minha casa um roubo" (Gên. 30:33). Ora, "honestidade" não era uma palavra que quisesse dizer muito para Jacó, como sabemos. Já o vimos estafar o pai, em conluio com a mãe, no roubo da bênção destinada a Esaú. Monta agora um engenhoso estratagema em virtude do qual nasciam mais cabritos listados do que negros e mais ovelhas negras do que brancas, expondo as cabras grávidas robustas à visão de varas verdes de álamo, de amendoeira e de plátano, em parte descascadas, para impressioná-las por sua aparência de listas claras e escuras, e deixando para o rebanho de Labão as menos robustas. Estratagema semelhante era usado no caso das ovelhas para separar as que tivessem crias negras. Jacó "enriqueceu-se enormemente e teve rebanhos em quantidade, servas e servos, camelos e jumentos", diz o narrador com aprovação (Gên. 30:43).

Os filhos de Labão estranhavam o crescimento da riqueza de Jacó enquanto não prosperava a de seu pai e murmuravam contra ele. Sensível às insinuações dos filhos, Labão passa a tratar Jacó com mais reserva, o que faz o genro preocupar-se pela própria segurança. Resolve então partir, ou melhor, fugir, temendo um confronto. Às filhas explica que o nascimento incessante de cabritos malhados e ovelhas negras fora uma retribuição divina, para compensar-lhe da exploração que havia sofrido em mãos de Labão. Diz-lhes, e sabemos quão acostumado estava Jacó a mentir, que o próprio Deus se encarregara de multiplicar o seu rebanho:

> Cada vez que ele [Deus] dizia: "O que for salpicado será o teu salário, todos os animais pariam crias salpicadas; cada vez que me dizia "o que for listrado será teu salário", todos os animais pariam crias listradas, e Deus tomou seu rebanho e o deu a mim. Aconteceu que, chegado o tempo em que os animais entram em cio, ergui os olhos e vi em sonho que os bodes que cobriam as fêmeas eram listrados, malhados ou mosqueados. O Anjo de Deus me disse em sonho: "Jacó". E eu respondi: "Sim". Ele disse: "Ergue os olhos e vê: todos os bodes que cobrem as fêmeas são listrados, malhados ou mosqueados, pois eu vi tudo o que lhe fez Labão".

Explicação extensiva e eloquente, mas inverídica, talvez destinada a apagar suspeitas que pudessem existir no seio da própria família sobre a forma miraculosa pela qual sua riqueza se multiplicava (Gên. 31:1-15). O comentador da BJ a endossa e diz mesmo que o ocorrido "(r)ealça a retidão [?] de Jacó e a proteção divina" (74 p), uma ilação desconfortável e claramente inapropriada.

Recebe Jacó, diretamente de Iahweh, instruções para que abandone as terras de Labão: "levanta-te, sai desta terra e retorna à tua pátria" (Gên. 31:13). Jacó faz montar sobre os camelos os filhos com suas mulheres, não sem antes permitir a estas recolherem alguns pertences na casa de Labão, que havia saído para tosquiar o seu rebanho. Raquel aproveita para furtar "os ídolos domésticos que pertenciam a seu pai" (Gên. 31:19), o que demonstra eficazmente que o politeísmo e a idolatria eram correntes entre os contemporâneos de Abraão[8]. Atesta, também, o grau de recíproca desonestidade vigente no entorno de Jacó.

Labão regressa aos três dias da partida de Jacó, e, ao tomar conhecimento do que se passara, sai, como era natural, em perseguição aos fugitivos. Mas, como não era natural, Deus o visita, numa visão noturna, para adverti-lo de que evite fazer ao genro qualquer acusação, pois Jacó, como já está se tornando evidente, não obstante todos os malfeitos que comete, goza da proteção de Deus. Ao alcançar Jacó Labão não o condena, mas pergunta-lhe por que fugiu de sua casa quando podia ter dela saído de comum acordo e por que, ainda por cima, levara-lhe os ídolos domésticos. Surpreso com essa última acusação, Jacó a contesta e autoriza Labão a buscar entre os bens que a comitiva levava os ídolos que dizia haverem sido furtados. Indignado, afirma que aquele com quem os encontrasse seria morto em punição. Labão vai de tenda em tenda, sem resultado. Ao

---

8. Thomas Römer documenta a sobrevivência de cultos idólatras em Israel com referências à Bíblia, notadamente em Êx. 32:4, 1Reis 12:28, e Oseias 13 (John Römer, *Testament – The Bible and History*, pp. 107 e ss.). Sobre o assunto ver também o artigo "Vestígios da Deusa no Livro de Oseias", de Marie-Thérèse Wacker em Athalya, *Gênesis a Partir de uma Leitura de Gênero*, pp. 298 e ss.). Sabemos que o próprio Moisés mandou fazer uma serpente de bronze, chamada Noestã, à qual os israelitas a caminho de Canaã queimavam incenso (2Reis 18:4). Ezequiel irá mostrar mais tarde como, mesmo no interior do Templo de Jerusalém, havia lugares destinados a cultos idólatras a "toda sorte de imagens, de répteis [ainda Noestã?], de animais repugnantes e todos os ídolos imundos", nas palavras do próprio Iahweh, ao impugnar "as abominações monstruosas" que provocavam sua ira e iriam justificar o seu castigo (Ez. 8). O próprio Salomão construiu no interior do Templo nichos dedicados a cultos a deuses e ídolos pagãos, assim como seu sucessor, Jeroboão que, inclusive, manteve os sacerdotes desses cultos idólatras. As tribos reunidas em Judá adotavam, frequentemente, os cultos idólatras dos antigos ocupantes cananeus ou fenícios. Saul, primeiro rei de Israel, teve um filho chamado Eshbaal, e um neto, chamado Meribaal, em homenagem a Baal, o tradicional deus fenício. Achab, sexto rei de Israel, erigiu um templo a Baal e outro a Asherah, mãe de deus, em Samaria, capital do reino (Gerald Messadiê, *Histoire Général de Dieu*, pp. 215 e ss.).

chegar à de Raquel, encontra-a deitada sobre a sela do camelo. Raquel pede-lhe para não se levantar, pois tem "o que é costumeiro às mulheres" (Gên. 31:35). Raquel está usando um ardil. De acordo com as leis de pureza da época, qualquer objeto tocado por uma mulher menstruada tornava-se impuro. Labão não poderia, pois, tocar a sela sobre a qual Raquel repousava, mesmo que ela se levantasse para permitir-lhe verificar se os ídolos estavam entre os seus pertences. Labão se retira e, com a mentira, Raquel livrou-se de ser descoberta com os ídolos escondidos sob a sela.

Ao aproximar-se de Seir, "na estepe de Edom", onde vive o irmão, Jacó tem a notícia de que Esaú, sabendo de sua iminente chegada, antecipara-se para vir-lhe ao encontro, trazendo consigo quatrocentos homens. Jacó teme que Esaú venha para combatê-lo e resolve tentar aplacá-lo enviando-lhe presentes propiciatórios. Separa de seus rebanhos duzentas cabras e vinte bodes, duzentas ovelhas e vinte carneiros, trinta camelas de leite com seus filhotes, quarenta vacas e dez touros, vinte jumentas e dez jumentinhos e envia batedores com os presentes para serem oferecidos a Esaú, da parte de "seu servo Jacó".

Dá-se então uma dos mais enigmáticas passagens da Bíblia. Nessa mesma noite, sem razão aparente e qualquer explicação, Jacó faz sua família e os rebanhos atravessarem o vau do rio Jaboc, ficando sozinho na margem de onde eles partiram. Vejamos a narração nas palavras da Bíblia:

> E Jacó ficou só. Alguém lutou com ele até surgir a aurora. *Vendo que não o dominava,* tocou-lhe na articulação da coxa, e a coxa de Jacó se deslocou enquanto lutava com ele. Ele disse: "Deixa-me ir, pois já rompeu o dia". Mas Jacó respondeu: *"Eu não te deixarei se não me abençoares."* Ele lhe perguntou: "Qual é o teu nome?"– "Jacó", respondeu ele. Ele retomou: "Não te chamarás mais Jacó, mas Israel, porque foste forte contra Deus e contra os homens, e tu prevaleceste". Jacó fez esta pergunta: "revela-me teu nome, por favor". Mas ele respondeu: "Por que perguntas pelo meu nome?" E ali mesmo o abençoou (Gên. 32:25-30).

Jacó presume ter lutado com Deus e, como lhe viu a face, dá ao lugar onde houve a luta o nome Penuel, que significa "a face de Deus". Não seria isso mais uma arrogante presunção de Jacó? Não diz Deus a Moisés quando este lhe pede para que mostre a face: "Não poderás ver a minha face, porque o homem não pode ver-me e continuar vivendo?" (Êx. 33:20) E como pode Deus declarar-se vencido na luta contra um homem, e o homem impor-lhe condições para largá-lo? Mas já vimos Jacó impondo condições a Iahweh outras vezes. E Iahweh as aceitando.

Jacó domina o adversário e da luta sai apenas mancando por haver sido ferido no nervo ciático. A Bíblia arremata a história dizendo: "Por isso os israelitas, até hoje, não comem o nervo ciático, que está na articulação da coxa, porque ele feriu a Jacó na articulação da coxa, no nervo ciático" (Gên. 32:33), versículo que merece a anotação da BJ no sentido de que essa restrição alimentar não é atestada em nenhuma outra parte da Bíblia. Jacó, que antes já desafiara o Senhor impondo-lhe condições para reconhecê-lo como seu Deus, suplanta-o, agora, fisicamente, tornando-se, assim, o único personagem bíblico a sobrepor-se ao próprio criador.

Desse estranhíssimo episódio, em que Jacó luta fisicamente com Deus, e "prevalece", diz a BJ, citando Orígenes e Santo Agostinho: "o Patriarca se agarra a Deus, força-o a abençoá-lo, criando uma obrigação de Deus para com os que usarão o nome de Israel. Assim a cena tornou-se a imagem do combate espiritual e da eficácia de uma oração perseverante" (77 l). A única coisa que me ocorre dizer deste comentário é: sem comentário. Fica a notar o fato de que em nenhum momento a Bíblia nomeia o adversário de Jacó, que é sempre referido como "ele". Vamos saber sua identidade, porém, mais adiante quando, ao dar instruções a Jacó para que parta de Siquém, após o sanguinário episódio da matança e pilhagem praticada por Simeão e Levi, é o próprio Iahweh que o dirá a Jacó.

Vendo chegar o momento do encontro com o irmão, os medos de Jacó recrudescem. Teme estar caminhando para uma cilada na qual o irmão se prepara para matá-lo. Em desespero, interpela Iahweh:

> Deus de meu pai Abraão e Deus de meu pai Isaac, Iahweh, que me ordenaste: "Retorna à tua terra e à tua pátria e te farei bem". [...] Eu não tinha senão o meu cajado para atravessar este Jordão, e agora posso formar dois bandos. Livra-me da mão de meu irmão Esaú, pois tenho medo dele, para que não venha a matar-nos. [...] Foste tu, com efeito, que disseste: "Eu te cumularei de favores e tornarei tua descendência como a areia do mar, que se não pode contar".

Irremediável Jacó! Não é um apelo. É uma cobrança, embora a amacie Jacó reconhecendo-se "indigno de todos os favores e toda a bondade que tiveste para com teu servo" (Gên. 32:10-11).

Ao contrário do que Jacó temia, Esaú o recebe de braços abertos e quer recusar os presentes que o irmão, dizendo-se servo do primogênito espoliado, lhe enviara, mas Jacó se recusa a recebê-los de volta, sentindo--se devedor. Esaú insiste em que Jacó e sua família sejam seus hóspedes e convida-os a seguirem juntos em direção a sua casa. Jacó aceita, mas diz que, devido a estar com suas mulheres, servas e filhos, não lhe será possível acompanhar o irmão no mesmo passo de sua comitiva. Segui-lo--á no próprio ritmo. Mais uma mentira, logo veremos, pois ele não tem a menor intenção de reunir-se com o irmão. Ao contrário, desvia caminho e vai estabelecer-se em Sucot, onde constrói uma casa, primeiro sinal de que procura agora uma vida sedentária (Gên. 33:17). Nada sabemos da reação de Esaú a essa desfeita. Dele não se falará mais na Bíblia. Já no versículo imediato, porém, encontramos Jacó erguendo suas tendas em Siquém. Nenhuma razão nos é dada de como, quando ou por quê, mas, pelo menos, ficamos sabendo que Siquém se situa em Canaã (Gên. 33:18), que seria, de todas as formas, o destino final de seu périplo. Siquém é governada por Hemor, cujo filho tem o mesmo nome da cidade. Dele compra Jacó a parcela de terra onde erguerá as tendas e nela erige um altar dedicado a "El, Deus de Israel" (Gên. 33:20), aplicando, assim, o termo henoteísta mesopotâmico ao deus único de Israel.

Ora, um dia Diná, "a filha que Lia havia dado a Jacó", saiu para conhecer as filhas da terra e, apercebida por Siquém, o filho de Hemor, foi por ele levada e violentada (*defiled*, em *King James*; "lay with her by force", na JB; "lhe fez violência", na BJ). Breve violência ou violência feliz, pois os dois se enamoram reciprocamente e Siquém suplica ao pai pedir a Jacó a mão de Diná em casamento. Hemor propõe mesmo, a Jacó, uma aliança entre as duas casas, o uso conjunto das terras, e casamentos entre os filhos e filhas de uma e de outra parte. Jacó está de acordo, mas aguarda o consentimento dos filhos, que estavam fora. "Quando os filhos de Jacó voltaram dos campos e souberam disso, esses homens ficaram indignados e furiosos pelo fato de se ter cometido uma infâmia em Israel" (Gên. 34:7). Fingem, porém, aceitar a aliança proposta, a uma só condição: que sejam circuncidados todos os homens de Siquém, pois não poderiam ceder a irmã a um incircunciso (Gên. 34:14). Seguem Hemor e Siquém a falar com os homens da cidade, que, por eles convencidos, aceitam os termos do pacto e se submetem imediatamente à operação.

Há aqui um sério anacronismo porquanto Israel ainda não existia quando do episódio em Siquém. O mesmo anacronismo ocorre no Livro dos Jubileus. Neste fica mais claro que o que estava em jogo, verdadeiramente, não era a virgindade de Diná, mas o tabu do casamento com o estrangeiro não circuncidado. Referindo-se ao episódio diz o Livro dos Jubileus:

> Se existe um homem em Israel que deseja dar sua filha ou sua irmã a um estrangeiro, ele deve morrer. Deve ser apedrejado porque fez uma coisa pecaminosa e vergonhosa no seio de Israel. A mulher deve ser queimada porque manchou a reputação da casa de seu pai [e enquanto ela existir] Israel não ficará limpa [purificada] (Jubileus 30).

No terceiro dia após a aceitação do pacto, quando os homens da cidade ainda "convalesciam" (Gên. 34:25), "dois filhos de Jacó, Simeão e Levi" partem para a cidade, levando "cada qual sua espada", e, "sem oposição", pois eram bem-vindos nos termos do acordo recém-concluído, ali "passaram a fio de espada todos os machos", inclusive Hemor e Siquém. "Os filhos de Jacó investiram sobre os feridos e pilharam a cidade. [...] Tomaram suas ovelhas, seus bois e seus jumentos, o que estava na cidade e o que estava nos campos. Roubaram todos os seus bens, todas as suas crianças e pilharam tudo o que havia nas casas" – diz a Bíblia singelamente (Gên. 34:26-28).

Pode-se perguntar como foi possível a Simeão e Levi completar a razia agindo sozinhos. Tal não é, de fato, o texto hebraico, nem o da *Vulgata Clementina*, onde se diz claramente que "os outros filhos de Jacó" (*ceteri filii Jacob*) juntaram-se aos dois irmãos para pilharem a cidade. James L. Kugel faz a observação de que Judite, em sua oração ao Deus de Israel narrada em Judite 9:2, numa alusão que só pode referir-se ao episódio do massacre de todos os homens de Siquém por Simeão e Levi, diz: "Senhor Deus de meu pai Simeão, *em cuja mão puseste uma espada para vingança contra os estrangeiros* que desataram o cinto de uma virgem, para sua vergonha, que desnudaram sua coxa para sua confusão, e profanaram seu seio para sua desonra...", sugerindo, assim, que a espada usada por Simeão era de proveniência divina, o que teria permitido a proeza dos dois irmãos sozinhos poderem ter liquidado toda a população masculina de Siquém, feito improvável caso dispusessem apenas de duas "ordinárias espadas humanas"[9]. Estranhamente, não diz a BJ o que foi feito das mulheres. Estranhamente porque a elas faz menção tanto a *Vulgata Clementina* (*parvulos quoque eorum et uxores*) quanto a *Nova Vulgata* (*parvulos quoque et uxores*), como figura na *Tradução Ecumênica da Bíblia*, recomendada por D. Luciano Mendes de Almeida, à época presidente da CNBB, e em todas as traduções protestantes, a partir da tradução *mater*, a *King James Version*. Obviamente figura na Bíblia hebraica, da qual todas, católicas e protestantes, se dizem herdeiras.

Jacó repreende os filhos e nossa sensibilidade contemporânea espera que ele se mostre abalado pelo horror da tragédia humana e humilhado pela violação da palavra dada. Mas não, o que o preocupa é o perigo em que a ação irresponsável dos filhos o deixava, vulnerável à vingança dos cananeus e fereseus, donos da terra, ao que os filhos se justificam respondendo: "Acaso se trata a nossa irmã como uma prostituta?" (Gên. 34:25-31). E com essas palavras encerra a Bíblia a narração do episódio. Tal comportamento não recebe uma linha sequer de censura dos comentadores nas diversas bíblias consultadas. Sabemos que Jacó amaldiçoará Simeão e Levi no leito de morte, pela ação cometida em Siquém: "Que minha alma não entre em seu conselho, que meu coração não se una a seu grupo, porque na sua cólera mataram homens" (Gên. 49:6). Mas não foram só eles que praticaram as ações só agora reconhecidas como más; os demais irmãos também sujaram as mãos de sangue inocente e esses serão abençoados pelo pai. E todos, sem exceção, estavam envolvidos no episódio da tentativa de assassinato de José e sua venda posterior como escravo aos mercadores no deserto. Nenhum comentário, salvo o da JB, liga a maldição de Jacó ao acontecido em Siquém, que continuará em silêncio. A JB observa, porém, que Simeão e Levi fundaram ambos tribos que desapareceram, a de Simeão absorvida pela de Judá, a de Levi perdendo sua base territorial e tornando-se apenas uma classe clerical (JB 70-71).

---

9. James L. Kugel, *The Ladder of Jacob – Ancient Interpretations of the Biblical Story of Jacob and His Children*, pp. 38 e ss. Ronald Hendel (*The Book of Genesis, a Biography*, p. 174), citando Spinoza, diz que o estudo criterioso da cronologia bíblica revela numerosas inconsistências e cita, entre elas, as que se referem às idades de Diná, à época dos eventos de Siquém, quando teria apenas sete anos, e dos irmãos Simeão e Levi, autores da hecatombe, que teriam apenas doze e onze anos.

Quanto a Diná, volta a ser mencionada apenas uma vez, na genealogia de Jacó (capítulo 46), mas confusamente. O texto cita os nomes dos descendentes de Jacó com Lia e diz que foram 33 ao todo, "além de sua filha Diná". Ora, na proposta de Hamor a Jacó para que as duas tribos se integrassem pelo casamento, diz Hamor: "Aliai-vos a nós; vós nos dareis as vossas filhas e tomareis as nossas para vós" (Gên. 34:9). Havia, portanto, outras mulheres no clã familiar de Jacó. O que, aliás, está dito explicitamente na narração da partida de Jacó para o Egito: "e vieram para o Egito, Jacó e todos os seus descendentes com ele: seus filhos e os filhos de seus filhos, suas filhas [dele Jacó, portanto] e as filhas de seus filhos" (Gên. 46:6). Como sempre, as mulheres não contam[10].

Deus ouvia, porém, as preocupações de Jacó e, como o tinha sob sua proteção, determinou-lhe que fosse fixar-se em Betel. Antes de partir, Jacó pediu aos familiares e acompanhantes que lhe entregassem todos os deuses estrangeiros que carregavam consigo e os anéis que tinham nas orelhas [sic] e tudo enterrou sob um carvalho, o que revela que, não obstante o desmascaramento de Raquel quando da perseguição de Labão, ainda havia ídolos pagãos sendo conservados, e seguramente venerados, em sua própria casa. Em Betel, Iahweh volta a falar com ele: "Teu nome é Jacó, mas não te chamarás mais Jacó: teu nome será Israel" (Gên. 35:10). Uma repetição a acrescentar às muitas que encontramos na Bíblia, pois já não tínhamos sido informados que Iahweh mudara o nome de Jacó após a luta corporal entre os dois? Desta vez, porém, é de viva voz, e corpo presente, se assim se pode chamar a aparição, pois da última vez havia sido em sonho. "Eu te dou a terra que dei a Abraão e a Isaac: darei esta terra a ti e à tua posteridade depois de ti" (Gên. 35:12). Outra vez! A décima. "E Deus se retirou de junto dele" (Gên. 35:13), diz a Bíblia. É a derradeira teofania em todo o Gênesis. A próxima será no Êxodo, mas, a partir de então, Deus não mais se mostrará ao homem e sua face não mais será vista[11].

---

10. Uma exaustiva análise deste episódio pode ser encontrada no livro *The Ladder of Jacob*, de James L. Kugel, no capítulo intitulado "The rape of Dinah", pp. 37-80.
11. Armstrong, 1997, 93.

A comparação entre as duas versões enseja a Gary Greenberg uma plausível explicação. A primeira é nitidamente eloísta, provinda do norte de Israel, após o cisma de Jeroboão. A segunda é javista, oriunda de Judá. Ambas devem datar de época posterior à separação dos dois reinos. Ora, ao reino do Norte coube o nome de Israel, enquanto que ao do Sul o de Judá. No Norte tinha Jeroboão interesse em que a mudança do nome de Jacó para Israel tivesse ocorrido em Penuel, centro administrativo do reino, além do que, a mudança do nome estaria associada à vitória de Jacó na luta com Iahweh, o que ele podia, por sua vez, associar ao conflito em que estava com a classe sacerdotal. Estes, ao contrário, preferiam vincular a mudança de nome à renovação das promessas de Iahweh, tal como ocorrera em Betel.

Raquel engravida mais uma vez e morre do parto, a caminho de Éfrata, hoje Belém, não sem antes pedir que seu último filho se chamasse Benoni ("filho da minha dor")[12]. Chamou-se Benjamim ("filho da felicidade"), porque assim quis Jacó-Israel. Diz o Gênesis que Raquel foi enterrada em Belém, portanto em Judá. Em Samuel 10:2 vemos seu túmulo colocado em território benjaminita, portanto em Israel. As distintas versões são mais um exemplo das conflitantes visões entre os redatores da Bíblia de um e de outro reino, no caso em espécie ambas querendo ter a guarda dos restos da mãe de Israel.

A história de Jacó não termina aqui. Mas, como o seu fim está ligado às aventuras de José, deixamos para depois seu encerramento.

A próxima história da Bíblia é a de José. Antes de narrá-la, porém, diz a Bíblia que, ao tempo em que Israel (já é o nome de Jacó) foi a Magdol-Eder (fazer o quê?), Rúben, seu filho, dormiu com Bala, "a concubina de seu pai", e "Israel o soube" (Gên. 35:22). É tudo. Aparentemente a escapada de Rúben e a imprudência de Bala não provocaram nenhuma reação, por parte de Israel, digna de ser registrada. Veremos, porém, quando tratarmos da herança de Jacó, que, longe disso, a aventura incestuosa de Rúben terá, para ele, consequências devastadoras.

---

12. Ben-oni teria o significado de "filho de On". Sabemos que On era o nome bíblico de Heliópolis, cidade onde era cultuado Rá, o deus solar dos egípcios. Asenet, filha do sumo sacerdote de On, era casada com José, filho de Raquel.

Causou sempre estranheza aos estudiosos do Gênesis o fato de a relação adulterina de Rúben com Bala ter ocupado tão parca referência na narração bíblica. O crime de adultério incestuoso é expressamente condenado na Bíblia em quatro ocasiões (Lev. 18:7 e 21:10; Deut. 22:30 e 27:20). A penalidade prevista para os culpados era a morte. Ora, tal não ocorre com o filho e a mulher (concubina) de Jacó. Não vamos ouvir falar do episódio senão por ocasião da morte do patriarca quando distribui sua herança e dela priva Rúben por haver subido ao leito do pai e profanado a sua cama (Gên. 49:3). Mas, ao que parece, a Bíblia diz mais com o silêncio do que o diria com palavras. Estranha ver reduzido o fim da história às simples palavras com que se encerra o versículo 22: "e Israel o soube"[13]. Nada é dito sobre quais as consequências do ato, e de sua divulgação, para Jacó e os culpados. E a Bíblia inicia o versículo seguinte apenas com a menção de quais foram os filhos de Jacó, o que não fazia sentido no contexto. Para James Kugel pode haver aí a indicação de que Jacó, após o episódio da traição de Bala, cessou de ter relações com ela, fechando-se, assim, o ciclo geracional do patriarca, o que encontra respaldo no que o próprio Rúben diz, no seu Testamento: "ele não mais a tocou"[14]. Quanto a Bala, não faltaram especulações sobre sua responsabilidade no episódio. O Testamento de Rúben tem, de sua própria pena, a informação: "se não tivesse eu visto Bala banhando-se, em um lugar protegido, eu não teria cometido tão grande iniquidade, mas minha mente, agarrada ao pensamento da nudez da mulher, não me deixava dormir até que cometi aquela abominação" (Gên. 3:11-15)[15]. Sabemos quantas outras ocasiões como essa foram proporcionadas nos tempos bíblicos, seja a lúbricos anciãos quando viram Suzana banhando-se nua, seja ao Rei Davi, ao ver da janela a vizinha Betsabeia em idênticas circunstâncias.

---

13. Diz Rúben, no Testamento, que Jacó foi informado do que se passara "imediatamente" por um anjo. Em Jubileus, a informação é de que foi Bala quem contou a Jacó.
14. James L. Kugel, *The Ladder of Jacob – Ancient Interpretations of the Biblical Story of Jacob and His Children*, p. 93.
15. Citado em James L. Kugel, *The Ladder of Jacob – Ancient Interpretations of the Biblical Story of Jacob and His Children*, p. 84.

XII
José

O COMEÇO

Todo o restante do livro do Gênesis, nove capítulos no total, gira em torno de José, o primogênito de Raquel.

José tem dezessete anos e pastoreia rebanhos. É o preferido de Israel, o que o pai não esconde. Manda, mesmo, fazer-lhe uma túnica adornada[1], o que causa inveja aos irmãos que cada vez mais o odeiam. Tem o dom dos sonhos premonitórios, com o que fará carreira. Mas os sonhos que conta aos irmãos não fazem senão acirrar a animosidade que lhe dedicavam. Em um, José está com eles no campo atando feixes e os irmãos se curvam perante o seu. Em outro, o sol, a lua e onze estrelas se prostram diante dele. O próprio Israel o repreende. Como pode ele esperar que o pai, a mãe e os irmãos lhe prestem homenagem?

Karen Armstrong observa que os sonhos de José não são teofanias. Deus não fala a José nos sonhos como o fazia a seus antecessores. É o próprio José a figura carismática de seus sonhos.

---

1. A túnica de José merece mais do que uma referência *en passant*. Diz a BJ que era uma túnica "adornada", o que não é muito e é, mesmo, ambíguo. Adornada como? A *Vulgata Clementina* fala de uma túnica "de várias cores" (*fecitque ei tunicam polymitam*). A *Nova Vulgata* chama-a, simplesmente, de veste talar (*fecitque ei tunicam talarem*), o que quer dizer uma túnica que desce até aos calcanhares. O original hebraico *kutónet passím*, engloba dois sentidos, *kutónet* significando "túnica listrada" e *passim*, "que lhe chega aos pés e às mãos".

Estando os irmãos apascentando longe da casa do pai, pede este a José que os vá procurar para trazer-lhe notícias. Imprudente encomenda. Ao vê-lo aproximar-se dizem os irmãos entre si: "Eis que chega o tal sonhador! Vinde, matemo-lo, joguemo-lo numa cisterna qualquer; diremos que um animal feroz o devorou. Veremos o que acontece com seus sonhos!" (Gên. 37:18-20). Rúben é o único que se opõe ao esquema e, pensando em salvá-lo depois, propõe aos irmãos apenas jogá-lo numa cisterna, o que é feito, após tirarem-lhe a preciosa túnica. Diz a narração, singelamente: "Depois sentaram-se para comer" (Gên. 37:20).

Surge no horizonte uma caravana de mercadores[2] que se destina ao Egito, e Judá tem a brilhante ideia de vender José como escravo, o que teria a dupla vantagem de não mancharem as mãos com o sangue do irmão e tirarem algum proveito da empreitada. Rúben – não se sabe por onde andava – ao voltar ao poço, encontra-o vazio, o que o faz desesperar-se, rasgar a túnica e exclamar: "O rapaz não está mais lá! E eu, aonde irei?" (Gên. 37:30). Nada é mencionado na narração desse espantoso evento quanto à reação de José ao que lhe faziam os irmãos, desnudá-lo, jogá-lo numa cisterna funda e vazia, vendê-lo a mercadores de passagem. Só muito mais tarde, quando os irmãos vão ao Egito buscar alimento para os habitantes de Canaã durante a seca e são recebidos por José, agora vizir do Egito, por eles não reconhecido, e José deles exige que tragam ao Egito o irmão caçula, Benjamim, o novo preferido do pai, dirão entre si, na língua nativa, pensando ser desconhecida do vizir: "Em verdade, expiamos o que fizemos com nosso irmão: vimos a aflição de sua alma, quando ele nos pedia graça, e não o ouvimos" (Gên. 42:21). A Bíblia, aliás, não costuma apresentar a reação das vítimas propiciatórias. Nada sabemos, por exemplo, do que pensou Isaac ao ver Abraão deitá-lo amarrado sobre a pira preparada para o sacrifício e levantar o facão para cortar-lhe o pescoço.

Quanto ao desfecho da história da túnica, diz a Bíblia que os irmãos besuntaram-na com o sangue de um bode desgarrado, para que a pudes-

---

2. Observa Finkelstein que a referência a que a caravana era constituída de camelos que carregavam "resina, unguento e mirra" (alcatira, bálsamo e ládano, na BJ, 17:25) é duas vezes anacrônica. As pesquisas arqueológicas atestam que os camelos só foram domesticados e utilizados como bestas de carga no final do segundo milênio (a.C.) e as mercadorias mencionadas só tiveram curso amplo por volta dos séculos VIII a VII, sob a supervisão do império assírio (Israel Finkelstein, *A Bíblia Não Tinha Razão*, pp. 58-59).

sem apresentar a Israel dizendo ter sido tudo o que encontraram de José, que teria siso atacado e devorado por um animal feroz. Ouvindo o relato, Jacó rasga as vestes, cinge-se com um saco e põe-se de luto. Instado pelos filhos a retirá-lo, exclama: "Não. É em luto que descerei ao Xeol para junto de meu filho" (Gên. 37:35)³. Via-se Jacó-Israel, assim, enganado pelos seus filhos, numa reprodução trágica do seu próprio procedimento ao enganar Isaac para roubar a primogenitura de Esaú. Quanto a José, é ele levado ao Egito e vendido a Putifar, "eunuco do Faraó e comandante dos guardas" (Gên. 37:36).

INTERLÚDIO SOBRE A HISTÓRIA DE TAMAR

Aqui, seguindo a Bíblia, fazemos uma pausa na história de José para narrar um episódio que se passa na terra dos cananeus, onde viviam seu pai e seus irmãos. Diz respeito a Judá, um dos irmãos.

Não é clara a cronologia dos fatos da vida de Judá. Segundo vimos, estava ele com seus dez irmãos, todos solteiros, quando do episódio da venda de José aos mercadores ismaelitas, por sugestão sua, aliás. E estava com os mesmos irmãos quando, vinte anos depois, mudou-se Jacó, com toda a família, para as terras do Egito (Gên. 46:8). Jacó levava consigo, diz a Bíblia expressamente, os filhos de Judá: Her, Onã, Sela, Farés e Zara, "mas Her e Onã morreram nas terras de Canaã" (Gên. 46:12). A história que se segue ocorreu, portanto, no intervalo entre esses dois fatos seminais.

Deixa Judá a casa paterna e vai para Odolam, onde se casa com Sué, uma cananeia. Dessa união nasceram Her, Onã e Sela. Judá toma uma mulher chamada Tamar para o primogênito, Her, mas este "desagradou" a Iahweh que o fez morrer. As razões do "desagrado" divino quase nunca são oferecidas. Judá diz a Onã que deve assumir as obrigações de cunhado. A referência é a Lei do Levirato que determina:

Quando dois irmãos moram juntos e um deles morre, sem deixar filhos, a mulher dele não sairá para casar-se com um estranho à família; seu cunhado virá até ela e a tomará, cumprindo seu dever de cunhado. O primogênito que ela der à luz

---

3. Para os hebreus, como se sabe, não havia céu, nem inferno, como destino para depois da vida. O Xeol era o lugar dos mortos.

tomará o nome do irmão morto, para que o nome deste não se apague em Israel (Deut. 25:5-6)[4].

Não agrada a Onã a perspectiva de ter uma descendência que não lhe pertenceria e, cada vez que se unia com Tamar, deixava correr o sêmen por fora do corpo da cunhada. Isso também desagradou a Iahweh que, igualmente, o fez morrer. Aqui temos, ao menos, uma explicação, senão uma justificação explícita. Dá então Judá instruções a Tamar para que regresse à casa dos pais. Sua descendência passa a depender de Sela, o filho sobrevivente, que, todavia, não estava em idade de casar.

Vale aqui observar que o procedimento sexual de Onã nada tem a ver com o que a tradição associa à palavra onanismo. Onã tecnicamente não se masturbava, apenas derramava o sêmen fora do corpo de Tamar, numa espécie de *coitus interruptus*. Quanto às razões para o procedimento de Onã, são fáceis de imaginar quais possam ter sido. Além da carga que representaria para ele cuidar do filho da cunhada, tratando-se, no caso, de um filho presuntivo do irmão primogênito e não dele próprio, passaria o filho que tivesse com Tamar a ter precedência sobre ele na herança familiar.

Alguns dias depois da partida de Tamar, após a morte de Onã, morre Sué. Passado o luto, sai Judá a tosquiar suas ovelhas e disso soube Tamar que, tirando as roupas de viúva, cobriu-se com um véu e foi postar-se à entrada de Enaim, por onde o sogro teria que passar. Diz a Bíblia que o fazia por despeito. Ela vira que Sela já era grande e podia recebê-la como mulher, o que Judá estava evitando. E evitava porque, diz ainda a Bíblia, temia que Sela viesse a ter o destino que haviam tido os dois irmãos mais velhos.

Vê Judá a mulher coberta com um véu à beira da estrada, pensa tratar-se de uma prostituta, chama-a ("Deixa-me ir contigo") e promete-lhe como paga um cabrito novo. Tamar, sempre de rosto coberto, diz que sim, mas quer uma garantia, até que lhe chegue às mãos o cabrito, e pede, como penhor, o selo com o cordão e o cajado de Judá, o que este prontamente lhe entrega. Judá foi com ela, "que dele concebeu". Tamar volta às vestes de viúva e nada deixa transparecer do que fizera. Quando Judá, para recuperar os pertences que a ela havia dado em penhor, manda

---

4. Caída em desuso essa lei do levirato já nos tempos bíblicos, ela subsiste, ainda hoje, em certos grupos de judeus sefarditas ortodoxos (JB 77).

entregar o cabrito à prostituta com quem havia estado, ninguém sabe de quem pode estar falando, pois nenhuma prostituta era conhecida na cidade. Três meses depois, Judá é informado que Tamar aparecera grávida. Indignado pelo que tal escândalo pudesse representar para a reputação da cidade, Judá determina que a nora seja morta, queimada pelo fogo. É possível admitir que o crime maior não fosse esse, mas o fato de que, tecnicamente, Tamar se tornara adúltera porque, de acordo com a lei do levirato, ela já "pertencia" a Sela. Tamar adverte Judá que estava grávida do homem a quem pertenciam o selo, o cordão e o cajado que lhe havia deixado como penhor. Judá reconhece os pertences e vê-se forçado a perdoar a nora e reconhecer como filhos os gêmeos a que Tamar dá à luz: Farés e Zara, os dois outros filhos seus que vimos acompanhar Jacó na mudança para o Egito. Farés virá a ser ancestral do Rei Davi.

A genealogia de Tamar, que, por sua vez, se tornará ancestral de José, pai de Jesus, estará na raiz da justificação que a BJ, como sempre compassiva com relação aos malfeitos do povo eleito, oferece quanto ao seu procedimento: "Ela é impelida não pela impudicícia, mas pelo desejo de ter um filho do sangue de seu defunto marido. Sua ação será reconhecida justa por Judá, e louvada por seus descendentes" (BJ 85 i).

O FIM

José conquistou gradativamente a confiança de Putifar, que termina por entregar-lhe o completo governo da casa. Ora, José era bem feito de porte e tinha um belo rosto. A essas prendas não ficou indiferente a mulher de Putifar, que o assediava a todo instante chamando-o para deitar-se com ela. O que nos leva a indagar se eram os eunucos então casados. Se o eram, justifica-se o apetite sexual da mulher de Putifar que, não obstante seu protagonismo na história – lembremos quantas vezes figura em obras mestras da pintura renascentista – nem nome consegui obter na Bíblia. A seus avanços José resistia, por respeito ao chefe e para não pecar contra Deus. Um dia, estando a sós na casa José e a mulher do seu chefe, esta agarrou-o querendo levá-lo para a cama. José tenta desvencilhar-se e, ao fazê-lo, rasga-se a sua túnica que em parte fica nas mãos da frustrada sedutora. Despeitada, a mulher de Putifar chama os domésticos e apresenta os panos da túnica rasgada como prova do atentado que José lhe fizera e do qual se salvara gritando. Ao chegar o marido e ser informado do que se passara, pela versão da mulher, manda prender o agressor no cárcere dos prisioneiros do Faraó.

A história da sedução da mulher de Putifar tem, também, antecedentes míticos no Egito e na Grécia. No Egito figura no "Conto dos Dois Irmãos", do terceiro milênio a.C. Nele os irmãos, Anúbis e Bata, moravam juntos, Anúbis sendo casado e Bata, o mais jovem, solteiro. Bata era um homem reto e ocupava-se de todos os assuntos da casa. Um dia, a mulher de Anúbis procura seduzi-lo, querendo levá-lo para a cama. Rejeitada, ela o acusa de ter querido violá-la e Bata é expulso de casa pelo irmão. Na Grécia, Belerofonte, ao visitar a corte de Proetus, é procurado pela mulher deste que tenta seduzi-lo. O cenário é o mesmo. Belerofonte recusa os avanços sexuais da rainha e esta o denuncia ao marido como tendo querido violá-la. Proetus prepara uma armadilha para vingar-se. Escreve uma carta para um rei amigo e pede a Belerofonte o favor de levá-la. Na carta, Proetus solicita ao rei que envie o portador em missões perigosas, nas quais possa ser morto. Qualquer semelhança com o que Davi vai fazer com Urias não é mera coincidência. Mas, se Urias termina morto em combate, deixando assim Davi livre para casar-se com Betsabeia, de cuja união nascerá Salomão etc., no mito grego, Belerofonte escapa de todas as ciladas e termina rei. Não ficam aí as coincidências. O rei que fazia o serviço para Proetus tinha um irmão gêmeo chamado Acrísio, com o qual lutara no ventre da mãe (como Esaú e Jacó no de Rebeca). Acrísio tinha uma irmã chamada Danai. Jacó tinha uma irmã chamada Diná. Os dois nomes têm a mesma raiz. E por aí poderíamos continuar. O livro de Gary Greenberg, do qual recolhemos estas histórias, intitula-se *101 Myths of the Bible*. Deles, 71 referem-se ao Gênesis 180-183.

Passado algum tempo, por algo que haviam feito, chegam, para companheiros de cela de José, o copeiro-mor e o padeiro-mor do Faraó. E como, numa mesma noite, ambos tiveram sonhos simbólicos, com cujos significados não conseguiam atinar, ouviu-lhes José as narrações e deu-lhes explicações plausíveis, o que muito os impressionou. Ora, um dos sonhos era o de que o copeiro-mor seria reabilitado em três dias e voltaria ao serviço do Faraó, o que de fato ocorre. José pede então ao prisioneiro que dele se lembre se e quando voltar ao convívio com o rei. Já o sonho do padeiro-mor não pressagiava ventura. Ao contrário, indicava que ele próprio seria enforcado em três dias, o que de fato veio a ocorrer. O copeiro-mor foi, efetivamente, reabilitado, mas do pedido feito por José se esqueceu.

Dois anos depois, o Faraó tem os famosos sonhos das sete vacas magras que comem as sete vacas gordas e das sete espigas mirradas que devoram as sete espigas granadas. Chamados a explicá-los, não lograram os magos do reino dar-lhes significados satisfatórios. Lembra-se, então, o copeiro-mor do pedido que lhe havia feito o hebreu companheiro de cárcere que tinha o dom de desvendar o segredo dos sonhos e informa o Faraó das previsões corretas que havia feito no seu caso. Manda o Faraó buscar José, que interpreta sem hesitação os sonhos que lhe foram narrados. Disse que anunciavam vir o reino do Egito a viver sete anos de prosperidade, aos quais se seguiriam sete anos de fome e penúria. "E, se o sonho do Faraó se repetiu duas vezes [em boa lógica, a repetição só se deu uma vez] é porque o fato está bem decidido da parte de Deus e Deus tem pressa em realizá-lo" (ainda a BJ). Aproveita José para apresentar ao Faraó sugestões de como administrar a fase próspera de maneira a aliviar a penúria no período adverso. De tal modo os conselhos de José agradaram ao Faraó que este, incontinente, designa-o administrador do palácio e a ele submete todo o povo do Egito. Para simbolizar a investidura, tira da mão um anel que coloca na de José, reveste-o com túnicas de linho puro, e põe-lhe no pescoço um colar de ouro. E aí não fica. Dá a José, como esposa, Asenet, filha de Putifar, "sacedote de On" (Gên. 41:45). A homonímia com Putifar, o eunuco, presta-se a confusão, e talvez por essa razão o texto bíblico é redundante e diz, duas vezes (Gên. 41:45 e 41:50), tratar-se da filha do "sacerdote de On", em Heliópolis, centro do culto solar, o que colocava José na mais elevada elite nobre e religiosa do Egito. E o faz, ainda, ser exibido em glória por todo o reino. José tinha, então, trinta anos. Tudo se passou nos seguintes anos conforme José previra, e as reservas providenciadas durante os anos de fartura permitiram-lhe administrar os anos de penúria, para que não houvesse fome. Lamentavelmente, de tão extraordinários eventos não ficou registro na história do Egito.

Antes que começassem os anos da fome, diz a Bíblia, José teve dois filhos com Asenet: Manassés ("ele me fez esquecer", porque "Deus me fez esquecer meus trabalhos e toda a família de meu pai", Gên. 41:51) e Efraim ("ele me tornou fecundo", porque "Deus me tornou fecundo na terra de minha infelicidade", Gên. 41:52). Os dois virão a ter grande importância no Testamento de Jacó, como veremos quando tratarmos das doze tribos de Israel.

A notícia de que no Egito havia abundância de mantimentos chega a Jacó que, com os habitantes de Canaã, sofria da mesma fome que antes assolara as terras do Faraó. Jacó ordena aos filhos partirem para o Egito a fim de comprarem mantimentos para a família, todos, exceto Benjamim, o caçula, para preservá-lo dos riscos da viagem.

Chegados ao Egito, os dez irmãos se prostram diante de José (para que se cumpram as profecias?) pedindo-lhe que lhes conceda os mantimentos de que necessitam. Não reconheceram o irmão que, no entanto, logo os identificou e resolve testá-los, acusando-os de serem espiões. Quando um deles lhe explica serem doze irmãos, tendo um desaparecido e outro, o mais moço, ficado com o pai, José exige que um dos dez regresse a Canaã para trazer o que não viera e dá ordem para que os demais sejam recolhidos às prisões. No terceiro dia, José reteve Simeão e mandou que os outros retornassem a Canaã, levando o trigo que tinham vindo comprar. A seus criados manda que devolvam, em cada saca de mantimentos, o dinheiro que por elas tinha sido pago, sem disso informar aos forasteiros.

Ao descobrirem os irmãos o insólito acontecimento, têm medo, pois não entendem o que isso pode significar. A narração registra duas versões diferentes para o episódio. Nos versículos 27 e 28, a descoberta se deu durante a viagem de regresso. Pouco adiante, no versículo 35, ela só ocorre após a chegada à casa do pai. Dão conta os irmãos a Jacó do que se passara no Egito e da exigência que lhes fizera o vizir de que levassem Benjamim à presença do Faraó para que fosse libertado Simeão.

A relutância de Jacó em deixar partir Benjamim é compreensível e só foi vencida quando, acabados os mantimentos trazidos, viu-se ele e a sua família à beira da morte por míngua de alimentos. Autorizados a regressar ao Egito levando o caçula, seguiram agora os dez irmãos com tudo o que puderam recolher de produtos da terra como presentes para José e o dobro do dinheiro com que haviam aportado na primeira viagem para pagar as novas aquisições. José os recebe com atenções que eles não compreendem por que razão as estão merecendo e, depois de oferecer-lhes um banquete, na residência, os despacha de volta, com as sacas cheias de trigo, e, novamente, em cada uma, o dinheiro pago pelos mantimentos. José, porém, ainda não está satisfeito com as provações impostas aos irmãos e dá-se ao requinte de mais uma *vendetta*, fazendo esconder na saca de Benjamim sua própria taça de prata e dando ordem para que sejam interceptados já fora das portas da cidade, com a acusação de furto. Pode-se imaginar o descoroçoamento dos irmãos assim flagrados, quando os esbirros de José descobrem na saca de Benjamim o objeto furtado. E o desespero maior em que ficaram quando José propõe deixá-los regressar, com todos os mantimentos, retendo apenas Benjamim, o ladrão, como seu escravo pessoal.

Mas José chega ao limite da provação que se impõe a si próprio e aos irmãos, e tudo se encaminha para o primeiro *happy end* da história da Bíblia (e quantos mais poderão ser encontrados?). Identifica-se aos irmãos e a eles pede que busquem Jacó em Canaã e, com ele e todos os familiares, e seus bens, venham viver no Egito, onde lhes serão dadas terras férteis para que possam continuar as atividades pastoris. As contradições aqui se multiplicam. Em Gênesis 45:9-12 é José quem convida Jacó a que venha estabelecer-se no Egito com sua família. Nos versículos 16-20 o convite é feito pelo Faraó, o que não impede que, em 46:31 e 47:5, o Faraó seja tomado de surpresa com a notícia da chegada da família de José para viver no seu reino. Forte indício de que a narração recorre a duas versões distintas anteriores está na circunstância de que ao pai de José o texto se refere ora chamando-o de Jacó, ora de Israel.

Se a ida para o Egito traz a Jacó a alegria de rever o filho amado, pode tê-lo feito pensar no que ficavam as promessas do Senhor sobre a Terra Prometida. Mas Deus o tranquiliza ainda outra vez e em sonhos lhe aparece para dizer: "Jacó, Jacó... Eu sou El, o Deus de teu pai. Não tenha medo de descer ao Egito, porque lá eu farei de ti uma grande nação" (Gên. 46:3) É a segunda vez em que Iahweh se atribui o nome do deus cananaíta. Da primeira, em 33:20, é Jacó que lhe dá o nome ao erigir-lhe o altar que lhe consagra em Padã-Aram como a "El, Deus de Israel". Desta vez é o próprio Deus que assim se denomina. É a undécima vez que Iahweh assegura a um patriarca o grande destino que tem reservado à sua descendência.

Ao Egito chega Jacó com setenta familiares (o número perfeito), cujos nomes estão devidamente registrados na Bíblia (Gên. 46:8-26). Vêm com seus rebanhos, donde, provavelmente, com seus servos também, e se estabelecem em Gessen, em terras que lhes são concedidas pelo Faraó, longe da capital, uma precaução recomendável porque, sendo os hebreus "pastores", assim ficariam mais protegidos. "Com efeito, os egípcios têm horror aos pastores", comenta a Bíblia (Gên. 46:34).

Jacó-Israel viveu ainda dezessete anos, em terras egípcias, onde morreu aos 147 anos de idade. Sentindo aproximar-se o final pediu que José lhe viesse ver e a ele diz: "El Shaddai me apareceu em Luza, em terra de Canaã, e me abençoou e disse: 'Eu te tornarei fecundo e te multiplicarei, eu te farei tornar uma assembleia de nações e darei esta [sic] terra'" (Gên. 48:3)[5]. Perfilha os filhos de José e pede que seja enterrado na terra de seus antepassados, em Hebron, "lá [onde] foram enterrados Abraão e sua mulher Sara, lá [onde] foram enterrados Isaac e sua mulher Rebeca, lá [onde] eu enterrei Lia" (Gên. 49:31). Assim será junto a Lia e não a Raquel (que está enterrada em Belém) que o último dos patriarcas deseja ficar para sempre. Para assegurar-se de que sua vontade será feita, pede a José que jure, o que o filho faz, corretamente, segurando-lhe os testículos (Gên. 47:29). Diz a Bíblia que ao enterro de Abraão na gruta de Macpela estiveram presentes Isaac e Ismael (Gên. 25:9). E que ao enterro de Isaac, na mesma gruta (Gên. 49:30), compareceram Esaú e Jacó (Gên. 35:27). É provavelmente uma invenção, uma tentativa de mostrar resolvidas junto aos túmulos dos pais as rivalidades entre irmãos.

Quanto a José, "morreu com a idade de cento e dez anos, embalsamaram-no e foi posto num sarcófago, no Egito" (Gên. 50:26).

Quatrocentos anos depois, os descendentes de Jacó serão milhares e deixarão o Egito, para conquistar a Terra Prometida. Mas isso já é outra história.

---

5. Não é bem "esta" terra o que deveria prometer, pois Jacó está falando em terra egípcia. Vê-se que se trata de mais uma reiteração retórica da promessa, provavelmente interpolada, para efeito de ênfase.

XIII

As Doze Tribos de Israel

As tribos de Israel nem sempre estavam aliadas ou tinham objetivos comuns. Ao contrário, suas rivalidades internas eram grandes e podiam desembocar em confrontos violentos e impulsivos extermínios. Por enquanto, tentemos apenas entender melhor o que se passou na disputa interna pela herança da aliança.

A leitura da Bíblia não permite estabelecer com precisão quantas e quais foram as tribos formadas pelo tronco de Jacó, geralmente apontadas pela própria Bíblia como sendo doze, nominalmente criadas por Jacó-Israel no leito de morte (Gên. 49:28). Ora, Jacó exclui explicitamente da herança Rúben ("não serás colmado", 49:4), Simeão e Levi ("meu coração não se una ao seu grupo [...] eu os dispersarei em Israel", 49:6-7). Restam, pois, Judá, Zabulon, Issacar, Dã, Gad, Aser, Neftali, José e Benjamim, o que soma nove e não doze chefes de tribos. Na bênção de Jacó estão de fato mencionados nominalmente os doze filhos que teve, mas da herança estão explicitamente excluídos três.

Jacó teve, efetivamente, doze filhos, com quatro mulheres diferentes, nascidos na seguinte ordem: (1) Rúben, (2) Simeão, (3) Levi e (4) Judá, filhos de Lia; (5) Dã e (6) Neftali, filhos de Bala, serva de Raquel; (7) Gad e (8) Aser, filhos de Zelfa, serva de Lia; (9) Issacar e (10) Zebulon, novamente com Lia; e, finalmente, (11) José e (12) Benjamim, filhos de Raquel. Diná, que teve com Lia, depois de Zebulon, evidentemente não conta, pois era mulher. Teoricamente, seriam eles os fundadores das doze tribos, se delas não estivessem excluídos Rúben, Simeão e Levi. Mas, nos seus últimos momentos de vida, ao abençoar os filhos que o cercavam, trouxe José, para receber a bênção do avô, Manassés e Efraim, os filhos que tivera com Asenet, filha do sumo sacerdote do templo de On. Devia Manassés ser o primeiro a recebê-la, por ser o primogênito de José, mas Jacó pôs a mão de imediato sobre a cabeça de Efraim, em mais um episódio de preferência de Iahweh pelos filhos caçulas, em detrimento dos primogênitos. José quis adverti-lo do que pensava ser um engano, pois Jacó estava praticamente cego, mas seu pai respondeu que os descendentes de Efraim seriam mais importantes do que os de Manassés. Deu, porém, aos netos a mesma condição de filhos. Tanto um quanto outro figurarão, de fato, como chefes de tribos em subsequentes menções na Bíblia. Em nenhum momento, porém, a enumeração das tribos de Israel coincidirá com os doze (ou catorze) presentes à bênção de Jacó. Ora estão ausentes alguns dos nomes, ora estão presentes nomes desconhecidos.

Em Deuteronômio (capítulo 33), quando Moisés abençoa as tribos de Israel, menciona onze entre os filhos de Jacó. Inclui Rúben e Levi, mas omite Simeão. Em 1Reis 11, quando o profeta Aías, prevendo a divisão do reino de Salomão, rasga suas vestes e as distribui em doze pedaços, dá dez a Jeroboão, que se tornará rei de Israel, no Norte, reunindo dez das doze tribos que se separam de Salomão, e deixa um em Judá. Que se passa com o décimo-segundo pedaço? Em Juízes 5, no Canto de Débora, o mais antigo registro entre os textos da Bíblia, as coisas se complicam ainda mais. Débora convoca as tribos de Israel para o combate aos inimigos de Israel e saúda as que comparecem. Estão citadas as de Rúben, Issacar, Zebulon, Dã, Neftali, Aser e Benjamim, entre os filhos de Jacó, mas não Simeão nem Levi (talvez por não se constituírem tribos autônomas), nem tampouco Gad e José. Mas estão citados Efraim, que é filho de José, e Maquir, dele sobrinho, pois filho de Manassés, além de Gilead, Maquir e Meroz. Gilead é o nome de um local antigo no Jordão que foi repartido entre as tribos de Rúben, Gad e Manassés. Maquir é filho de Manassés, por sua vez filho de José. Isso coloca Manassés, que não é um dos doze chefes originais das tribos de Israel, como importante líder tribal, por dispor de um considerável território. Mas ocupa Manassés o lugar de quem? Quanto a Meroz, este é o único aparecimento de seu nome em toda a Bíblia e vem acompanhado de uma maldição, a ele e aos habitantes de sua tribo epônima, "pois não vieram em auxílio de Iahweh" (Juízes 5:23).

Como primogênito de Jacó, caberia a Rúben a sucessão patriarcal. Assim não foi. Vimos Jacó anunciar um futuro venturoso para Efraim. Ora, os efraimitas consideravam que José, primogênito de Raquel, a preferida de Jacó, é que deveria ser considerado legítimo sucessor da aliança, e não Rúben, filho de Lia, por um ardil de Labão, como sabemos. Rúben, porém, terá o seu direito de primogenitura expressamente denegado por Jacó no leito de morte "porque subiste ao leito de teu pai e profanaste minha cama, contra mim" (Gên. 49:4), episódio remotamente passado cuja inserção na Bíblia nos pareceu, à primeira leitura, sem sentido e extemporâneo. Pela mesma razão, desqualificavam os judaítas a Rúben para a sucessão de Jacó. A Rúben, seguiam-se, na linha sucessória Simeão e Levi. Ora, estes foram expressamente excluídos da herança pelo pai no leito de morte: "Eu os dividirei em Jacó e os dispersarei em Israel" (Gên. 49:7). De fato, nem Simeão, nem Levi terão território contínuo sob suas lideranças, mas espaços ou cidades contidas em territórios de outras tribos. Apresentava-se Judá, portanto, como o legítimo herdeiro da aliança. O que é sacramentado por Jacó, no leito de morte: "Judá, teus irmãos te louvarão [...]. O cetro não se afastará de Judá, com o bastão de chefe de entre os seus pés" (Gên. 49:10). A profecia de Jacó-Israel não se realizou. O primeiro rei das tribos unidas, Saul, era da tribo de Benjamim, e assim, portanto, seus descendentes, David e Salomão.

O número de doze para as tribos de Israel será, no entanto, sempre repetido e terá uma importância proléptica para justificar ter Jesus escolhido doze seguidores como apóstolos.

XIV

Do Amor de Deus e do Amor a Deus

> *Deus é irremediavelmente apaixonado*
> *por cada um de nós.*
> Frei Beto[1]

A mudança ocorrida em Niceia na enunciação do primeiro mandamento corresponde a uma ruptura fundamental entre o Antigo e o Novo Testamento. E essa ruptura corresponde ao abandono da figura divina como a de um Deus temeroso de ficar em concorrência com outros deuses por parte de suas criaturas – donde as iras, cóleras, ameaças, vinganças, maldições e punições – para um Deus capaz de amar e ser amado pelos homens.

A primeira menção à obrigação de amar a Deus está contida no segundo discurso de Moisés, e não figura, com essas palavras, no primeiro, no qual são transmitidos os mandamentos dados por Iahweh. Diz Moisés:

> Que é que Iahweh teu Deus te pede? Apenas que temas a Iahweh teu Deus, andando em seus caminhos, e o ames, servindo a Iahweh teu Deus com todo o teu coração e com toda a tua alma, e que observes os mandamentos de Iahweh e os estatutos que eu te ordeno hoje, para teu bem.

Moisés continua:

> Vê: é a Iahweh teu Deus que pertencem os céus e os céus dos céus, a terra e tudo que nela existe. *Contudo, foi somente com teus pais que Iahweh se ligou, para amá-los!* E depois deles escolheu dentre todos os povos a sua descendência – vós próprios

---

[1] "Conversa Sobre a Fé e a Ciência" (em Waldemar Falcão, *Conversa Sobre a Fé e a Ciência*, p. 213).

– [...] A Iahweh teu Deus temerás e servirás, e a ele te apegarás, e por seu nome jurarás. A ele deves louvar: ele é o teu Deus (Deut. 10:12-21).

Vê-se, por esse discurso, onde figura a reciprocidade do amor a Deus e do amor de Deus, ser restrita e condicionada a relação entre Iahweh e o povo eleito.

O que significa, exatamente, "amar a Deus"?

O amor a Deus, lê-se em Sabedoria, "é a observância de suas leis" (6:18). Entre estas, louvar o Senhor. A isso praticamente se resume a definição de "amar a Deus" no AT.

O que dá Deus em contrapartida ao amor que pede? Em nenhum lugar da Bíblia se fala do amor de Deus por todas as suas criaturas. Deus ama, sim, o povo eleito e sua descendência (Êx. 15:13; Deut. 7:8), ama-o "para sempre" (2 Crônicas 7:3,6; Salmos 106:1; 107:1; Salmos 100:5; Salmos 103:17; 117:2; Salmos 118:1 e s.; Salmos 138:8). "Eterno é o seu amor" (Esdras 3:11; Jeremias 33:11). Mas dele exige, em troca, "fidelidade". Quase não se encontra, na Bíblia, a palavra "amor", referindo-se ao que pelo seu povo tem Iahweh, que não venha o termo acompanhado da palavra "fidelidade". Fala do amor e da fidelidade de Iahweh à aliança contrapondo-os, frequentemente, à falta de amor e de fidelidade do povo com respeito a ele.

O amor de Deus, portanto, não é gratuito, é contratual. Se age com amor com relação àqueles que o amam, até a milésima geração (Êxodo 20:6; Deut. 5:10), não se esquivará de punir os que desobedecerem aos seus mandamentos. "Iahweh ama os justos, mas transtorna o caminho dos ímpios" (Salmos 146: 8,9,10). No Salmo 103, diz, claramente, o autor: "o amor de Iahweh!... existe desde sempre e para sempre *existirá por aqueles que o temem*; sua justiça é para os filhos dos filhos, para os que observam sua aliança e se lembram de cumprir as suas ordens" (Salmos 103:17-18). Iahweh é fiel à sua promessa, mas exige reciprocidade quanto à obediência a seus comandos. *Aos que os descumpram aplica a sua justiça e ela inclui a punição aos culpados e "seus filhos até a terceira e quarta geração"* (Êxodo 20:5). Essa advertência é repetida mais de uma vez na Bíblia. Para ser exata, no entanto, teria que, ao ser aplicada ao caso de Adão e Eva, não ter ultrapassado a punição a geração dos filhos ou netos de Caim. Ora, ela ultrapassa todas as gerações subsequentes, e irá incluir todas as que virão a suceder-se até o fim dos séculos, as quais já nascem com a mancha do pecado original.

Não parece haver brecha na Bíblia para qualquer demonstração de gratuidade no amor de deus a suas criaturas. Está ele sempre condicionado à satisfação divina com o cumprimento das obrigações que a elas impõe. "Iahweh é justo, ele ama a justiça, e os corações retos contemplarão a sua face" (Salmos 11:7), mas "fará chover, sobre os ímpios, brasas e enxofre" (versículo 6). "As sendas de Iahweh são todas amor e verdade, para os que guardam sua aliança e seus preceitos" (Salmos 25:10). "Iahweh ama o direito e jamais abandona os seus fiéis. Os malfeitores [porém] serão destruídos para sempre e a descendência dos ímpios [será] extirpada" (Salmos 37:28). Há sempre ressaltado o fato de que o amor de Deus às criaturas é condicional. No hino triunfal, com o qual se encerra o livro dos Salmos, vamos encontrar o salmista dizendo: "Cantai a Iahweh um cântico novo... Sim, pois Iahweh gosta de seu povo" e exorta os fiéis a que, "com exaltações a Deus na garganta tenha nas mãos a espada de dois gumes; para tomar vingança e castigo entre os povos e aplicar o castigo entre as nações" (Salmo 149).

Essa constante reafirmação da implacável punição de Iahweh aos que se desviam de sua lei parece não deixar nenhuma brecha aos que possam confiar na sua misericórdia, como aquele que ainda a espera: "São muitos os tormentos do ímpio mas o amor envolve quem confia em Israel" (versículo 10). São raras, raríssimas, as expressões desse anelo feitas com esperança ou confiança. Mais encontradas são as imprecadas como as daquele que, esperando justiça ou clemência, chega a implorar com desespero: "Não me abandones, Iahweh, meu Deus, não fiques longe de mim!" (Salmos 38:22), palavras que parecem ecoar nas alturas do Gólgota, muitos séculos depois.

No Novo Testamento, praticamente desaparece a referência à fidelidade divina e é à *fé em Deus* que estará associada à palavra amor, mas, nesse caso, amor da criatura por Deus. É o homem que prestará fidelidade a Deus e não mais Deus ao homem. Deus já não exige que o temam "porque o temor implica um castigo, e o que teme não chegou à perfeição do amor" (1João 4:18). Nem exige que o louvem. E já o confiara a Oseias, que, sozinho entre os profetas, dizia ser palavra de Iahweh: "é amor o que eu quero e não sacrifício, conhecimento de Deus, mais que holocaustos"

(Oseias 6:6). Ora, o que é conhecer Deus? O que é amá-lo? E, pulando os séculos, vamos encontrar, talvez, a resposta em João quando diz: "Aquele que não ama não conheceu a Deus, porque Deus é amor" (1João 4:8). A solução escatológica, e utópica, é, assim, a imersão total de Deus e suas criaturas num magma de amor.

APÊNDICES

I

OS MANDAMENTOS, OS ESTATUTOS E AS NORMAS DA LEI DIVINA

I
Os Mandamentos

Poderíamos fechar o livro agora. Está terminada a leitura do Gênesis. Mas algo ficaria faltando. O propósito inicial desta reflexão era disputar a natureza edificante da leitura do Antigo Testamento. E não estaria completo se não abordasse o capítulo dos mandamentos da Lei divina, seus estatutos e suas normas, sem cujo conhecimento ficaria suspenso o entendimento das muitas punições divinas narradas no Gênesis. Que faltas cometidas pelos homens podiam justificar a ira de Iahweh e o levavam à determinação de destruir a quase totalidade da raça humana e, com ela, a dos demais seres vivos? Que "pecado" tão grave contra Iahweh levou-o a decretar a destruição de Sodoma e Gomorra? Que se passou, exatamente na Babilônia, para justificar a irrupção divina na construção da Torre de Babel?

Na leitura que acabamos de fazer do Gênesis, vimos como viveram os seres humanos sob a constante apreensão de que suas ações pudessem não ser as planejadas ou desejadas por Deus e tementes sempre de haverem atraído suas violentas iras e punições por faltas cometidas. Como saber que algum comportamento seu era uma "falta"? Uma falta que ofendia a sensibilidade e a expectativa divinas, se dela nenhuma palavra houvera sido exposta, até a última linha do Gênesis, que refletisse ser a violação de um comando, um mandamento, uma norma geral de conduta? Não comer do fruto da árvore proibida não era um "mandamento", no sentido de "preceito", "regra", "norma" codificada e amparada por punição correspondente no caso de violação. Era uma ordem específica dirigida a um homem singular. "Sede fecundos", "não comereis a carne com sua alma", são instruções dadas a Noé e seus filhos, mas ainda não constituem um *corpus* jurídico, um sistema ético, que configure uma moldura que contenha indicações claras do que seja permitido ou não, tendo em vista a consciência da responsabilidade consigo mesmo, com a sociedade e com a natureza. E com Deus. A única proibição expressa era a de comer carne com sangue, "sua alma". Poderíamos acrescentar a de "matar": "Quem derrama o sangue do homem pelo homem terá o seu sangue derramado" (Gên. 9:6). Temos que reconhecer que essa proibição é bastante qualificada, pois a ela não corresponde uma estrita cobrança de observação. Ou, pior ainda, ao mandamento de "não matar" parece mesmo contrapor-se, peremptoriamente, o de "matar", como será abundantemente demonstrado ao longo desta narrativa.

Mas, se os mandamentos ainda não haviam sido explicitados, pode-se dizer que havia no ar uma regra moral, latente, não expressa, que tornava possível identificar o que pudesse ser considerado normal, ou anormal, agradável, ou não, aos olhos de Deus. O assassinato de Abel, por exemplo, revelou-se condenável, ainda que "matar" não tivesse até então sido explicitamente proibido.

Os mandamentos, ou a Lei divina explícita e imposta, só vão aparecer quando Iahweh os manifesta a Moisés, e já estaremos no Êxodo. E os estatutos e as normas, em Números e no Deuteronômio.

Em linhas gerais, alguns dos mandamentos já deveriam poder ser intuídos antes mesmo de proclamados, e era o comportamento individual ou coletivo contra algumas dessas exigências virtuais que, até o aparecimento de Moisés, não passavam de expectativas por parte de Iahweh, e não de princípios de conduta explícitos e possíveis de serem cobrados, que teria motivado os rasgos de ira divina tão exemplarmente ocorridos durante o período pré-mosaico.

Quantos e quais são os Mandamentos da Lei de Deus?

A resposta óbvia é dizer que são dez, o Decálogo do Monte Sinai. Mas o que dizem, precisamente, as palavras escritas pela mão de Deus nas tábuas que Moisés apresenta ao povo eleito, após o retiro no topo do Monte Sinai, e como figuram na fórmula catequética? O próprio decálogo é uma inferência patrística das palavras do Êxodo. A Bíblia não enumera os mandamentos. O sistema de enumeração foi introduzido por Santo Agostinho, no século v[1], e canonizado pelo Concílio de Trento (1545-1563). A formula catequética, em princípio, devia figurar no *Catecismo*. Não aparece como tal, mas na forma de abundante interpretação de como surge nos textos bíblicos, no Êxodo e no Deuteronômio, principalmente, mas em outros livros também. Ocupa, assim, 470 artigos do *Catecismo*. No que se segue, abstraímos, do *corpus* bíblico, o texto central do Mandamento, com sua respectiva referência ao que consta no Êxodo, a matriz supostamente divina, e o comparamos com o que se ensina, de forma sintética, nas classes de catecismo da Igreja. Há pequenas variações nos textos publicados. Utilizaremos a redação do compêndio da Confederação Episcopal Brasileira, chamando a atenção, quando for o caso, para variantes em outras fontes catequéticas católicas.

1. "Não terás outros deuses diante de mim" (Êx. 20:3). A fórmula catequética é "Amar a Deus sobre todas as coisas."

2. "Não farás para ti imagem esculpida de nada que se assemelhe ao que existe lá em cima, nos céus, ou embaixo na terra, ou nas águas que estão de baixo da terra" (Êx. 20:4). Este mandamento desaparece na tradição catequética da Igreja católica.

3. "Não te prostrarás diante desses deuses e não os servirás, porque eu, Iahweh teu Deus, sou um Deus ciumento, que puno a iniquidade dos pais sobre os filhos até a terceira e quarta geração dos que me odeiam, mas que também ajo com amor até a milésima geração para aqueles que me amam e guardam os meus mandamentos" (Êx. 20:5 e 6). Também este mandamento desaparece, junto com o segundo, na tradição da Igreja.

4. "Não pronunciarás em vão o nome de Israel teu Deus, porque Iahweh não deixará impune aquele que pronunciar em vão o seu nome" (Êx. 20:7). No ensino catequético, esse mandamento se apresenta como o segundo, com as seguintes palavras: "Não invocar (ou tomar) seu santo nome em vão".

---

1. Em *Quæstionum in Heptateuchum libri* VII, livro II, Questão LXXI.

5. "Lembra-te do dia do sábado, para santificá-lo. Trabalharás durante seis dias, e farás toda a tua obra./ O sétimo dia, porém, é o sábado de Iahweh teu Deus. Não farás nenhum trabalho, nem tu, nem teu filho, nem tua filha, nem teu escravo, nem tua escrava, nem teu animal, nem o estrangeiro que está em tuas portas./ Porque em seis dias Iahweh fez o céu, a terra, o mar e tudo o que eles contêm, mas repousou no sétimo dia; por isso Iahweh abençoou o dia de sábado e o santificou" (Êx. 20:8-11). A fórmula catequética é: "Santificar (ou guardar) os domingos e festas de guarda" (ou "os dias santos") e aparece como terceiro mandamento.

6. "Honra teu pai e tua mãe para que se prolonguem os teus dias na terra que Iahweh te deu, te dá" (Êx. 20:12). "Honra pai e mãe" é a fórmula catequética que aparece como quarto mandamento.

7. "Não matarás" (Êx. 20:13). "Não matar", fórmula catequética, como quinto mandamento. Mandamento que não se sabe como obedecer diante do não menos explícito que figura no mesmo Êxodo no capítulo 32. Vale recordá-lo: "Moisés ficou de pé no meio do acampamento e exclamou: 'Quem for de Iahweh venha até mim!' Todos os filhos de Levi reuniram-se em torno dele. Ele lhes disse: 'Assim fala Iahweh, o Deus de Israel: Cinja cada um de vós, [sic] a espada sobre o lado, passai e tornai a passar pelo acampamento, de porta em porta, e mate [sic], cada qual, a seu irmão, a seu amigo, a seu parente'. Os filhos de Levi fizeram segundo a palavra de Moisés, e naquele dia morreram do povo [ou seja, dos próprios israelitas] uns três mil homens. Moisés então disse: 'Hoje recebestes a investidura para Iahweh, cada qual contra seu filho e o seu irmão, para que ele vos conceda hoje a bênção'" (Êx. 32:26-29). O único comentário que a BJ julgou necessário oferecer a tão estarrecedor episódio foi observar que a *Vulgata* diz terem sido os mortos 23 000, "talvez segundo 1Crônicas 10,8, que pode ter-se inspirado em Números 25,1-9" *q.v.*[2] Esquece de dizer, por exemplo, que o comando de Iahweh a Moisés foi mais específico: "Toma

---

2. A BJ se engana ao dizer que a *Vulgata* fala de 23 000 mortos. Nela, a cifra que figura é 24 000 (*Et occisi sunt viginti quattuor milia hominum*), a mesma, aliás, que aparece na própria BJ no lugar apropriado da reprodução que faz do referido versículo.

todos os chefes do povo. Empala-os (!)[3] em face do sol, para Iahweh: então a ira ardente de Iahweh se afastará de Israel"(Números 25:4). A BJ não oferece comentário ao que pode ser o mais desalmado comando dado por Iahweh entre os muitos outros feitos.

8. "Não cometerás adultério" (Êx. 20:14). Figura como sexto mandamento no *Catecismo* transformado em "Não pecar contra a castidade". Na redação do *Compêndio da Conferência Episcopal*, regressa, como sexto mandamento, à formulação original: "Não cometer adultério".

9. "Não roubarás" (Êx. 20:15). "Não roubar", como sétimo mandamento no *Compêndio*. "Não furtar", em outras fontes. As versões ignoram a diferença conceitual entre os dois termos.

10. "Não apresentarás um falso testemunho contra o teu próximo" (Êx. 20:16). "Não levantar falso testemunho", fórmula catequética, como oitavo mandamento.

11. "Não cobiçarás a casa de teu próximo, não cobiçarás a sua mulher, nem o seu escravo, nem a sua escrava, nem o seu boi, nem o seu jumento, nem coisa alguma que pertença a teu próximo" (Êx. 20:17). "Guardar castidade nos pensamentos e nos desejos" é a formulação da Conferência Episcopal, como nono mandamento. Em outras fontes encontramos redações mais aproximadas à do Êxodo: "Não desejar a mulher do próximo".

Para completar um decálogo, a tradição católica acrescenta um mandamento, aos nove já identificados, com a redação: "Não cobiçar as coisas alheias".

O que logo nos surpreende nesse conjunto é que os dez mandamentos, tal como expostos no Êxodo, são onze. Em seguida, que a tradição eclesiástica abandonou a formulação mandatória direta, refletida no uso da segunda pessoa do singular, por uma exortação genérica, refletida no uso do infinitivo. Mas uma análise atenta das diferenças de formulação dos mandamentos revelará alterações significativas de substância entre os mandamentos mosaicos e sua transcrição eclesiástica. Assim, o primeiro

---

3. Empalação: "punição corporal antiga infligida ao condenado a qual consistia em espetar-lhe, pelo ânus, uma estaca deixando-o dessa maneira até a sua morte" (*Dicionário Houaiss*).

mandamento mosaico não fala em "amar a Deus", mas simplesmente exige a fé monoteísta. O segundo foi simplesmente eliminado pela Igreja. As razões históricas para isso não vêm ao caso, nem as invocam as Bíblias nos seus comentários. É como se o mandamento jamais tivesse sido exarado. O terceiro mandamento mosaico é, de fato, redundante e, incorporando-o ao primeiro, do qual é a continuação lógica, podemos restabelecer a noção de Decálogo para os onze mandamentos apresentados no Sinai. O quarto, que passa a ser o segundo na versão da Igreja, mantém-se fiel na redação e no espírito. Já o quinto sofre substancial alteração. A mudança do dia santificado do sábado para o domingo tem fácil explicação na assimilação pela Igreja do costume pagão de festejar o dia do sol, o domingo. Mas a formulação catequética modifica e amplia o mandamento mosaico ao obrigar o fiel a "guardar os dias de guarda" [sic], ou "de festa", dias que correspondem àqueles santificados pela Igreja e deveriam estar tratados, portanto, entre os Mandamentos da Santa Madre Igreja e não entre os mandamentos da Lei de Deus. Os dois mandamentos seguintes ("honrar pai e mãe" e "não matar") são iguais nas duas versões. O próximo, "não cometerás adultério", está completamente desfigurado na fórmula catequética. Não se trata de "não pecar contra a castidade". O *Catecismo* vai mais longe e, sob o novo manto, inclui a obrigação da continência sexual pré-nupcial e na viuvez, assim como no celibato religioso, a condenação a atos libidinosos como a masturbação, a fornicação, a luxúria, a pornografia, a prostituição, o estupro, e a homossexualidade (*Catecismo*, 2331-2400). Os dois seguintes (não roubar e não levantar falso testemunho) não apresentam problema. Já o último revela uma manobra, silenciada pelos comentaristas da Bíblia, que esconde uma falsificação do Decálogo. Com a subtração do segundo mandamento, que proíbe fazer imagens, os mandamentos ficariam reduzidos a nove. A solução encontrada foi fracionar o último mosaico em dois: o nono catequético passaria a ser apenas "Não desejar a mulher do próximo", passando para o décimo, em separado, a proibição de "cobiçar as coisas alheias". Ora, a leitura atenta do décimo mandamento mosaico não deixa dúvida: a mulher, assim como o boi e o jumento, é "coisa", propriedade do homem, e, por conseguinte, desejá-la é desejar "coisa alheia"! Mas, com esse artifício, restabelece a Igreja a canonicidade de um Decálogo.

Não há, da parte de Jesus, qualquer referência ao Decálogo. Quando a Jesus pergunta o moço rico quais os mandamentos cujo cumprimento lhe dará a vida eterna, responde: "Estes: Não matarás, não adulterarás, não roubarás, não levantarás falso testemunho, honra [sic] pai e mãe e amarás a teu próximo como a ti mesmo!" Seis mandamentos explícitos, cinco pertencentes ao decálogo mosaico e um novo: "amarás a teu próximo como a ti mesmo" (Mateus 19:18-19). Ainda em Mateus, um pouco mais adiante, a uma pergunta dos fariseus sobre qual o maior mandamento, responderá: "Amarás ao Senhor teu Deus de todo o coração, de toda a tua alma e de todo o teu entendimento. Esse é o maior e o primeiro mandamento./ O segundo é semelhante a esse: Amarás o teu próximo como a ti mesmo./ Desses dois mandamentos dependem toda a Lei e os profetas" (Mateus 22:36-40). Ambos os mandamentos não figuram nas Tábuas da Lei, onde não aparece, tampouco, a palavra "amor". Por outro lado, não há, nas duas vezes em que Jesus resumiu os mandamentos superiores, qualquer referência ao culto a Deus.

II

Os Estatutos e as Normas

Os mandamentos mosaicos constituem a Lei. Ela regerá o comportamento do povo eleito na Terra Prometida. Nenhum desvio dela será permitido. Mas, como toda Lei fundamental, é necessário, na condução dos afazeres cotidianos, que ela seja regulamentada, para responder a questões pontuais de interpretação. Também assim em Israel. E serão estabelecidos "estatutos e normas" para atender a essa necessidade. O rigor na exigência de cumprimento desses estatutos e normas será igual, porém, ao que se exige do cumprimento dos mandamentos que figuram na Lei (Deut. 6:1, 7:11, e 10:12; Lv. 26:46). Tais estatutos e normas, como são chamados na Bíblia (Lv. 19:17), são detalhados sobretudo no Levítico, em Números e no Deuteronômio.

O Levítico, como se sabe, trata, sobretudo, dos mandamentos rituais, que podem ser extremamente precisos. Assim, por exemplo, a maneira de matar, cortar e distribuir as partes dos animais grandes, pequenos e aves, destinados aos holocaustos, é minuciosamente determinada. No caso dos animais, grandes e pequenos, o holocausto pode ter a forma de um "sacrifício de comunhão". Após "imolados" os animais propiciatórios, deles será derramado o sangue sobre o altar e em redor. O sacerdote oferecerá desse sacrifício de comunhão, "como oferenda queimada a Iahweh: a gordura que cobre as entranhas, toda a gordura que está sobre as entranhas, os dois rins, a gordura aderente a eles, e junto aos lombos, e a massa gordurosa que tirará do fígado e dos rins". Se o animal for um cordeiro, junta-se ainda "a cauda inteira, que será cortada rente à espinha dorsal". No caso de uma ave, rola ou pombinho,

[...] o sacerdote a oferecerá sobre o altar e, apertando-lhe o pescoço, deslocará a cabeça e a queimará sobre o altar; e fará o seu sangue correr sobre a parede do altar./ Tirar-lhe-á, então, o papo e as penas: lançá-los-á ao lado oriental do altar, no lugar das cinzas gordurosas./ Dividirá o animal em duas metades, uma asa de cada lado, mas sem as separar. O sacerdote queimará o animal no altar, em cima da lenha posta sobre o fogo. Este holocausto será uma oferenda queimada *de agradável odor a Iahweh*.

No caso das oblações, a flor de farinha, misturada a incenso, regada a azeite, *é também de agradável odor a Iahweh*. O sacerdote pode servir-se "da parte restante" (capítulos 1 a 3). Caso o holocausto seja oferecido como reparação "de um pecado *por inadvertência* contra qualquer um dos mandamentos de Iahweh, se for o sacerdote consagrado pela unção que pecar *e tornar assim o povo culpado*"[1], o sangue será derramado na base do altar, e tudo o que não for a gordura que pertence ao Senhor, será levado para um lugar puro, onde se depositam os resíduos das cinzas gordurosas, aí queimados (inclusive os excrementos da vítima propiciatória). Serão detalhados dezenas de casos específicos de sacrifício de expiação que o leitor interessado poderá encontrar nos capítulos seguintes do Levítico. Neles encontrará, minuciosamente explicado, quais animais são puros ou impuros, para efeito de poderem ser vítimas propiciatórias ou não serem comidos (capítulo 11).

Todos os animais oferecidos em holocausto ou sacrifício de expiação deverão ser sem defeito, pois o que defeito apresentasse, não seria aceito por Iahweh. Entre os defeitos explicitados estão "testículos feridos, moídos, arrancados ou cortados" (22:20, 23).

O capítulo 12 é um dos mais chocantes da Bíblia ao reconhecer legalmente a inferioridade da mulher que, ficando grávida (e, aliás, cumprindo, assim, sua vocação e destino de trazer ao mundo novos filhos de Israel), torna-se impura pelo pecado. Se der à luz um menino, ficará totalmente "impura" por sete dias e, em fase de purificação, por mais trin-

---

[1]. Comenta a *BJ*, sempre a *BJ*, que, como o sumo sacerdote representa o povo, diante de Deus, "uma falta dele envolvia, portanto, uma culpa coletiva da nação" (p. 171 *q*). Atente-se para o detalhe de que esse ritual está ligado ao pecado "inadvertido". Nada é dito sobre o pecado "advertido".

ta; se o bebê nascido for uma menina, ficará impura por duas semanas, e seu período de purificação será, igualmente, dobrado para sessenta dias.

O capítulo 13 trata das impurezas do corpo que vão de ulcerações, exantemas, queimaduras, e doenças do couro cabeludo à lepra. Para esta, estabelece uma "lei da lepra" (13:54), com princípios como: "O leproso portador desta enfermidade trará suas vestes rasgadas e seus cabelos desgrenhados; cobrirá o bigode e clamará 'Impuro! Impuro!'" Suas vestes e sua habitação tornam-se impuras. Há um ritual previsto para a purificação pelo "pecado da casa" no caso de restabelecimento da doença pelo leproso. No capítulo 15 vemos regressar a discriminação contra a mulher ao declarar impuros a mulher menstruada e todo aquele que a tocar, ou tocar os objetos com os quais ela tiver estado em contato.

O capítulo 18, em forma de mandamento, estabelece regras rígidas para o comportamento sexual, explicitamente condenando o incesto que, na definição bíblica, abrange não apenas as relações entre pessoas de primeiro e segundo grau de parentesco, mas também os parentes afins. De permeio, condena o homossexualismo e as relações carnais com animais.

No 19 somos confrontados com alguns estranhos mandamentos: "não semearás no teu campo duas espécies diferentes de sementes e não usarás vestes de duas espécies diferentes de tecido" (19:19). A BJ explica: "Esta proibição se dirige contra a magia que se compraz em misturas bizarras", uma explicação ainda mais bizarra do que o mandamento. Daí por diante, os mandamentos não cessam de surpreender e não há mais como buscar explicações: "Não cortareis a extremidade de vossa cabeleira em redondo" (19:27); "não fareis nenhuma tatuagem" (19:27); "não profanes [sic] a tua filha, fazendo-a prostituir-se" (19:29); "não cometereis injustiça no julgamento, quer se trate de medidas de comprimento, quer de peso ou de capacidade. Tereis balanças justas, pesos justos, medida justa e quartilho justo" (19:35). A estes mandamentos podemos acrescentar o que determina que nenhum homem poderá aproximar-se "para oferecer o pão de seu Deus, se tiver algum defeito [...] quer seja cego, coxo, desfigurado ou deformado,/ homem que tenha o pé ou o braço fraturado, ou seja corcunda, anão, ou tenha belida[2] no olho, ou dartro, ou pragas purulentas, ou seja eunuco" (21:18,19).

---

2. *Belida*: mancha permanente na córnea. Dartro, herpes-zóster, impigem.

Iahweh diz, claramente, a Aarão, que ele e seus descendentes deverão guardar suas prescrições "para não incorrerem em pecado; morreriam, se as profanassem" (22:9). E entre as "prescrições" estão incluídas as rituais.

A lista dos estatutos e normas é absurdamente numerosa. Não se esgota no Levítico, passa por Números, e continua no Deuteronômio, misturando maldições terríveis por crimes e abominações com futilidades como: "se vês o asno ou o boi de teu irmão caídos no caminho, não fiques indiferente, ajuda-o a pô-los de pé"; ou "não amordaçarás o boi que debulha o grão"; "a mulher não deverá usar um artigo masculino, e nem o homem se vestirá com roupas de mulher, pois quem assim age é abominável a Iahweh teu Deus"; ou "farás borlas nas quatro pontas de teu manto"[3], todas do capítulo 22. Régis Debray encontrou recenseados em fontes judaicas 248 mandamentos e 365 proibições[4]. Já vimos que os Estatutos e as normas eram equivalentes aos mandamentos para efeitos da retribuição divina, com severas punições no caso de violações.

Nenhum exemplo se compara em severidade e barbaridade às normas que Iahweh estabelece para o seu povo com as que lhes dita em preparação para a invasão das terras prometidas:

Quando estiveres para combater uma cidade, primeiro propõe-lhe a paz. Se ela aceitar a paz e abrir-te as portas, *todo o povo que nela se encontra ficará sujeito ao trabalho forçado e te servirá*. Todavia, se ela não aceitar a paz e declarar guerra contra ti, tu a sitiarás. Iahweh teu Deus a entregará em tua mão, e *passarás todos os seus homens ao fio da espada*. Quanto às mulheres, crianças, animais e tudo o que houver na cidade, todos os seus despojos, tu os tomarás como presa. *E comerás o despojo dos inimigos que Iahweh teu Deus te entregou*. Farás o mesmo com todas as cidades que estiverem muito distantes de ti, as cidades que não pertencem a estas nações. Todavia, quanto às cidades destas nações que Iahweh teu Deus te dará como herança, *não deixarás sobreviver nenhum ser vivo* (Deut. 20:10-16).

---

3. Um tal preceito, à primeira vista, poderá parecer irrisório, senão risível. Pode, no entanto, ser tão relevante a ponto de merecer uma instrução específica de Iahweh a Moisés. Vemos, assim, em Números: "Iahweh falou a Moisés e disse:/ Fala aos filhos de Israel: tu lhes dirás, para as suas gerações, que façam borlas nas pontas de suas vestes e ponham um fio de púrpura violeta na borla da ponta. Trareis, portanto, uma borla, e vendo-a vos lembrareis de todos os mandamentos de Iahweh" (15:37-41).

4. Régis Debray, *Deus: Um Itinerário*, p. 190.

Perceba-se a sutileza do que se segue como comando de Iahweh no que respeita às árvores que circundem a cidade: "não deves abat(ê-las)". *"(U)ma árvore do campo é por acaso um homem, para que a trates como um sitiado?"* (Deut. 20:19) (!!).

III
As Punições

As punições constituem o prato predileto do Antigo Testamento, entre elas, a pena de morte, em grosso como a granel, pela qual Iahweh parecia ter verdadeira obsessão.

Do extermínio coletivo já vimos os casos narrados por Josué por ocasião da conquista das terras de Canaã, mas aí se tratava de povos que "ocupavam" as terras a serem conquistadas. Mesmo antes de o povo eleito atravessar o rio Jordão, no entanto, já havia ocorrido extermínio total de nações que se encontravam no caminho, como já vimos. A fúria genocida podia atingir o próprio povo eleito. Ao passarem por terras moabitas, tendo alguns israelitas se associado aos habitantes locais num culto a Baal, "a ira de Iahweh se inflamou contra Israel./ Iaweh disse a Moisés: 'Toma todos os chefes do povo. Empala-os[1] em face do sol, para Iahweh: então a ira ardente de Iahweh se afastará de Israel'". Ora, ocorre que um dos filhos de Israel traz para o acampamento uma mulher madianita com quem se recolhe à sua alcova. Vendo isso, Fineias, neto do sacerdote Aarão, toma de uma lança, vai até a alcova e traspassa-o pelo ventre, "juntamente com a mulher". A ação de Fineias tanto agradou a Iahweh que este o elogiou a Moisés dizendo que ele havia sido possuído "do mesmo zelo

---

[1]. Já vimos em que consiste essa terrível punição que Iahweh parece reservar para integrantes do seu próprio povo eleito.

que eu". Iahweh suspende a praga lançada contra os filhos de Israel, que já tinha matado 24 000 pessoas, e a Fineias dá "uma aliança da paz. Será para ele e sua descendência depois dele uma aliança que lhe garantirá o sacerdócio perpétuo" (Números cap. 25).

Outro caso a ser mencionado é o que ocorre no seio mesmo do povo eleito, no episódio do castigo aos adoradores do bezerro de ouro. A ira de Iahweh chegou a tal extremo que determinou aos levitas cingirem, cada um, a sua espada, e passarem, e tornarem a passar pelo acampamento, de porta em porta, matando, "cada qual, *a seu irmão, a seu amigo, a seu parente*. Os filhos de Levi fizeram segundo a palavra de Moisés, e naquele dia morreram do povo uns três mil homens" (Êx. 32:27-28). Moisés elogiou o bom trabalho dos levitas dizendo-lhes: "Hoje recebestes a investidura de Iahweh, cada qual contra o seu filho e o seu irmão, para que ele vos conceda hoje a sua bênção".

Quanto ao extermínio a granel, não obstante a Lei geral, inscrita nas Tábuas do Sinai (pela própria mão de Iahweh), onde figura expressamente o mandamento de não matar, abundam, e estão discriminadas no Levítico, em Números, e no Deuteronômio, as infrações de caráter estatutário ou normativo, com valor de mandamento, em que a pena de morte é obrigatória. Citemos alguns dos casos. No Levítico, primeiro:

No capítulo 20 vamos encontrar a severidade de Iahweh em sua plenitude: "quem amaldiçoar a seu pai ou sua mãe deverá morrer"; "o homem que cometer adultério com a mulher de seu próximo deverá morrer, tanto ele como a sua cúmplice"; "o homem que se deitar com a mulher de seu pai... ambos deverão morrer"; "o homem que se deitar com sua nora será morto juntamente com ela"; "o homem que se deitar com outro homem como se fosse uma mulher, ambos cometeram uma abominação, deverão morrer"; "o homem que toma como esposa uma mulher e a mãe dela [*sic*] comete um incesto. Serão queimados"; "o homem que se deitar com um animal deverá morrer, e matareis o animal"; "a mulher que se aproximar de um animal, para se unir a ele, será morta, assim como o animal"; "o homem que tomar por esposa a sua irmã, a filha de seu pai ou a filha de sua mãe, e vir a nudez dela e ela vir a nudez dele, comete uma ignomínia. Serão exterminados na presença dos membros de seu povo"; "o homem e a mulher que, entre vós, forem necromantes ou adivinhos serão mortos, serão apedrejados". No 21: "Se a filha de um homem que é sacerdote se desonra, prostituindo-se, profana também a seu pai e deve ser queimada no fogo". No 24: aos que profiram maldições, a pena será a morte por apedrejamento. O mesmo versículo estabelece a lei do talião, com a pena de morte para o assassino.

Encontramos em Números outro caso em que a pena de morte é encomiada pela Bíblia. Os filhos de Israel surpreenderam um homem carregando lenha no deserto num dia de sábado. Trouxeram o homem "a Moisés, a Aarão e a toda comunidade" para que determinassem o que fazer com ele. "Iahweh disse a Moisés: 'Tal homem deve ser morto. Toda a comunidade o apedrejará fora do acampamento'. Toda a comunidade o levou para fora do acampamento e o apedrejou até que morreu, como Iahweh ordenara a Moisés" (Números 15:32-36).

As penas de morte aparecem, também abundantemente, no Deuteronômio. Assim, no capítulo 13: "Se um falso profeta quiser lhe seduzir com a promessa da proteção de outros deuses, 'deverá ser morto'; se a sedução vier do irmão, da mulher do filho ou da filha, ou de um amigo, 'não uses da misericórdia... Pelo contrário, deverás matá-lo. [...] Apedreja-o até que morra'"; se numa cidade "homens vagabundos, procedentes de teu meio" quiserem seduzir os habitantes para que louvem outros deuses "deverás, então, passar a fio de espada os habitantes daquela cidade. Tu a sacrificarás como anátema juntamente com tudo o que nela existe [...] queimarás completamente a cidade [...] para que Iahweh abandone o furor de sua cólera". No capítulo 21 fica estabelecido que o filho indócil e beberrão será entregue pelos pais aos anciãos da cidade para que seja apedrejado "até que morra". No 22: se um homem puder provar que a mulher com quem casou não era virgem, "os homens da cidade a apedrejarão até que morra"; "se um homem for pego em flagrante deitado com uma mulher casada, ambos serão mortos". Um caso curioso é o do homem que se deita com uma virgem prometida. Se a encontrou numa rua, ambos serão "apedrejados até que morram"; se o caso se deu no campo, porém, morrerá somente o homem[2]. No capítulo 24: "se alguém for pego em flagrante sequestrando um dos

---

2. A *rationale* está em que, na cidade, a mulher poderia ter gritado por socorro e ser protegida, enquanto que o mesmo não se daria no campo.

irmãos, dentre os filhos de Israel – para explorá-lo *ou vendê-lo* – tal sequestrador será morto"[3].

Essa abundância de penas de morte deixa perplexo o leitor despreparado que faça de boa-fé a exégese[4] do texto bíblico, mesmo se alertado para que a proibição genérica de não matar só venha a ocorrer com posterioridade às codificações constantes do Levítico e do Deuteronômio. A questão preocupou Santo Agostinho que a ela dedica o capítulo XXI do Livro Primeiro de *A Cidade de Deus*. Há duas exceções para a obrigação de obediência ao mandamento de não matar, diz o bispo de Hipona: a que resulta da obrigação que tem o governante de preservar a vida e os direitos dos cidadãos pelos quais é responsável; outra que resulta de uma autorização específica concedida a um indivíduo (por alguém, pode-se imaginar, que tenha a necessária autoridade para isso). No primeiro caso, temos a pena de morte ou a missão de matar o inimigo no caso de guerra. Aquele que a cumpre não comete crime ou pecado. Parece clara, e está resguardada nos comentários que faz o *Catecismo* a respeito do quinto mandamento. No segundo, penso, deveria estar singularizada a morte em legítima defesa, cuja validade é igualmente recolhida pelo *Catecismo*. Tal não é, porém, a hipótese que está reconhecida por Santo Agostinho daquele que tenha "a comissão especial" para matar num caso específico ("a special commission granted for a time to some individual", no texto em inglês). E exemplifica com dois fatos ocorridos no Antigo Testamento que, em realidade, não se enquadram em nenhuma das duas hipóteses de exceção indicadas: Abraão não apenas não foi considerado cruel quando se dispôs a matar Isaac, mas foi mesmo aplaudido por sua piedade e disposição de sacrificar o filho, em obediência a um comando divino; Jefté não foi condenado por matar a filha, porque não fez mais do que cumprir a promessa feita de matar a primeira pessoa que encontrasse ao regressar à casa, em troca da vitória que Deus lhe fizesse alcançar numa batalha em que se empenharia.

---

3. Lamentavelmente, para José, o código Deuteronômico é muito posterior ao episódio de seu sequestro.
4. O leitor não encontrará no dicionário a definição da palavra *eixégese*, que figura, no entanto, na literatura religiosa erudita em outras línguas (*eixegesis*, no idioma inglês), com o sentido de interpretação pessoal literal, em oposição a *exegese*, que tem o significado de interpretação crítica.

Já vimos Régis Debray quantificar os estatutos e as normas decorrentes do Decálogo e é lícito perguntar-se como podia um hebreu memorizar todas as interdições e conduzir a existência sem violar a qualquer uma delas. Como são repetitivas e possuem certa lógica interna, talvez não fosse tão difícil recordá-las, em particular aquelas cujo descumprimento pudesse conduzi-lo à morte. Mas que deviam ser cumpridos, a Lei, os Estatutos e as Normas, não há a menor dúvida. "São estes os estatutos, as normas e as leis que Iahweh estabeleceu entre si e os filhos de Israel, no Monte Sinai, por intermédio de Moisés", vemos declarado no Levítico (26:46). E a ira, a cólera, a vingança de Iahweh pelo não cumprimento de qualquer dos seus mandamentos poderá ter consequências até piores do que a morte. Temos duas versões dessas consequências: a do Levítico (26:14-45), nas palavras do próprio Iahweh, e a do Deuteronômio, nas que Moisés pronuncia a mando de Iahweh. São ambas devastadoras, mas o texto de Moisés é de longe mais claro, preciso, limpo de repetições excessivas. Vejamo-lo:

[...] se não obedeceres a voz de Iahweh teu Deus, cuidando de pôr em prática todos os seus mandamentos e estatutos que hoje te ordeno, todas estas maldições virão sobre ti e te atingirão[5]:
   Maldito serás tu na cidade e maldito serás tu no campo! Maldito será o teu cesto e a tua amassadeira! Maldito será o fruto do teu ventre, o fruto do teu solo, a cria das tuas vacas e a prole das tuas ovelhas! Maldito serás tu ao entrares e maldito serás tu ao saíres!
   Iahweh enviará contra ti a maldição, o pânico e a ameaça em todo empreendimento da tua mão, até que sejas exterminado, até que pereças rapidamente por causa da maldade das tuas ações, pelas quais me abandonaste. Iahweh fará com que a peste se apegue a ti até que te elimine do solo em que estás entrando, a fim de tomares posse dele. Iahweh te ferirá com tísica e febre, com inflamação, delírio, secura, ferrugem e mofo, que te perseguirão até que pereças. O céu sobre a tua cabeça ficará como bronze, e a terra debaixo de ti como ferro. Iahweh transformará a chuva da tua terra em cinza e pó, que descerá do céu sobre ti até que fiques em ruínas. Iahweh te entregará já vencido aos teus inimigos: sairás ao encontro deles por um caminho, e por sete caminhos deles fugirás! Transformar-te-ás em objeto de

---

5. A versão da boca de Iahweh fala da desobediência aos Mandamentos, aos Estatutos e *às Normas*, sendo assim ainda mais abrangente (Lv. 26: 14-15).

espanto para todos os reinos da terra. Teu cadáver será o alimento de todas as aves do céu e dos animais da terra, e ninguém os espantará.

Iahweh te ferirá com úlceras do Egito, com tumores, crostas e sarnas que não poderás curar. Iahweh te ferirá com loucura, cegueira e demência; ficarás tateando ao meio-dia como o cego que tateia na escuridão, e nada será bem sucedido em teus caminhos.

Serás oprimido e explorado todos os dias, sem que ninguém te socorra. Desposarás uma mulher e um outro homem a possuirá; construirás uma casa e não a habitarás; plantarás uma vinha e não a vindimarás; teu boi será morto sob os teus olhos e dele não comerás; teu jumento será roubado na tua frente e a ti não voltará; tuas ovelhas serão dadas aos teus inimigos sem que ninguém te ajude. Teus filhos e tuas filhas serão entregues a um outro povo: teus olhos verão isso e ficarão consumidos de saudade todo o dia, e tua mão nada poderá fazer. O produto do teu solo e de todo o teu trabalho será comido por um povo que não conheces, e tu serás tão-somente oprimido e maltratado todos os dias. Enlouquecerás com o espetáculo que os teus olhos irão ver. Iahweh te ferirá com uma úlcera maligna nos joelhos e nas pernas, de que não poderás sarar, desde a sola dos pés até ao alto da cabeça.

Iahweh te levará – juntamente com o rei que constituíste sobre ti – para uma nação que nem tu nem teus pais conheceram, e lá servirás a outros deuses, feitos de madeira e de pedra. Serás motivo de assombro, de provérbio e de caçoada em meio a todos os povos onde Iahweh te houver conduzido.

Lançarás muitas sementes no campo e pouco colherás, porque o gafanhoto as comerá. Plantarás vinhas e as cultivarás, porém não beberás vinho e nada vindimarás, pois o verme as devorará. Terás oliveiras em todo o teu território, porém não te ungirás com óleo, porque tuas azeitonas cairão. Gerarás filhos e filhas que não serão teus, pois irão para o cativeiro. Os insetos se apoderarão de todas as tuas árvores e dos frutos do teu solo.

O estrangeiro que vive em teu meio se elevará a tua custa cada vez mais alto, e tu cada vez mais baixo descerás. Ele poderá emprestar a ti, mas tu nada lhe poderás emprestar: é ele que ficará como cabeça, e tu ficarás como cauda.

Essas maldições todas virão sobre ti e te perseguirão e te atingirão, até que estejas exterminado, porque não obedeceste à voz de Iahweh teu Deus, observando seus mandamentos *e estatutos* que ele te ordenou. Elas serão um sinal e um prodígio contra ti e a tua descendência, para sempre (Deuteronômio 28:15-45).

Mesmo antes de serem apresentados os mandamentos e referendados os estatutos, a fúria divina proporcionou incessantes episódios de mortandade e carnificina. Recordemos o dilúvio, responsável pela extinção de toda a humanidade, com exceção da família de Abraão; a destruição de todos os habitantes de Sodoma e Gomorra, com a exceção de apenas Ló e suas duas filhas; a praga lançada sobre o Egito que matou todos os primogênitos, não só dos humanos como até dos animais; o estranho episódio da matança ordenada de próprios israelitas, por instruções dadas a Moisés, quando foram quebradas as Tábuas da Lei. E a dizimação de todos os povos que se encontravam no caminho dos hebreus para ocupar a Terra Prometida, primeiro, e na própria Terra Prometida, depois, como já assinalamos.

De palavras de ira e maldições divinas está cheia a Bíblia e é inconcebível que quem nela recorra às *sortes virgilianae* para reconfortar-se não tenha caído, alguma vez, nas que Iahweh dirige, por exemplo, a Jerusalém, nas palavras de Jeremias, quando, equiparando-a a uma mulher, a ameaça de levantar-lhe, ele mesmo, a túnica, até a altura do rosto, para que lhe vejam a "vergonha" (Jr. 13:26), ou em Ezequiel, acusando-a de exibir as coxas a todos os passantes (Ez. 16:25) e ameaçando-a de

[...] reunir todos os teus amantes, aos quais agradaste, todos aqueles que amaste e todos aqueles que odiaste, reuni-los-ei a todos e descobrirei a tua nudez, para que a vejam toda. Impor-te-ei o castigo das adúlteras [...] te apedrejarão e te trespassarão à espada. [...] Assim saciarei a minha ira contra ti e o meu zelo se desviará de ti, acalmar-me-ei e já não sentirei mágoa contra ti (Ez. 16:37-42).

Ao mesmo Ezequiel, Iahweh compara Jerusalém à prostituta Ooliba, que se deixava seduzir pelos libertinos, "cujo sexo é como o sexo dos jumentos, cujo membro é como o membro dos cavalos" (Ez. 23:20). Contra ela trará os amantes que teve e eles lhe cortarão o nariz e as orelhas. "O que restará de ti cairá à espada. [...] Assim diz o Senhor Iahweh" (Ez. 23, ver o capítulo inteiro).

Se lhe assustam e lhe horrorizam as penalidades que Iahweh reserva para os que desobedecem aos seus mandamentos, meu caro Leitor, não procure saber o que reserva para os que escolhe como profetas e mensageiros de suas palavras de advertência. Não leia o livro de Ezequiel. Espero que o espírito de luz não lhe faça abrir ao acaso os primeiros capítulos nos quais o profeta descreve as instruções divinas para preparar-se para sua missão. E, assim, lhe protegerá de tomar conhecimento do ritual prescrito para habilitá-lo à sua missão: dormir sobre o lado esquerdo durante 390 dias, para assumir as culpas do povo de Israel, e depois sobre o lado direito, durante quarenta dias, para assumir as do povo de Judá, correspondendo cada dia a um ano das iniquidades incorridas por esses povos. E, para que se cumpra a ordem, o próprio Iahweh o manterá imobilizado com cordas para que não se vire de um lado para outro durante os dias da prova. Como alimento, em cada um dos primeiros 390 dias, o profeta terá que contentar-se com duzentos gramas de pão, por ele mesmo fabricado, com "trigo, cevada, favas, lentilhas, painço e espelta", assados "com excrementos humanos secos". Ezequiel, obviamente, estranhou a última exigência:

> Ah! Senhor Iahweh, a minha alma não é impura. Desde a minha infância até agora não comi animal morto por acaso ou desperdiçado por uma fera, nem jamais carne avariada entrou na minha boca. Ao que, Deus tendo ouvido a sua lamentação – e é o próprio Ezequiel quem comenta – respondeu: "Está bem, dar-te-ei excrementos de boi em lugar de excrementos humanos e cozerás o teu pão com eles" (Ez. 4:4-15).

II

TRATADO MÍNIMO DE ANGEOLOGIA

I
Aproximação à Angeologia

O ANJO NO ANTIGO E NO NOVO TESTAMENTO

O livro fundador da Bíblia, o Gênesis, primeiro do Pentateuco, supostamente escrito por Moisés, começa com a criação do mundo, do universo físico, deve-se entender. Nada é mencionado sobre a criação dos seres espirituais, nem no Gênesis, nem em qualquer outro livro da Bíblia. Ora, o *Catecismo da Igreja Católica* diz que a existência dos anjos é uma verdade de fé (*Catecismo*, 328). Onde, então, entre as palavras sagradas, vamos ancorar nossa convicção sobre sua existência? Devem bastar as que nos vêm da Tradição?

Desta nos vem como preliminar aceitar que a criação dos anjos é um mistério, uma dessas verdades que Deus guarda para si mesmo. Se Deus é a origem de tudo, será, também, a origem dos seres espirituais, quaisquer que sejam e quantos sejam. Em algum momento Deus os terá criado. Como a Bíblia nada diz a respeito, temos que aceitar que o segredo de sua criação não nos será revelado.

A palavra "anjo" só vem a aparecer na Bíblia, no livro do Gênesis, quando o Anjo do Senhor vem confortar Agar, expulsa do lar por Sara (Sarai ainda) e desamparada no deserto.

Examinaremos as ocorrências bíblicas detalhadamente. Poderíamos, para isso, recorrer às aparições da palavra por ordem sequencial nos livros da Bíblia. Mas isso resultaria numa apresentação caótica, inclusive pelo fato de a categoria angelical não ser claramente definida. Por comodidade, adotaremos o critério de recorrer a uma classificação dos seres espirituais que permita reconhecê-los, por exemplo, por suas funções.

HIERARQUIA ANGELICAL

O exercício já foi feito e, há que reconhecer, sem garantia de bons resultados. Mas é um critério, e talvez o mais prático a adotar. Tomemos, pois, entre os que foram feitos por São Clemente, nas suas *Constituições Apostólicas*, no século I, ou por Santo Ambrósio, na *Apologia do Profeta David*, no século IV, ou por São Jerônimo, no mesmo século, ou, ainda, por Dionísio, o Pseudo-Areopagita, na sua *Coeleste Hierarchia* (*Da Hierarquia Celestial*), no século V, com maior ou menor número de espécies e de categorias[1]. E é à de Dionísio, o Pseudo-Areopagita, que iremos recorrer, pois foi a que se tornou a mais citada fonte, reconhecida quase como dogmática.

Reparte Dionísio a classe dos Anjos em três níveis de tríades hierarquizadas: Serafins, Querubins, Tronos; Dominações, Potestades, Virtudes; Principados, Arcanjos, Anjos, supostamente organizadas conforme a maior aproximação de seus integrantes com o trono celestial. A simples enunciação dos critérios estabelecidos para a classificação dos anjos demonstra à saciedade sua impropriedade, pois parte de um pressuposto antropomórfico no que diz respeito à organização de uma corte celestial. Mas, na falta de outra melhor, sigamos por ela.

Primeira Tríade: Serafins, Querubins, Tronos

Os Serafins

Os serafins aparecem uma única vez no Antigo Testamento e nenhuma no Novo Testamento.

---

1. A de São Clemente, por exemplo, do século I, em onze classes, inclui as "Hostes" e os "Éons", ausentes na do Areopagita e nas a esta posteriores: as de São Gregório Magno (século VI); Santo Isidoro de Sevilha (século VII) e São Tomás de Aquino (século XIII).

No ano em que faleceu o Rei Ozias, diz Isaías, iniciando o capítulo 6 do livro que tem o seu nome, Iahweh lhe aparece "sentado sobre um trono alto e elevado" no Templo. "Acima dele, em pé, estavam serafins, cada um com seis asas: com duas cobriam a face, com duas cobriam os pés e com duas voavam. Eles clamavam uns para os outros e diziam: 'Santo, santo, santo é Iahweh dos Exércitos, a sua glória enche toda a terra'. À voz de seus clamores os gonzos das portas oscilavam enquanto o Templo se enchia de fumaça". Isaías teme por sua vida. Não está previsto que aquele que contempla Iahweh face a face morre? Nisto, porém, um dos serafins voou na sua direção "trazendo na mão uma brasa que havia tirado do altar." Com ela tocou-lhe os lábios e disse: "Vê, isso tocou os teus lábios, a tua iniquidade está removida, e teu pecado está perdoado" (Is. 6:2-7).

E isso é tudo o que o Antigo Testamento tem a dizer sobre os serafins. E é sobre essa exígua base que se construirão na angelologia patrística toda uma mitologia e uma hierarquia angelical na qual os serafins serão inseridos no mais elevado grau. De fato, os serafins nem sequer eram mencionados nas primitivas hierarquizações apresentadas. Nem eles nem os querubins. Ambos encontrarão o seu lugar e suas funções determinadas apenas entre o século V e o VI, quando o chamado Pseudo-Denis Areopagita publicará seu livro *Da Hierarquia Celestial*. Mas mesmo do autor não se tem confirmação de quem se trata. Apenas foi afastada a improvável autoria por parte do Dionísio, convertido por São Paulo, mencionado em Atos 17:34. Também afastada foi a hipótese de que tenha sido São Dionísio, o venerado monge fundador da Abadia de São Denis, em Paris, onde se refugiou Abelardo, que tudo fez, em vão, para certificar essa autoria. Hoje ela é aceita como de alguém não claramente identificado que tenha vivido entre o século V e o VI, pois a primeira menção a seu nome se encontra numa obra de Severo de Antioquia, de entre 518 e 528. A dúvida sobre sua identificação não impede que tenha sido reconhecido como grande teólogo e disso é prova o fato de ser citado por São Tomás de Aquino 1700 vezes na *Summa Theologica*.

O Pseudo-Denis retoma as sete categorias angelicais admitidas em seu tempo e a elas acrescenta os serafins e os querubins à testa de toda a corte angelical. Sua classificação adota como critério a proximidade física dos anjos com relação a Deus, embora se esteja tratando de seres espirituais e, como tal, sem dimensão mensurável. Sem qualquer base nas escrituras, põe os serafins no topo da pirâmide hierárquica, seguidos pelos querubins. As funções de ambos seriam as de louvar a Deus, o que conduziu alguns teólogos a desabonar a classificação dessas duas categorias angelicais com o argumento de que, tecnicamente, anjos seriam apenas os seres espirituais que agissem como mensageiros divinos, o que não era o caso dos dois. Recorde-se que a palavra latina *angelus* é, na verdade, a latinização da palavra grega *angelos*, que significa "mensageiro", *malak* no hebraico, com o mesmo sentido.

A palavra hebraica *saraf* conota, usualmente, um estado ígneo e abrasador. Aparece em Números com o significado de algo que pode queimar, quando Iahweh ordena a Moisés fazer "uma serpente abrasadora" e colocá-la numa haste para que aqueles que fossem mordidos por cobras pudessem curar-se do veneno com simplesmente olhar para seu simulacro em bronze (Números 21:8); e no Deuteronômio, quando Moisés busca encorajar o povo migrante, impaciente com as privações sofridas no deserto, e exorta-o a não esquecer que foi Iahweh quem os ajudou a deixar a escravidão no Egito e que, se agora os conduzia por "aquele grande e terrível deserto, cheio de serpentes abrasadoras, escorpiões e sede" era para conduzi-los à Terra Prometida (Deut. 8:15). Isso nos faz evocar a visão de Isaías com que iniciamos o presente capítulo, de um ser angelical que ele apelidou de serafim e que lhe veio com uma brasa na mão para purificá-lo. É possível que a atribuição do nome de serafins aos seres vistos por Isaías naquela ocasião derive da tradição de associar o nome de Iahweh ao fogo, como ocorre em algumas de suas aparições no Antigo Testamento, talvez uma alusão a tradições bíblicas onde Deus é comparado a um "fogo" ou mesmo a um "fogo abrasador". Os comentaristas da Bíblia não chegam a um acordo sobre o significado conjunto dessas citações. O nome "Serafim", diz o Areopagita, claramente indica sua natureza, sua capacidade de perpetuamente inflamar os anjos inferiores em suas próprias atividades, iluminando-os e purificando-os. Donde colocá-lo o autor no nível mais alto da hierarquia angelical, na mais íntima proximidade com Deus, a fonte suprema do fogo purificador.

O infatigável São Tomás traduz, para uma de suas indefectíveis explicações ternárias, a intuição do Areopagita:

> O nome Serafim não resulta da caridade apenas, mas do excesso da caridade, expresso pelas palavras "ardor" ou "fogo". Daí porque Dionísio (*Coeleste Hierarchia*,

vii) expõe o nome "Serafim" de acordo com as propriedades do fogo, contendo um excesso de calor. Ora, no fogo podemos considerar três coisas: Primeiro, o movimento que é ascensional e contínuo. Isso significa que eles [os serafins] são movidos inflexivelmente na direção de Deus. Segundo, a força ativa do calor, que não é encontrada apenas no fogo, mas existe mesmo nas mais simples coisas com superabundante fervor. [...] (R)esulta que a ação desses anjos, exercida com toda sua potência naqueles que lhes são submetidos, suscita neles idêntico fervor e os purifica com o seu calor. Terceiro: consideramos no fogo suas qualidades de claridade ou brilho, o que significa que esses anjos têm em si mesmos uma luz inextinguível e que eles podem com toda perfeição iluminar os outros. (I, Q.108, Art.5).

A figura do serafim sempre exerceu grande atração para os caçadores de anjos. Já pelo século III a.C. circulava entre os judeus um apócrifo Livro de Enoch que passava por ter sido escrito por um bisavô de Noé. Segundo Enoch, o mais importante dos serafins se chamava Serafiel, um enorme e brilhante anjo da altura dos sete céus com uma face de anjo num corpo de águia. Como chefe dos serafins, tinha a seu cargo ensinar à sua coorte os cantos de glorificação de Deus.

É pouco provável que, com toda sua capacidade de profetizar, Isaías tenha chegado a conceber o que viriam os futuros hermeneutas bíblicos a descobrir contido em suas palavras.

Como quer que seja, é muito o que conseguiram fazer com a única e simples referência feita a um serafim por Isaías, quase como *en passant*.

Os Querubins

Os hermeneutas eclesiásticos afirmam que o primeiro anjo aparece na Bíblia quando Deus põe nos portões do paraíso um querubim a guardá-los com o fim de impedir que o par edênico retorne ao recinto para tentar comer da árvore da vida.

Não está dito no Gênesis que esse guardião fosse um anjo. Expressamente está dito que era um "querubim". Aliás, impropriamente, porque a palavra "querubim" já é um plural (da palavra hebraica *cherub*). Literalmente, a Bíblia diz que foram vários, ou muitos, os guardiães postados na entrada do Jardim para resguardar o acesso à árvore da vida (Gên. 3:24). Nem nessa ocasião, nem depois, nas demais muitas vezes em que querubins são mencionados, são eles referidos como anjos.

O mais provável é que esteja sendo evocado, quando dele se trata, como uma reminiscência do touro alado das mitologias mesopotâmicas, cujo nome assírio era *kirubu*, e cuja função era precisamente a guarda dos palácios reais. A palavra "querubim" é, aliás, o coletivo desse *kirubu* (o *cherab* hebraico). O texto é intrigante, no entanto, pois, se eram múltiplos os guardadores (*cherubim*) não devia ser singular a "espada fulgurante" (*flammeum gladium*) de que se armavam. A iconografia adotou, tradicionalmente, a representação da cena na figura de um anjo convencional, se é que se pode falar de anjo convencional, uma figura humana, presumidamente masculina, vestida com uma túnica talar branca que lhe vai aos pés, com vastas asas que lhe saem das espáduas, e um gládio flamejante na mão. Ao fazê-lo, generalizou a ideia de que se tratava de um anjo. Na verdade, o Antigo Testamento em nenhum de seus livros descreve o aspecto físico que os anjos assumem ao fazerem-se revelados, e a iconografia angelical é, assim, hipotética, ou uma construção baseada em aparições pós-testamentárias, pois nenhum personagem bíblico que tenha recebido a visita de um anjo dele deixou descrição. Já dos querubins aparecem inúmeras, por vezes enigmáticas, quando não contraditórias.

Após seu aparecimento no capítulo 3 do Gênesis, querubins só voltam a ser mencionados no Êxodo, quando Moisés recebe de Iahweh as minuciosas instruções para a construção da arca, do propiciatório e do templo onde residirá seu nome. Diz, do propiciatório, que deve ser de ouro puro e ter dois côvados e meio de comprimento e um côvado e meio de largura[2]. Querubins "de ouro batido" serão inseridos nas duas extremidades. "Os querubins terão as asas estendidas para cima e protegerão o propiciatório com suas asas". Não está dito que sejam anjos. Sabemos apenas que têm asas (Êx. 25:17-22), o que faz presumir que, para Moisés e o povo de Israel, querubins seriam figuras conhecidas, de convivência ordinária, não carecendo de esclarecimento quanto à sua aparência. A própria BJ admite que o termo pudesse corresponder ao *kiribu* ou *kari-*

---

2. As medidas de comprimento na Bíblia eram o côvado comum (*eçba*), equivalente a 45 cm, o palmo (*zeret*), metade do côvado, portanto 22,5 cm, a mão (*tofah*), um sexto do côvado, portanto 7,5 cm e o dedo (*eçba*), 24 avos do côvado, ou 1,8 cm. Veremos, adiante, que Ezequiel serve-se do "grande côvado", que é o côvado de sete palmos.

bu babilônico, "gênios, metade homem, metade animais, que vigiavam a porta dos templos e dos palácios", segundo as descrições bíblicas e a iconografia oriental[3].

Simulacros de querubins voltam a ser mencionados em 1Reis, capítulo 6, na descrição que é feita do Templo de Salomão. Ainda uma vez são tidos como figuras conhecidas, que não necessitam explicação: "No *debir*[4] estavam colocados dois querubins de oliveira selvagem, com dez côvados de altura. [...] (A)mbos os querubins tinham a mesma dimensão e o mesmo formato" (1Rs 6:21-29). O formato, mais uma vez, não é descrito. Tudo indica que não é necessário fazê-lo. Sabia-se o que era.

É embaraçoso encontrar nos livros da Bíblia descrições de cenas como as repertoriadas na nota acima referida, onde vemos Iahweh "assentado" sobre os dois querubins da arca (e a BJ reporta-nos, na nota, a menções no mesmo sentido em 1Salmos 4:4; 2Samuel 2:2; 2Reis 19:15; e Salmos 80:12 e Salmos 99:11), ou o encontramos "cavalgando um querubim", repertoriada em 2Samuel 22:11 e Salmos: 18:11). Podemos acrescentar a essa recensão as menções, em ICrônicas 13:6, à arca "que traz o nome de Iahweh" que "senta sobre os querubins";

Nossa análise não abrange o Novo Testamento. Fazemos uma exceção para observar que a única referência a um querubim nele feita aparece na epístola de São Paulo aos Hebreus (Hebreus 9:5) com a curiosa observação de que "(t)odavia não é o momento de falar disso nos pormenores", uma maneira de varrer a questão para baixo do tapete. A ocasião oportuna nunca apareceu.

A questão dos querubins transcende a análise de sua presença na Bíblia. Nas artes plásticas, a partir do período barroco, os querubins começaram a ser representados como bebês alados, uma alegoria que evocava os *putti* mitológicos do panteão grego. Sua mais bela e famosa representação nesse formato seria a dos dois querubins que figuram na base do quadro da *Madonna Sistina*, de Rafael, atualmente na Gemaldegalerie Alte Meister, de Dresde, na Alemanha.

---

3. *Bíblia de Jerusalém*, pp. 142-143, nota 1.
4. O *debir* era o Santo dos Santos, a parte reservada à colocação da arca.

Os Tronos

Não há uma só menção em toda a Bíblia à palavra "Tronos" com o sentido de categoria angelical.

A palavra aparece oito vezes no Antigo Testamento: em 1Reis 22:10; Jó 36; Sabedoria 6:21 e 7:8; Isaías 14:9; Ezequiel 26:16; Daniel 7:9 e Ageu 2:22. Em todos esses casos a referência é à sede de poderes temporais.

No Novo Testamento há cinco referências. As que aparecem em Mateus 19:28 e Lucas 22:30, praticamente idênticas, referem-se às palavras de Jesus aos doze apóstolos, em resposta a uma pergunta de Pedro, à beira do Jordão, sobre que recompensa obteriam por terem abandonado suas famílias e ofícios para segui-lo. Responde Jesus: "Em verdade eu vos digo que, quando as coisas forem renovadas, e o filho do Homem se assentar no seu *trono* de glória, também vós, que me seguistes, vos sentareis em doze *tronos* para julgar as doze tribos de Israel", na versão de Mateus, a de Lucas sendo mais sintética. Obviamente não está Jesus referindo-se a anjos.

São Paulo faz uma referência na Epístola aos Colossenses, ao falar de Jesus como o Messias: "Ele é a imagem do Deus invisível, o primogênito de toda criatura, porque nele foram criadas todas as coisas, nos céus e na terra, as visíveis e as invisíveis: *Tronos, Soberanias, Principados, Autoridades*, tudo foi criado por ele e para ele" (1:13-16). É igualmente claro que São Paulo está falando de hierarquias terrenas, e não celestiais, como deixa expresso na Epístola aos Efésios, na qual afirma que "o nosso combate não é contra o sangue, nem contra a carne, mas contra *os Principados, contra as Autoridades, contra os Dominadores deste mundo de trevas*, contra os Espíritos do Mal que povoam as regiões celestiais" (Efésios 6:12). Estas duas citações, colocadas lado a lado, deixam claro que a que faz o *Catecismo* em 331 é capciosa, pois a menção às quatro entidades que o *Catecismo* apresenta como referindo-se às coisas "invisíveis", só podem estar se referindo às coisas "visíveis" na terra. Duas últimas vezes a palavra figura na Bíblia. Estão no Apocalipse. Em 11:16 o narrador fala do fim dos tempos, quando Deus se apresentará em sua glória e "os vinte e quatro anciões que estão sentados em seus *tronos* diante de Deus" prostrar-se-ão e o adorarão. Os tronos são, portanto, cadeiras, poltronas, e não anjos. Em 20:4, o narrador está se referindo à mesma cena: "Vi então *tronos*, e aos que neles se sentavam foi dado poder de julgar".

E é tudo o que aparece nos livros da Revelação com respeito à palavra "tronos". Sua apresentação como uma categoria na hierarquia angelical não tem, pois, qualquer fundamento revelado. E assim concluímos a apresentação da primeira tríade das categorias angelicais do Areopagita sem ter encontrado um só anjo entre elas.

Segunda Tríade: Dominações, Potestades, Virtudes

As Dominações e as Potestades

Nenhuma dessas palavras aparece no Antigo Testamento.

"Dominações" aparece no Novo Testamento uma só vez, em 1 Pedro 3:22, junto com a palavra "Potestades". Pedro fala da morte de Cristo e de sua "subida ao céu, (onde) está à direita de Deus, estando-lhe sujeitos *os anjos, as Dominações e as Potestades*". Claro está, pela redação, que as Dominações e Potestades não são anjos, pois estão sendo apresentadas como entidades deles distintas. A BJ dedica uma extensa nota a este versículo na qual explica: "As Dominações e as Potestades designavam funcionários do poder civil" (Lucas 20,20; 12,11; Tito 3,1). Compara-se, assim, a corte divina a uma corte humana (Colossenses 2,10.15; Efésios 3,10).

"Dominações" aparece duas vezes em São Paulo, na Epístola aos Colossences (1:16), junto com Autoridades, Poderes, Tronos e Soberanias, e na Epístola aos Efésios (6:12), igualmente junto a Autoridades (Poderes? Potestades?), Dominadores (Dominações) e Principados (Soberanias?). A Tradição oferece essas menções como fontes para a hierarquia do Areopagita. Examinemo-las atentamente.

Diz a Epístola aos Colossences: "Ele [Cristo] é a imagem do Deus invisível, o primogênito de toda criatura, porque nele foram criadas todas as coisas, nos céus e na terra, as visíveis e as invisíveis: Tronos, Soberanias, Principados, Autoridades, tudo foi criado por ele e para ele" (Colossenses 1:16-17). À luz das demais menções na Bíblia a termos como estes, sempre com o significado de entidades civis, não resta dúvida de que aqui, também, esteja o apóstolo se referindo a tronos, soberanias, principados e autoridades terrenas. Esse versículo sozinho seria bem frágil base para sobre ele criarem-se quatro graus hierárquicos entre os anjos. E isso tanto mais quanto o segundo aparecimento das mesmas palavras, na Epístola aos Efésios, que oferece uma mais estonteante refutação ao procedimento do Areopagita, e de seus predecessores e sucessores que seguiram a mesma linha de raciocínio, pois as palavras do apóstolo são:

> [...] fortalecei-vos no Senhor e na força do seu poder. Revesti-vos da armadura de Deus para poderdes resistir às insídias do diabo. Pois o nosso [a BJ considera erro de transcrição da *Vulgata* e corrige a palavra para "vosso"] combate não é contra o sangue nem contra a carne, mas contra os Principados, contra as Autoridades, contra os Dominadores deste mundo de trevas, contra os Espíritos do Mal, que povoam as regiões celestiais (Efésios 6:11-12).

Poderia ser mais claro que tais palavras não se referem a anjos?

As Virtudes

Quanto às Virtudes, há em toda a Bíblia uma única referência no Antigo Testamento e outra, também única, no Novo Testamento.

No Antigo Testamento está em Sabedoria, o livro atribuído a Salomão, onde consta apenas a frase "as virtudes são os frutos da Justiça" (8:7). No Novo Testamento encontramos, em IIPedro 1: 5-7: "Por isto mesmo, aplicai toda a diligência em juntar à vossa fé a virtude, à virtude o conhecimento, ao conhecimento o autodomínio, ao autodomínio a perseverança, à perseverança a piedade, à piedade o amor fraternal, e ao amor fraternal a caridade", o mais extenso caso de anadiplose em toda a Bíblia.

Como é fácil verificar, não existe no texto bíblico qualquer fundamento para a personificação da virtude como categoria angelical. Cai, portanto, mais essa categoria codificada pelo Pseudo-Areopagita.

E chegamos à última tríade: os Principados, os Arcanjos e os Anjos.

Terceira Tríade: Principados, Arcanjos, Anjos

Os Principados

No Antigo Testamento são encontradas inúmeras referências a "príncipes". Nenhuma delas alude à categoria angelical assim designada pelo Pseudo-Areopagita.

O Gênesis fala dos doze príncipes das tribos de Israel. Números menciona os príncipes de Beer que cavaram poços para a população errante que acompanhava Moisés. Josué, também referindo-se ao êxodo, menciona os príncipes de Madiã, Evi, Recém, Sur, Hur e outros vassalos de Seon, derrotados pelo exército de Israel. Em Juízes encontramos uma referência aos príncipes de Efraim. No ISamuel vemos Iahweh retirando da poeira o fraco e da lixeira o indigente para fazê-los sentarem-se como príncipes nas "colinas da terra", cláusula que vai reaparecer no Salmo 113. No I e no II Samuel há referências aos príncipes dos filisteus. Os dos amonitas são mencionados no II Samuel e nas I Crônicas, que se referem, também, aos príncipes descendentes de Aser. As II Crônicas falam da convocação por Salomão de "todos os príncipes de Israel", convocação igualmente mencionada por Esdras. Os Salmos estão repletos de menções a príncipes. No Salmo 2, aos príncipes que conjuram contra Israel. Nos 4, 5 e 47, há referências elogiosas aos príncipes que com Israel se aliam. No 56, há uma queixa contra a opressão dos príncipes "longínquos". No 68, alude-se aos príncipes de Judá, Zabulon e Neftali. No 76, Deus adverte os príncipes "sem alento". O 82 é todo dedicado a amaldiçoar os príncipes que se antepõem à vontade de Iahweh, de que se tornem "esterco para a terra". No 148, os príncipes da terra são exortados a louvarem o Senhor. Em Provérbios, diz Iahweh: "É por mim que os reis governam e que os príncipes decretam a justiça". E, mais adiante, declara que não convém "ao escravo dominar os príncipes". Veremos, no Eclesiastes, a notícia de príncipes caminhando a pé como se fossem escravos. Isaías observa que, se Iahweh foi capaz de destruir reis na Assíria, o que não pode fazer com os príncipes que o desafiem! Jeremias diz que os portões de Jerusalém estarão abertos a reis e príncipes que obedeçam o Sabá, mas aos que não o obedeçam, será ateado fogo aos seus palácios. Ezequiel exorta os príncipes a afastarem-se do roubo e da exploração. Daniel fala de um Príncipe chamado Miguel que lhe presta auxílio no combate contra o Príncipe da Pérsia e o de Javã[5]. Voltaremos a falar deles mais adiante. Oseias 23 condena o povo que escolhe os príncipes sem o consentimento de Iahweh. Em Sofonias, Iahweh anuncia que no dia do sacrifício (no fim dos tempos?) visitará "os príncipes e os que se vestem com roupas estrangeiras", e aquele dia será um "dia de angústia e de tribulação, dia de devastação e

---

5. Javã é a Jônia, segundo a *BJ*, no caso metonímia para a Grécia (*BJ*, p.1705, nota c).

de destruição" de todos os que pecaram contra ele. E é tudo que na Bíblia aparece sobre Príncipes. Nenhum anjo Príncipe ou príncipe Anjo aparece no Antigo Testamento. Muito menos a palavra "Principado".

Só vai ser em São Paulo, por conseguinte no Novo Testamento, que a palavra vai aparecer, junto a Tronos, Dominações e Potestades, e os argumentos que desenvolvemos para desqualificar a atribuição que é feita a essas categorias como angelicais aplicam-se igualmente à palavra Principados. Não bastassem eles, podemos acrescentar o que Paulo diz na Primeira Epístola aos Coríntios, que, quando chegar o fim dos tempos, Cristo entregará o reino a Deus Pai, "depois de ter destruído todo Principado, toda Autoridade, todo Poder. Pois é preciso que ele reine até que tenha posto todos os seus inimigos debaixo de seus pés"! (1Coríntios 15:25-25).

Não pode haver dúvida quanto ao fato de que a inclusão da categoria dos Principados na hierarquia do Areopagita, junto com as de Tronos, Dominações e Potestades, só pode ter sido resultado de uma leitura imprópria da Primeira Epístola aos Colossenses. É óbvio que Paulo está desfazendo dos poderes representados pelas autoridades e potestades terrenas, e não referindo-se a possíveis categorias angelicais. O mesmo se aplica ao que diz em 1Efé 1:20-21, donde o embaraço que se nota no comentário da BJ a este versículo: "Associando-as aos anjos da tradição bíblica [...] ele (Paulo) as integra na história da salvação, *com uma qualificação moral cada vez mais pejorativa, que acaba por fazer delas poderes demoníacos*" (BJ, p. 2198, nota u).

Os Arcanjos

Chegamos, afinal, à categoria definitivamente angelical. Mas a Arcanjos são escassas as menções na Bíblia: uma só no Antigo Testamento, em Daniel; duas no Novo Testamento, na Primeira Epístola de São Paulo aos Tessalonicenses e na Epístola de São Judas. Comecemos, desta vez, pelas que figuram no Novo Testamento, pois é uma delas que nos vai remeter ao Antigo Testamento.

A primeira é a Epístola de São Paulo aos Tessalonicenses que trata do que ocorrerá no dia do juízo final: "Quando o Senhor, ao sinal dado, à voz do *arcanjo* e ao som da trombeta divina, descer do céu, então os mortos em Cristo ressuscitarão primeiro; em seguida, nós, os vivos que estivermos lá, seremos arrebatados com ele nas nuvens para o encontro com o Senhor, nos ares" (4:16-17). A epístola fala do arcanjo sem dar-lhe o nome, deixando, assim, a impressão de o anjo ser único da sua classe, sem necessidade, pois, de identificação.

A segunda se encontra no versículo 9 da Epístola de São Judas que diz: "E, no entanto, o *arcanjo* Miguel, quando disputava com o diabo, discutindo a respeito do corpo de Moisés, não se atreveu a pronunciar uma sentença injuriosa contra ele, mas limitou-se a dizer: 'O Senhor te repreenda!'" O versículo é duas vezes surpreendente. Primeiro porque o episódio dessa disputa não aparece no Pentateuco; segundo porque, não apenas revela um diálogo entre arcanjo e diabo, o que parece inverossímil, e ainda mais, mostra o arcanjo respeitoso com relação ao seu opositor.

A BJ observa: "Judas parece depender, aqui, do livro apócrifo *Assunção de Moisés*, onde Miguel (Daniel 10,13 +) tem uma altercação com o diabo que, depois da morte de Moisés, reclamava o seu corpo" (BJ, p. 2298, nota *l*). Remontemo-nos, pois, ao que aparece em Daniel.

Narra o profeta, no capítulo citado, haver recebido, após vinte e quatro dias de absoluto jejum, a visita de um "*homem*, revestido de linho, com os rins cingidos de ouro puro, seu corpo tinha a aparência de um crisólito e seu rosto o aspecto de um relâmpago, seus olhos como lâmpadas de fogo, seus braços e suas pernas como o fulgor do bronze polido, e o som de suas palavras como o clamor de uma multidão" (Daniel 10:5,6). Pode-se presumir que é um anjo, embora um anjo muito especial devido ao seu aparato resplandecente e apavorante. Como se sabe, era com a semelhança física de homens que os anjos costumavam fazer suas aparições. Mas esse ser não é identificado. O que nos confunde, mais verdadeiramente, é o que se segue. O homem vestido de linho informa a Daniel que a ele vem para dizer que o "Príncipe do reino da Pérsia me [lhe] resistiu durante 21 dias, mas Miguel, um dos primeiros Príncipes, veio em meu auxílio. Eu o deixei afrontando os reis da Pérsia e vim para fazer-te compreender o que sucederá a teu povo, no fim dos dias". Daniel inclina o rosto para o chão, emudecido. "Foi quando *alguém, com a semelhança de um filho de homem*, tocou meus lábios". Outro personagem, portanto, e é esse segundo personagem, também na forma de homem, mas não como o primeiro, dotado de características físicas especiais que pudessem chamar a atenção do profeta, que lhe diz: "Sabes por que vim ter contigo? [...] vou anunciar-te o que está escrito no Livro da Verdade. Tenho de voltar para combater o Príncipe da Pérsia: quando eu tiver partido, deverá vir o Príncipe de Javã. Ninguém me presta auxílio para estas coisas, senão Miguel, *vosso* Príncipe". É a primeira vez que aparece o nome Miguel sem estar relacionado às múltiplas genealogias que figuram no Pentateuco. Daniel volta a mencioná-lo em 11-12: "Nesse tempo levantar-se-á Miguel, o grande Príncipe, que se conserva junto dos filhos do teu povo".

O que podemos deduzir dessas únicas menções na Bíblia?

Aprendemos que o arcanjo, cuja voz será ouvida no fim dos tempos, admitindo-se que seja único de sua espécie, é o mesmo Miguel que, com o título de arcanjo, aparece na Epístola de Judas. Mas, nesse caso, se aparece com o titulo de príncipe em Daniel, príncipe e arcanjo são a mesma coisa. No entanto, se são a mesma coisa, quer isso dizer que são também arcanjos os príncipes da Pérsia e de Javã? Ora, o da Pérsia não era precisamente aquele que estava sendo combatido por Miguel, príncipe do povo de Israel, por haver-se aliado aos seus inimigos? Como podem os arcanjos lutarem entre si?

Consultemos uma vez mais as notas da BJ. Vejamos o que diz ela do versículo 10:13. O anjo do Senhor que aparece a Daniel "recebe" o nome de Miguel, que quer dizer "Quem é como Deus".

(Em) Judas 9: ele transfere a Deus o encargo de reprimir o demônio [um anjo "transfere" a Deus uma missão?]. O Príncipe da Pérsia aparece como um dos protetores de nações inimigas de Israel [um anjo protetor dos inimigos de Israel?]. Este misterioso conflito entre os anjos acentua a ideia de que o destino das nações permanece um segredo, mesmo para os anjos, dependendo de uma revelação de Deus, diz a BJ (p. 1705, nota z).

Considera a BJ, portanto, que o Príncipe da Pérsia é um anjo, na verdade um arcanjo, ao mesmo título que Miguel?

É tudo o que sabemos de Miguel, único anjo no Antigo Testamento a ser mencionado explicitamente como arcanjo.

E Gabriel?

O nome aparece em Daniel 8:16 e 9:21-22.

Em Daniel 8, depois da visão que o profeta tem do carneiro chifrudo e do bode unicórnio, que parecia voar, o bode enfrenta o carneiro quebrando-lhe os cornos, ocasião em que se quebra, também, o seu único chifre, e do seu lugar brotam quatro outros orientados na direção "dos quatro ventos do céu". Um deles começa a crescer de tal forma que tudo destrói à sua frente, os exércitos e as estrelas. Daniel, obviamente, não consegue entender o sentido da visão que está tendo, quando ouve "uma voz humana" gritando e dizendo: "Gabriel, explica a este a visão!" O ente chamado Gabriel se aproxima e Daniel, tomado de terror, cai por terra. E então "ele" (aparentemente na forma de um homem, como veremos no capítulo a seguir) começa a explicar o sentido da visão que lhe ocorrera. Lemos em Daniel 9: "Eu estava ainda falando, em oração, quando Gabriel, aquele homem que eu tinha notado antes, na visão, aproximou-se de mim, *num voo rápido*, pela hora da oblação da tarde. Ele veio para falar-me, e disse: 'Daniel, eu saí para vir instruir-te na inteligência'". E começa a explicar ao profeta o sentido das revelações que ele havia recebido.

De tudo quanto encontramos no Antigo Testamento, e só em Daniel, houve, pois, na ocasião em que o homem inominado, misterioso e portentoso apareceu ao profeta para fazer-lhe revelações importantes, um outro "homem", o que voa, toca-lhe a boca e diz que veio para trazer-lhe esclarecimentos importantes, homem que poderia ser o arcanjo que estamos buscando. Não sabemos de quem se trata, na ocasião em que aparece. O que só deduzimos pelo que ele fala de Miguel e o relacionamos ao anônimo apelo dirigido ao "homem" chamado Gabriel para que explique a Daniel a visão que teve da luta entre o carneiro e o bode.

Trata-se de episódio muito frágil e emaranhado para constituir a base de uma teoria dos arcanjos.

Podíamos parar por aqui, mas uma palavra se impõe para rebater o que pode estar na mente do leitor que conhece outro arcanjo, sabe seu nome, Gabriel, e ainda sabe ter sido ele o anjo da Anunciação.

Não é bem o que está relatado no Novo Testamento, nem nos evangelhos sinóticos, nem em João. Em Mateus, é o *Anjo do Senhor* que faz o anúncio, aliás não a Maria, mas a José, o que é importante salientar (Mateus 1:20). Marcos não trata do assunto. Lucas, que escreve bem depois de Mateus e Marcos, é o único a descrever em detalhes a anunciação nos moldes da tradicional reprodução icônica. Fala das duas anunciações, a feita a Zacarias, sobre o nascimento de João, pelo *Anjo do Senhor* (Lucas 1:11) e a feita a Maria, pelo *Anjo Gabriel* (Lucas 1:26), presumivelmente o mesmo que se comunicou com Zacarias, nenhum deles chamado de arcanjo. Sobre "o Anjo do Senhor" teremos muito o que comentar mais adiante.

Tampouco é chamado de arcanjo o anjo que acompanha anônimo a Tobias, sob o disfarce do nome Azarias, em sua longa e atrapalhada odisseia privada. Rafael é mencionado em numerosas ocasiões nos capítulos 3, 5, 6, 7, 8, 9, 11 e 12 do Livro de Tobias, mas é só neste último que vamos saber quem ele era. Instado pelo pai a "pagar o salário" do homem que o ajudara a sobrepujar as vicissitudes e acumular riqueza, não esquecendo de acrescentar também alguma "gratificação", Tobias dirige-se a Azarias oferecendo-lhe metade dos bens acumulados: "Toma como salário a metade de tudo quanto trouxeste e vai em paz". Azarias, que sabemos ser o anjo Rafael, chama-o à parte e, após uma longa evocação de tudo quanto havia feito para o seu bem e o de sua esposa, Sara, por verificar o comportamento virtuoso de ambos, diz que fora enviado por Deus para por eles zelar. "Eu sou Rafael" – esclareceu – "*um dos sete anjos que estão sempre presentes e têm acesso junto à glória do Senhor.*" Quem são os demais? Seriam dois deles Miguel e Gabriel? Teríamos três, e não sete. Mas que o fossem, em nenhum lugar está dito que esses sete são arcanjos.

Os Anjos

Entramos, finalmente, na matéria própria deste ensaio que é tratar dos anjos utilizando apenas o que possa ser recolhido da letra dos livros sagrados, dispensando o que lhes foi acrescentado pela hermenêutica e pela Tradição.

E teremos que começar pelo começo.

O que são os Anjos

Não se encontra a definição na Bíblia. Teremos que recorrer à Tradição, o que foge ao âmbito deste ensaio. Tudo indica na Bíblia que os anjos são seres espirituais, algo intermediário entre Deus e os seres humanos. Mais fortes que o homem, mas não onipotentes (Salmo 103:20; 2Pedro 2:11). Superiores em inteligência, mas não oniscientes (2Samuel 14:20; Mateus 24:36). Mais nobres que o homem, mas não onipresentes (Daniel 9:21-23, 10:10-14). Tu "o fizeste [ao homem] pouco menos que um deus", diz o salmista (8:6). Essa questão da precedência entre os homens e os anjos, sabemos, é causa de incidentes da mais transcendental importância na história de ambos.

Os anjos são mencionados na Bíblia 108 vezes no Antigo Testamento e 165 no Novo Testamento. A Bíblia não os distingue em espécies. Sobre isso, o *Catecismo* é peremptório: "Se perguntares pela designação da (sua) natureza, é um espírito; se perguntares pelo encargo, é um anjo: é espírito por aquilo que é, é anjo por aquilo que faz" (p. 329).

A Criação dos Anjos

Por definição, os anjos teriam que ter sido criados, pois, *contrariu sensu*, seriam coetâneos de Deus. Criados por Deus, portanto. A questão de saber *por que razão* não se põe. É impossível penetrar nas intenções divinas. São insondáveis, como diz o chavão. Põe-se, porém, a de saber *quando*, pois o Gênesis não faz referência à sua criação. Para os que consideram anjos os querubins, eles teriam que ter sido criados antes do Homem, pois é a um querubim, ou a mais de um querubim, que Iahweh determina cuidar dos portões do Jardim do Éden após a expulsão dos primeiros homens.

Na lógica deste ensaio, teremos que buscar na Bíblia a primeira menção à palavra "anjo" e esta só será encontrada em Gênesis 16:7, quando "o Anjo de Iahweh" aparece a Agar, a escrava de Sarai, no deserto, depois de expulsa da casa de Abraão. Teremos muito o que falar da expressão "Anjo de Iahweh". Por enquanto, basta dizer que na Bíblia a figura do anjo aparece sem explicação. A razão plausível para isso poderia ser o fato de que anjos figuram em quase todas as mitologias precursoras e contemporâneas da Bíblia, não necessitando, pois, de esclarecimento quanto à sua natureza. Isso vimos, no início desta obra, ter sido, possivelmente, o que ocorreu no que diz respeito aos querubins.

O IV Concílio Laterano (1215) estabeleceu, no decreto *Firmiter*, que os anjos são criaturas divinas e foram criados antes dos homens, artigo reiterado pelo Concílio Vaticano (*Dei Filius*). Não conheço as justificações apresentadas nos mencionados textos. Alguém pode tê-las encontrado nas palavras com que Deus interpela Jó perguntando-lhe: "Onde estavas, quando lancei os fundamentos da terra? Dize-mo [sic], se é que sabes tanto. [...] quem assentou sua pedra angular, entre as aclamações dos astros da manhã e os aplausos *de todos os filhos de Deus*?" (Jó 38:4-7; ênfase acrescentada). Fiel ao eixo orientador deste ensaio de usar apenas palavras encontradas na Bíblia para fundamentar minhas observações, obrigo-me a citar afirmação diferente encontrada no Eclesiastes: "Aquele que vive eternamente criou todas as coisas *juntas*" (18:1), sendo essa a única referência explícita à matéria contida nas Sagradas Escrituras. Os anjos teriam sido criados, portanto, ao mesmo tempo que (junto com) toda a demais criação. Mas da deles não há menção no Gênesis!

O Número dos Anjos

Questão absolutamente irrelevante, contudo suscitada, aqui e ali, pelos hermeneutas bíblicos. Pode estar relacionada à do número possível dos homens, e estar vinculada à ideia de que para cada indivíduo deve existir um anjo particular, encarregado de sua guarda. Isso nos levaria a discutir duas questões perfeitamente vãs: há uma espécie de banco de anjos inextinguível, capaz de assegurar a guarda de todos os seres humanos existentes e por vir a existir, além dos que têm outras atribuições celestiais, e sabemos que esses, também, podem ser legiões, como veremos adiante? Ou são os anjos criados *ad hoc*, à medida das necessidades?

Um comentador observa que a relação homem-anjo da guarda não precisa ser unívoca. Mortes ocorrem a cada instante, de modo que pode haver uma interminável rotatividade na atribuição de anjos da guarda para atender ao número de nascituros. Mas São Tomás diz o contrário: que o anjo da guarda acompanha a alma dos mortos no céu, onde, aliás, não são mais necessários. Haveria, em todo caso, a hipótese dos que não vão para o céu. Dos que vão para o purgatório, por exemplo, onde, conforme pensam alguns, a alma tem a possibilidade de aperfeiçoar-se. O que não ocorre com a dos que vão diretamente para o inferno, condenada por toda a eternidade. E, nesse caso, seria real a possibilidade de anjos da guarda tornados disponíveis, se bem que esdrúxula a hipótese de que possam acompanhar almas no purgatório. E claro, obviamente, também no inferno.

Mas não vamos enveredar pelo que deles se diz fora das Sagradas Escrituras, e nessas, do que nelas se encontra, não podemos ir além de constatar apenas que devem ser muitos: "Mil milhares de milhares" ou "miríades de miríades", segundo Daniel (7:10); "milhares de miríades", o Salmo 67(68):18; "milhões de milhões e milhares de milhares", o Apocalipse (5:11). Ao narrar a prisão de Jesus, Mateus menciona a rejeição do Messias à iniciativa de "um dos que estavam com ele" de querer defendê-

-lo atacando o servo do Sumo Sacerdote com uma espada, chegando a decepar-lhe a orelha: "Guarda a tua espada no seu lugar, pois todos os que pegam a espada, pela espada perecerão. Ou pensas tu que eu não poderia apelar para o meu Pai, para que ele pusesse à minha disposição, agora mesmo, mais de doze legiões de anjos"? (26:51-53)[6]. Finalmente, São Paulo, na Epístola aos Hebreus, vê na Jerusalém celestial "milhões de anjos reunidos em festa" (Hebreus 12:22).

À luz da polêmica sobre a animação dos nascituros, não se pode evitar mencionar a questão da sua adoção por um anjo da guarda. Em que momento o feto adquire uma alma? É conhecida a posição da Igreja Católica a esse respeito. Ela só se define, no entanto, a partir de 1869, com a Encíclica *Apostolicae Sedis*, do papa Pio IX, que proíbe o aborto a qualquer momento após a constituição do feto. Até então, o debate estava aberto dentro da Igreja e abrigava posições divergentes. Citemos, apenas, São Tomás de Aquino. Para o Doutor Angélico, o embrião (o feto) adquire, gradativamente, primeiro a alma vegetativa, depois a alma sensitiva, e só depois de ter o corpo já formado, Deus nele introduz a alma racional (*Suma Teológica*, I, 118, 2). É lícito supor que é esse o momento em que lhe é atribuído, igualmente, um anjo da guarda.

A Aparência dos Anjos

Pelas razões já explanadas, não nos deteremos aqui nos querubins e serafins, cuja natureza angelical pode ser disputada. Dos Tronos, Dominações, Potestades, Virtudes e Principados não há referência explícita na Bíblia a que possam ter a qualidade angelical. Dos Arcanjos, sim, há notícia, mas sem descrição de sua aparência. Restam-nos os anjos propriamente ditos. E o que surpreende é que, não obstante sua representação na arte mundial de todos os tempos os faça apresentar asas, não há um só

---

6. Veremos, mais adiante, que uma legião de demônios é composta por 1 758 640 176 indivíduos, Como os demônios são seres angelicais, se aplicarmos o mesmo critério para determinar a composição das legiões de anjos, teríamos que doze legiões comportariam 21 103 682 112 de indivíduos o que, no fundo, não quer dizer nada, se for verdade o que dizia certo bispo medieval, ou seja, que um milhão deles podia dançar na cabeça de um alfinete. Ou, olhando por outro prisma, bastaria que em socorro de Jesus viesse o próprio Anjo do Senhor, ou de Iahweh, que numa só noite matou 185 000 soldados de Senaquerib (Isaías 37:36).

momento na Bíblia em que com elas sejam descritos[7]. Já vimos, aliás, que os querubins, que têm asas, não são anjos, mas animais, e dos serafins, que têm três pares de asas, pouquíssima coisa é sabida.

Salvo casos especiais, os anjos, quando apareciam na terra nos tempos bíblicos, tomavam a forma humana, de homem, especificamente, e estavam vestidos como se vestiam os homens da época e do local, pois não há registro de que causassem suspeita quanto à sua aparência na maioria dos casos. Ao contrário, tanto podiam ser parecidos a homens comuns que aos três que apareceram a Abraão, a caminho de Sodoma, estando entre eles incluído o próprio Iahweh, disfarçado de anjo, por sua vez disfarçado de homem, ofereceu o patriarca a hospitalidade como se fossem simples forasteiros. Tivessem asas e seriam inevitavelmente reconhecidos. O caso é narrado em Gênesis (18:1-33) e referido por Paulo aos hebreus (Hebreus 13:2). Podem até ser excepcionalmente belos no seu travestimento, como ocorreu com os dois que chegaram a Sodoma, à casa de Ló, e despertaram o desejo infrene dos sodomitas locais.

Aos profetas, talvez para melhor impressioná-los, costumavam aparecer com todas as suas regalias. Daniel, e só ele, não os homens que o acompanhavam, viu o anjo que lhe comunicou a profecia, "revestido de linho, com os rins cingidos de ouro puro, seu corpo a aparência do crisólito e seu rosto o aspecto do relâmpago, seus olhos como lâmpadas de fogo, seus braços e suas pernas como o fulgor do bronze polido, e o som de suas palavras como o clamor de uma multidão" (Daniel 10:5-6). Não me consta essa aparência ter figurado jamais nas representações icônicas universais. Suas asas não são mencionadas.

Em ocasiões especiais, podiam os anjos querer deliberadamente ser reconhecidos como tais. É o caso daquele que removeu a pedra do túmulo onde jazia Jesus ao aparecer às mulheres que o foram procurar. Tinha o aspecto "como o do relâmpago" e a sua roupa era "alva como a neve". Isso diz Mateus (28:2-3). Não se fala de asas. Marcos narra o episódio de forma comedida. As mulheres, que estavam sozinhas, encontraram o túmulo aberto e viram "um jovem sentado à direita, vestido com uma túnica branca" (Mc 16:5). O jovem as informa que Jesus havia ressuscita-

---

[7]. Há asas nos querubins, já vimos, mas os querubins não passam de "animais". Há até mais asas nos serafins, dos quais nada mais sabemos além do que nos conta Isaías, e não é muito.

do e comanda que disso deem conhecimento "aos seus discípulos e a Pedro". Mas as mulheres sabem que o jovem é um anjo, diz Marcos, se amedrontam e não dizem nada a ninguém (Marcos 16: 5-8). Não diz o apóstolo como se deu o reconhecimento de que o estranho era um anjo, mas não deve ter sido porque tivesse asas, ou a isso teria feito referência. Lucas vê as mulheres recebidas por dois homens "com veste fulgurante", não mais do que isso, que as encarregam da mensagem sobre a ressurreição, o que elas fazem "aos Onze, bem como a todos os outros". E acrescenta o evangelista: "As outras mulheres que estavam com elas disseram-no também aos apóstolos; essas palavras, porém, lhes pareceram desvario, e não lhes deram crédito" (Lucas 24: 4-11). Lucas é o único a mencionar essas "outras mulheres". Ninguém fala de asas nos supostos anjos reconhecidos.

O aparecimento de anjos nos tempos pós-bíblicos tende a rarear-se progressivamente e tudo indica que sua aparência, pelo menos no que se refere ao vestuário, não acompanhou os novos costumes terrenos. Dificilmente seriam confundidos com simples forasteiros como eram ao tempo de Abraão. Faltam descrições adequadas dos que nos últimos vinte séculos os tenham contatado. Santa Teresa d'Ávila, que tão íntimos contatos teve com um deles (a quem, equivocadamente, pelo que sabemos, julgou ser um querubim), do que lhe apareceu e enfiou-lhe repetidamente uma seta no coração, diz apenas que não era alto, mas pequeno, e parecia ser de fogo. Não fala de asas. Swedenborg, que com os anjos chegou a ter alguma familiaridade, teria dito que eles usavam chapéus. Quem o afirma é Ezra Pound, e deixo com o autor de *Guide to Kulchur* a responsabilidade pela citação. Tampouco fala de asas.

O Sexo dos Anjos

A forma usual de apresentarem-se os anjos para serem vistos é a de um ser humano do sexo masculino. Aliás, embora, por definição, os seres espirituais não se diferenciem em gêneros, não há exemplo conhecido de nenhum que tenha a aparência de um ser humano feminino. Uma só passagem na Bíblia parece admitir a existência de anjos femininos, os únicos, aliás, especificamente providos de asas. Está na narração da sétima visão de Zacarias. O profeta tem a visão de uma extensão de terra que se aproxima. Diz a BJ que é a visão da Terra Santa.

Eis que apareceram duas mulheres. Um vento soprava em suas asas; elas tinham asas como as da cegonha; elas levantaram o alqueire entre a terra e o Céu. Eu disse ao anjo que falava comigo: "Para onde estão elas levando o alqueire?" Ele respondeu-me: "Para construir-lhe uma casa no país de Senaar[8] e preparar-lhe um pedestal onde colocá-lo" (Zacarias 5:9-11).

Esse aparecimento de seres espirituais femininos com asas é disputado pelos hermeneutas que não reconhecem nas mulheres citadas qualquer qualidade angelical.

A posição oficial da Igreja é que os anjos não têm sexo e, portanto, são imunes ao desejo sexual e não podem reproduzir-se, argumento, aliás, em que se apoia a tese de que seu número seja inalterável e finito

A representação dos anjos como homens é puramente convencional e não significa que exista a noção de gênero no caso de seres espirituais. Isso se aplicaria ao próprio Deus, puro espírito. Cristo, no entanto, ao fazer-se carne, teve que incorporar a noção de gênero à sua pessoa. E fez-se homem. Quanto aos anjos, a questão não se põe e nada figura na Bíblia, explicitamente, sobre o assunto. Há, no entanto, no Antigo Testamento uma estranha história que abala a afirmação categórica de que, à falta de distinção de gênero, sejam os anjos insensíveis aos desejos da carne que caracterizam os seres humanos. Trata-se dos primeiros versículos do capítulo 6 do Gênesis: "Quando os homens começaram a ser numerosos sobre a face da terra, e lhes nasceram filhas, os filhos de Deus viram que as filhas dos homens eram belas e tomaram como mulheres todas as que lhes agradavam. [...] (O)s filhos de Deus se uniram às filhas dos homens e estas lhes deram filhos". Dessas uniões surgiram os "homens famosos [que] foram os heróis dos tempos antigos" (Gên. 6:1-4). A BJ não dedica uma só palavra para tentar esclarecer o que diz a Bíblia sobre esses versículos que, no entanto, já fizeram correr muita tinta para tentar oferecer explicação plausível de sua inserção no livro sagrado, porquanto há o entendimento unânime de que "os filhos de Deus" a que eles se referem são anjos, e terá havido, em caráter excepcional ou não, a possibilidade de união física entre tais anjos (incorpóreos, diga-se de passagem) e as mulheres, da qual teria resultado uma prole humano-angelical de notável

---

8. Senaar é a Babilônia (*BJ*, p. 1809, nota *v*).

presença histórica na Terra: os Nefilim, "homens famosos e heróis dos tempos antigos!" (Gênesis 6:1-4).

A questão desborda os termos de referência do presente ensaio. Envolve consultas a livros não canônicos, como o Livro de Enoch e o Livro dos Jubileus, as complexas interpretações dos termos e expressões envolvidos, especialmente o que quer dizer, exatamente, Nefilim, e o que abrange a expressão "filhos de Deus". As duas questões estão ligadas. Quanto à palavra "Nefilim", traduzida em Números (13:32-33) como sinônimo de "gigantes", há evidências etimológicas que a podem ligar ao sentido de "caídos". Quanto à expressão "filhos de Deus", ela só figura na Bíblia em três lugares, no versículo citado do Gênesis e duas vezes em Jó, praticamente com as mesmas palavras: "No dia em que os *filhos de Deus* vieram se apresentar a Iahweh, entre eles veio também Satanás (1:6) e "Num outro dia em que os *filhos de Deus* vieram se apresentar novamente a Iahweh, entre eles veio também Satanás" (2:1). Essa ambiguidade de sentido dá margem aos que especulam que os anjos seduzidos tenham sido os seguidores de Satanás, como, aliás, está explícito no Livro de Enoch. Se isso livra os anjos fiéis a Deus da pecha de lubricidade, continua sem explicação a possibilidade de união "carnal" entre seres espirituais e seres humanos.

As Funções dos Anjos

A questão dos anjos não pode ser separada da de suas funções. A etimologia grega da palavra *angelos* dá-lhe o sentido de "mensageiro". A palavra cobriria o sentido de "aquele que leva uma mensagem" (o anunciador, o informante), mas, nos casos encontrados nas Escrituras, também, o de "aquele que cumpre uma ordem divina" (o guia, o protetor, o guerreiro, o justiceiro, e, até mesmo, o exterminador). Quanto se saiba dos anjos está referido às suas relações com os homens. E nessas relações está em jogo, sempre, o papel ancilar que têm no que diz respeito à proteção do povo eleito, no Antigo Testamento, e à salvação do homem em geral (não apenas os eleitos), no Novo Testamento. Uma tradição não registrada na Bíblia atribui ao despeito dos anjos, principalmente de Lúcifer, o preferido do Senhor, por terem que servir aos homens, reconhecendo-lhes, assim, uma espécie de precedência e preferência divinas, a revolta que os despossuiu da glória de estarem no céu e os lançou, como diabos, no inferno.

Paralelamente, há registro abundante de uma atribuição, menos de mensageiros, do que de assistentes divinos. Ou, pelo menos, haveria as duas qualidades de anjos, os mensageiros, que serviriam às comunicações do Divino com a Criação, e os assistentes, que se ocupariam de afazeres, por assim dizer, domésticos no céu. E também aqui há nuances. Suas funções poderiam ser as de "conselheiros" de Iahweh, ou de adoradores. Em ambos os casos se assemelharia o entorno divino a uma corte monárquica terrena. Que isso é mais uma projeção antrópica por parte dos hermeneutas da Bíblia, está fora de dúvida.

A absurda ideia de que Deus pudesse "aconselhar-se" com suas criaturas angelicais recorre à presença de frases na Bíblia em que Deus se expressa na primeira pessoa do plural. Como fica excluída a possibilidade de que se trate de um plural majestático, devido à sua extrema raridade na Bíblia, sendo usual nas manifestações divinas o uso da primeira pessoa no singular, presumem alguns comentadores que, nos casos em que daquela maneira Deus se expressa, está ele se referindo a decisões tomadas em consulta com algum círculo restrito de anjos da mais alta categoria.

Os casos mencionados na Bíblia são poucos, mas sempre em ocasiões muito importantes. A primeira ocorre logo durante a Criação, no sexto dia, quando Deus diz: "Façamos o homem à nossa imagem, como nossa semelhança" (Gênesis 1:26). A própria BJ observa, em nota: "Este plural pode indicar uma deliberação de Deus *com sua corte celeste*" e explicita, na nota, o que seja essa corte: "os anjos" (p. 32, nota *l*). Esta observação da BJ exprime, sem que seja esse o objeto, a convicção de que os anjos já haviam sido criados antes dos homens.

Outra ocasião vamos encontrar quando Deus, tendo obtido informes que descreviam os homens atarefados em construir na Babilônia uma cidade e uma torre que parecia querer alçar-se ao céu, resolve descer à terra para assegurar-se, com os próprios olhos, do que estava acontecendo. Vamos ouvi-lo dizer escandalizado, mas desta vez, ao que tudo indica, a seres que o estão escutando: "Eis que todos constituem um só povo e falam uma só língua. Isso é o começo de suas iniciativas! Agora nenhum desígnio será irrealizável para eles. *Vinde! Desçamos! Confundamos* a sua linguagem para que não mais se entendam uns aos outros" (Gênesis 11:6-7, ênfase acrescentada). *Desçamos* e *confundamos* poderiam, ainda, ser considerados plurais majestáticos. O mesmo não se pode dizer da exortação *Vinde*. Desta vez, a BJ não oferece explicações.

Se a função de conselheiros é apenas inferida, a de adoradores é explicitada. É mesmo apanágio de uma categoria angelical. Mas essa categoria não é a dos sete que vivem na presença de Deus, conforme as palavras de Rafael, pois tanto ele, como Miguel e Gabriel, tiveram importantes encargos como mensageiros ante os homens, como veremos adiante. No caso de Rafael, um envolvimento duradouro, o mais extenso de que se tem notícia. Na categoria dos adoradores põe Isaías os serafins, com suas seis asas, não os chamando, porém, de anjos. Sua ocupação parece ser apenas a de clamarem uns para os outros, na presença de Deus: "Santo, santo, santo, é Iahweh dos exércitos, a sua glória enche toda a terra" (Isaías 6:2). Que o hino de louvor dos serafins a Deus cante a glória que enche "toda a terra", e não todo o céu, como se fosse o nome de Deus no pequeno mundo por ele criado o maior louvor que pudesse Deus desejar na sua glória, não parece causar surpresa à BJ, que não lhe dedica qualquer observação.

O Anjo do Senhor

Anjos aparecem no Gênesis nove vezes. Na maioria dos casos estão referidos como "o Anjo do Senhor" e, pelo contexto, deduz-se que se trata do próprio Iahweh, no disfarce de um anjo. Mencionamos, no início, que a primeira aparição se dá quando "o Anjo de Iahweh" se apresenta a Agar, escrava de Sarai, esposa de Abrão e à época estéril, por ela expulsa para o deserto levando o primogênito do marido, fruto da união com a concubina, a instâncias da própria Sarai. O Anjo de Iahweh instrui Agar a retornar à casa de Abrão e diz-lhe: "Eu multiplicarei grandemente a tua descendência, de tal modo que não se poderá contá-la". O que vemos aí? O Anjo é o próprio Iahweh que, pelas palavras que profere, não esconde sua identidade (Gênesis 16:7-11). O mesmo Anjo de Iahweh socorrerá Agar uma segunda vez, repetindo-lhe a promessa de gerar uma grande nação, quando expulsa novamente da casa de Sarai em circunstâncias ainda mais deprimentes (Gênesis 21:17).

Pouco mais adiante, Iahweh reaparece na forma de um anjo, acompanhado de outros dois, os três comparecendo aos olhos de Abrão, em Mambré, como simples forasteiros humanos. Iahweh se deixa reconhecer, no entanto, pelas palavras com que revela a Abrão que Sarai, agora com noventa anos, deixará de ser estéril e dará à luz um herdeiro de infinita progênie (Gênesis 18).

É mais uma vez o Anjo de Iahweh que suspenderá o braço de Abrão no exato momento em que, a seu mando, para testar sua fidelidade, prepara-se o patriarca para decapitar o filho Isaac. "*Juro por mim mesmo, palavra de Iahweh*: porque me fizeste isso, porque não me recusaste teu filho, teu único, eu te culminarei de bênçãos, eu te darei uma posteridade tão numerosa quanto as estrelas do céu" (Gênesis 22:11). Não deixa de causar surpresa ver Iahweh fazer um "juramento", e, mais ainda, fazê-lo invocando como testemunha a si mesmo.

O Anjo de Deus é quem dará instruções a Jacó para que use do artifício que o fará rico malhando as crias do rebanho de Labão (Gênesis 31).

O Anjo Exterminador

É no Êxodo que aparece, pela primeira vez, o Anjo Exterminador, assim mesmo denominado (e com maiúscula, na BJ). Mas não podemos deixar de nos perguntar o que se passou em Sodoma. Lê-se no Gênesis que Abraão, estando sentado no calor do dia em frente à sua tenda perto do carvalho de Mambré,

[...] (t)endo levantado os olhos, eis que viu três homens de pé, perto dele; logo que os viu, correu da entrada ao seu encontro e se prostrou por terra. E disse: "*Meu Senhor*, eu te peço, se encontrei graça a teus olhos, *não passes* junto de teu servo sem te deteres. Traga-se um pouco de água e vos lavareis [sic] os pés, e vos estendereis [sic] sob a árvore. Trarei um pedaço de pão, e vos reconfortarei o coração antes de irdes mais longe" (Gênesis 18:2-5).

Seria excessiva a gentileza de Abraão se os três visitantes lhe parecessem simples forasteiros. Da mesma forma, a eles se dirige Abraão de forma individual e subordinada, o que parece indicar que, em um deles, estava identificando o próprio Iahweh. Essa suposição estará confirmada logo a seguir, quando o personagem identificado por Abraão ("o hóspede", no texto bíblico) lhe diz: "Voltarei a ti no próximo ano; então tua mulher terá um filho", o que provoca o episódio do riso de Sara, que, nonagenária, tendo deixado de ter "o que as mulheres têm", não podia acreditar no que estava ouvindo. E a reprovação de Iahweh, que a interpela sobre sua descrença: "Acaso existe algo de tão maravilhoso para Iahweh?".

A narração prossegue: "Tendo-se levantado, os homens partiram de lá e chegaram a Sodoma. Abraão caminhava com eles para os encaminhar". Presume-se, pois, que se trata dos três homens, nesse número incluído Iahweh. Embora se pergunte ("Iahweh disse consigo: 'Ocultarei a Abraão o que vou fazer?'"), decide informá-lo, pois "o grito contra Sodoma e Gomorra é muito grande! Seu pecado é muito grave! Vou descer e ver se eles fizeram ou não tudo o que indica o grito que, contra eles, subiu até mim; então ficarei sabendo". Curiosa essa necessidade divina de confirmação empírica. Esta é a segunda vez que Yahweh precisa descer à Terra para ver com os próprios olhos episódios da iniquidade humana das quais recebera informação por anjos mensageiros. Já o vimos fazer a mesma coisa quando da construção da Torre de Babel. Estas últimas palavras deve ter dito em voz alta, pois levam Abraão a interpelá-lo: "Destruirás o justo com o pecador? ...Não fará justiça o juiz de toda a terra?". O que se segue é inaudito. Abraão, corajosamente, barganhará à exaustão com Iahweh pela salvação dos justos nas cidades condenadas. Tendo feito as concessões solicitadas, retira-se Iahweh ("foi-se") e "Abraão voltou para o seu lugar". Os outros "homens" seguem caminho e chegam a Sodoma ao anoitecer. Andando, pois. A eles se refere o Gênesis agora como "os dois Anjos". Trazem por missão "destruir este lugar" e matar a todos os seus habitantes, pois "Iahweh nos enviou para *exterminá-los*" (Gênesis 19:13). Têm instrução de salvar apenas a Ló, irmão de Abraão, e sua família. A Ló informam que se trata apenas dele próprio, "teus filhos, tuas filhas, e todos os teus que estão na cidade" (Gênesis 19:12). São os únicos, afinal, que Abraão conseguiu salvar do castigo divino. Note-se que os anjos falam de "filhos de Ló", que, no entanto, não aparecem, depois, entre as pessoas que foram salvas, mas apenas as filhas, e não mencionam a esposa de Ló, que protagonizará uma cena importante por ocasião da retirada da cidade.

Está claro, pela própria linguagem expressa na Bíblia, que se trata de dois anjos "exterminadores", atuando em nome de Iahweh. Os anjos conduzem Ló, sua mulher e suas duas filhas para fora da cidade e, enquanto o fazem, *ele* [sic] dá instruções para os retirantes não se voltarem para ver a cidade em chamas. "Ora, a mulher de Ló olhou para trás e converteu-se numa estátua de sal" (Gênesis 19:26). Disse *ele* ainda a Ló: "foge para as montanhas para não pereceres". Quem é *ele*? Ló não tem dúvida a respeito. Chama-o de "meu Senhor" e retruca: "Eu te peço! Teu servo encontrou graça a teus olhos e mostraste uma grande misericórdia a meu respeito salvando-me a vida. Mas eu não posso me salvar na montanha…" (Gênesis). Ao que *ele* lhe respondeu: "Faço-te ainda esta graça" (Gênesis 19:15-21). Era então um dos dois anjos responsáveis pela destruição de Sodoma o próprio Iahweh, na forma de um Anjo Exterminador? A hipótese é medonha.

Mas voltemos ao Êxodo. Moisés ainda está no Egito, impedido de partir pelo Faraó, a quem Iahweh endureceu o coração para não aceder ao pedido do patriarca de partir com o seu povo para a terra da promissão. As nove primeiras pragas que Iahweh fez desabar sobre o Egito não haviam sido capazes de mudar a oposição do Faraó à partida do povo eleito. Iahweh comunica a Moisés que enviará mais uma praga, a de matar todo primogênito na terra do Egito, "até o primogênito da escrava que estiver na mó, e até mesmo os primogênitos do gado". Esta última praga será arrasadora: "[…] haverá então na terra do Egito um grande clamor como nunca houve antes, nem haverá jamais" (Êxodo 11:6). Iahweh escolhe para desencadear a operação a ocasião da Festa dos Ázimos. Determina que as famílias israelitas, após os sacrifícios devidos a Iahweh, usem o sangue dos cordeiros (ou cabritos, fica esclarecido) para marcar os muros sobre as traves das portas de entrada de suas residências: "o sangue […] será para vós um sinal das casas em que estiverdes: quando *eu* vir o sangue, passarei adiante e não haverá entre vós o flagelo destruidor, quando *eu* ferir a terra do Egito" (Êxodo 12:12). Mais adiante explica que quando vir a marca do sangue sobre uma porta, ele, Iahweh, "passará adiante dessa porta e não permitirá que o Exterminador entre em vossas casas para vos ferir" (Êxodo 12:23). A inspeção visual seria feita, dessa forma, pessoalmente, pelo próprio Iahweh, mais uma vez a contradição da necessidade de uma confirmação empírica por parte do Senhor. Assim ocorreu: "no curso da noite […] feriu os primogênitos na terra do Egito, desde o primogênito de Faraó, que deveria sentar-se em seu trono, até ao primogênito do cativo que estava na prisão, e todo o primogênito dos animais" (Êxodo 12:29). A BJ explica a razão pela qual foram também exterminados os primogênitos dos animais. Deviam receber o mesmo tratamento "porque eles pertencem, como os primogênitos humanos, às primícias reservadas à divindade" (BJ, p. 120, nota o), o que, no meu fraco entender, constitui um *non sequitur*. Está, pois, apresentada, formalmente, a figura do Anjo Exterminador e, no caso, ela coincidirá com o próprio Iahweh!

O Exterminador voltará a ser mencionado em Êxodo 23:23, quando Iahweh diz a Moisés que um anjo guiará o exército que ele comanda e irá destruir "aos amorreus, aos heteus, aos ferezeus, aos cananeus, aos heveus, e aos jebuseus, que estão no caminho que leva à terra prometida". "*Eu* os exterminarei" (23:23). E, para que não reste dúvida, diz que obedeça Moisés toda a instrução que lhe der o anjo "pois nele está o meu nome" (23:21). E reaparece no episódio da luta contra os assírios. Do céu, o "Santo" escuta a prece dos israelitas, "feriu o acampamento dos assírios e o seu anjo os exterminou" (Eclesiastes 48:21). Zacarias, descrevendo a ira divina contra seu próprio povo, desviado da retidão dele esperada por tudo o que havia feito para sua salvação, faz Iahweh dizer: "me propus a derramar meu furor sobre eles [seu povo] no deserto, a fim de destruí-los". A Ezequiel diz que proclame: "hei de tirar da bainha a minha espada e extirparei do meio de ti tanto o justo como o ímpio" (Ezequiel 21:8). Obviamente o que Iahweh se propunha era que a tarefa fosse obra de "o Anjo de Deus", ele próprio na *persona* do Anjo. Não é clara a razão para extirpar "tanto o justo quanto o ímpio."

Encontraremos o Anjo Exterminador outra vez e, mais uma vez, exterminando o próprio povo de Israel em 2Samuel 24. Deus está em um de seus momentos de ira contra o povo eleito e ordena a Davi proceder a seu recenseamento: "Vai [sic] e faze [sic] o recenseamento de Israel e de Judá". Davi dá instruções a Joab para que leve a bom termo a ordem divina. Os recenseadores percorrem os dois reinos e, ao cabo de nove meses e vinte dias, trazem os resultados: "Israel contava com oitocentos mil homens que portavam a espada, e Judá quinhentos mil". Diz Samuel, imediatamente em seguida a essa narração: "Depois disso o coração de Davi se descompassou por ter recenseado o povo, e Davi disse a Iahweh: 'Cometi um grande pecado! Agora, ó Iahweh, perdoa esta falta ao teu servo, porque cometi uma grande loucura'". Qual o pecado, qual a grande loucura, se Davi agira cumprindo uma ordem expressa de Iahweh? Explica a BJ, generosamente: "O cumprimento do que *parece* uma ordem divina" ["*parece*"?]. O que quer dizer "*Vai*" e "*faze*" [*sic*] se não é uma ordem? E se é uma ordem, como pode ser considerado por Davi como um "pecado" (24.10) e punido por um flagelo (24.15)? Mais uma vez a BJ comparece com uma explicação disparatada: "Naquele tempo se considerava o recenseamento como uma impiedade, porque atingia as prerrogativas de Deus que mantém os registros daqueles que devem viver ou morrer" (p. 504, nota *c*). Admite a BJ, portanto, que Deus possa ter dado a ordem a Davi de cometer uma impiedade, como narra indubitavelmente Samuel. E, como se tratava de uma impiedade, Davi merece ser punido, o que Iahweh providencia por intermédio do profeta Gad, a quem manda oferecer a Davi a escolha entre três castigos: que três anos de fome caiam sobre a (sua) terra, que ele ande três meses fugindo dos inimigos que o persigam, ou que durante três dias a peste caia sobre o país. Davi escolhe o castigo coletivo, a peste! Vejamos o resto da história: "Era o tempo da colheita do trigo. Iahweh mandou a peste a Israel, desde aquela manhã até o dia determinado. O flagelo feriu o povo e setenta mil homens do povo morreram, desde Dã até Bersabeia. O Anjo estendeu sua mão sobre Jerusalém para a exterminar, mas Iahweh *se arrependeu* [?] desse mal e disse ao Anjo: 'Basta! Retire a tua mão agora!'". E aqui, contraditoriamente, o Anjo Exterminador já não é Iahweh, mas distinto dele!

Outras vezes ainda estará Iahweh a ponto de destruir o seu próprio povo. Veja-se o que diz pela boca de Jeremias: "Filha de meu povo, veste-te de saco, revolve-te no pó, lamenta-te como um filho único; uma lamentação amarga, porque, de repente, chega sobre nós *o devastador*" (Jeremias 6:26).

Em ainda outra ocasião no Antigo Testamento vamos encontrar uma referência explícita ao Anjo Exterminador. Está na invocação que faz Judas, o Macabeu, para que Iahweh o apoie na luta contra Nicanor:

> Tu, ó Dominador, enviaste o teu anjo no tempo de Ezequias, rei da Judeia, e ele *exterminou* cento e oitenta e cinco mil homens do acampamento de Senaquerib. Também agora, soberano dos céus, *envia um anjo bom à nossa frente, para espanto e tremor*. Sejam feridos, pela grandeza de teu braço, aqueles que, blasfemando, vieram atacar o teu povo santo (IIMarcos 15:23,24).

O episódio do "pecado" de Davi, assim como o de Balaão, de que trataremos a seguir, mostra o risco a que se expunham aqueles que cumpriam à risca as instruções de Iahweh.

No Novo Testamento o Anjo Exterminador só aparece numa referência de Paulo à sua figura do Antigo Testamento: "Não murmures, como alguns deles murmuraram, de modo que pereceram pelo Exterminador" (1Coríntio 10:10).

Se é tão clara a identificação do Anjo de Iahweh com o próprio Iahweh, torna-se difícil a compreensão do que está narrado em Números 22 a respeito do que ocorreu a Balaão quando chamado por Balac, rei de Moab, para combater os israelitas. Vendo a presença dos príncipes mensageiros de Balac,

[...] veio Deus a Balaão e lhe disse: "Quem são esses homens que estão contigo?" Balaão respondeu a Deus: "Balac, filho de Sefor, rei de Moab, mandou-me dizer isto: Eis que o povo que saiu do Egito cobriu toda a terra. Vem, pois, amaldiçoá-lo por mim: assim poderei combatê-lo e expulsá-lo". Deus disse a Balaão: "Não irás com eles. Não amaldiçoarás este povo, pois é bendito" (Números 22:4-12). Balac envia outros mensageiros. Repete-se a consulta de Balaão a Deus que lhe responde, diferentemente da instrução que havia dado pouco antes: "Não vieram estas pessoas a te chamar? Levanta-te e vai com eles. Contudo não farás senão aquilo que eu te disser" (Números 22:20). Atendendo a essa nova ordem, Balaão encilha sua jumenta e parte. E vem agora a surpreendente reação de Deus e o grotesco episódio que se segue, envolvendo o Anjo de Iahweh.

A partida de Balaão "excitou a ira de Iahweh e o Anjo de Iahweh se colocou na estrada, para barrar-lhe a passagem". Segue-se uma série de tentativas de Balaão para desviar-se do anjo que, a cada uma, desloca-se impedindo-lhe a passagem, até que, num trecho estreito do caminho, cai a jumenta, com Balaão nela montado. Enfurecido, Balaão "espancou a jumenta a golpes de bordão". Nesse instante, "Iahweh abriu a boca da jumenta e ela disse a Balaão: 'Que te fiz eu, para me teres espancado já por três vezes?'". Depois da serpente, no Jardim do Éden, é esta a única ocasião na Bíblia em que Iahweh empresta a fala a um animal. Ao contrário da solenidade daquela, porém, o episódio do anjo escamoteando a passagem da jumenta beira o ridículo. O resto da história merece ser reproduzido na íntegra:

Então Iahweh abriu os olhos de Balaão. E (Balaão) viu o Anjo de Iahweh [o próprio Iahweh!] parado na estrada, tendo a sua espada desembainhada na mão. Inclinou-se e se prostrou com a face em terra. Disse-lhe o Anjo de Iahweh: "Por que espancaste assim a tua jumenta, já por três vezes? Sou eu que vim barrar-te a passagem; pois com a minha presença o caminho não pode prosseguir. A jumenta me viu e, devido à minha presença, ela se desviou por três vezes. Foi bom para ti que ela se desviasse, *pois senão já te haveria matado. A ela, contudo, teria deixado com vida*" (Números 22:22-32).

Curioso episódio em que uma jumenta consegue impedir que o Anjo Exterminador tire a vida de um inocente!

O Anjo do Senhor aparece em Betel para castigar os israelitas por não terem destruído os altares dos inimigos como instruídos (Juízes 2:1-3). Aparece a Gedeão, em nome de Iahweh, chamando-o de "valente guerreiro" para incentivá-lo na guerra. Gedeão não está seguro de que está sendo visitado por Iahweh, ou mensageiro seu, e diz:

Ai, meu Senhor! Se Iahweh está conosco, donde vem tudo o que nos tem acontecido? Onde estão todas aquelas maravilhas que os nossos pais nos contam dizendo: "Não nos fez Iahweh subir do Egito?" E agora Iahweh nos abandonou e nos deixou sob o poder de Madiã... Então *Iahweh se voltou para ele e lhe disse*: "Vai com a força que te anima e salvarás a Israel das mãos de Madiã. *Não sou eu que te envia?*" As palavras do Anjo de Iahweh ainda assim não convencem Gedeão que pede um sinal que confirme serem de fato de Iahweh o que escuta. No que é atendido (Juízes 6:12-18).

Gedeão se vangloria de ter visto Iahweh face a face e não haver morrido, como era suposto acontecer, reconhecendo, assim, no anjo o próprio Iahweh. Também face a face o verão Manué e sua mulher. O Anjo vem anunciar à mulher que, apesar de estéril, ela terá um filho. Ao darem-se conta de que o Anjo que lhe havia feito o anúncio era o próprio Iahweh, Manué e sua esposa temem morrer por terem visto a face de Deus. Não morreram e a mulher de Manué, cujo nome não é mencionado na Bíblia, deu à luz Sansão (Juízes 13).

Os Anjos da Guarda

Se não faltam referências ao Anjo Exterminador na Bíblia (todas no Antigo Testamento e apenas uma no Novo Testamento, numa alusão ao

Antigo Testamento), a expressão "Anjo da Guarda", e o conceito mesmo, estão ausentes nos dois Testamentos. Tampouco, aliás, figuram outras categorias angelicais, como a Tradição parece querer implicar existirem, como a de anjos anunciadores, anjos guerreiros, anjos mensageiros, anjos provedores, anjos protetores, anjos consoladores, anjos instrutores, anjos guias etc. As funções angelicais são múltiplas, mas não parece haver especializações, salvo, talvez, as ambíguas figuras do Anjo de Iahweh, que vai à frente do exército israelita de partida do Egito e depois lhe protege a retaguarda e, até mesmo, mais adiante, se envolve diretamente nos combates, e a do Anjo Exterminador, sempre pronto a destruir os inimigos de Israel, e até mesmo os israelitas, coletiva ou individualmente. Mas, na maioria dos casos, tanto o Anjo de Iahweh quanto o Anjo Exterminador ocorrem ser o próprio Iahweh.

Vê-se, pelo que analisamos, que não há precisamente uma hierarquia nem de *status*, nem de "serviços" na corte angelical. Tomemos o caso do anjo Rafael, que tudo indica poder ser um arcanjo. Nenhum outro anjo esteve, como ele, tão diretamente envolvido na guarda de um ser humano, por longa duração e com exclusividade. Isso, aliás, desacreditaria o ensinamento de São Tomás de que apenas aos anjos da mais baixa hierarquia seria entregue a tarefa de atuarem como anjos da guarda (*Summa Theologica*, 1:113:4). São Tomás se pretendia um grande conhecedor das questões angelicais. Dizia, por exemplo, que os anjos agiam nos homens sobre seus sentidos (1:111:4) e sua imaginação (1:111:3), nunca, porém, de modo direto, sobre sua vontade, exceto por via suasória (*per modum suadentis*), ou seja, atuando em seu intelecto, e assim, indiretamente, sobre seus sentidos e imaginação (1:106:2 e 1:111:2). Ou que eles não seriam separados, após a morte dos seres humanos aos quais tivessem sido ligados, mas com eles permaneceriam unidos no céu, não, todavia, para auxiliá-los na salvação, mas para ilustração dos fiéis (*ad aliquam illustrationem*; 1:108:7, ad 3am).

Nem no Antigo o nem no Novo Testamento, que mais detidamente menciona atribuições angelicais, vamos encontrar resposta a certas questões básicas sobre o estatuto dos anjos da guarda, as mais fundamentais delas sendo a de saber se a cada ser humano que nasce é atribuído um anjo protetor e a partir de que momento de sua evolução antes do parto. O entendimento mais amplo parece ser o de que todo ser humano recebe um anjo da guarda. Nada é claro, no entanto, quanto à questão de saber a partir de que momento o anjo da guarda lhe é atribuído. São Basílio, um dos primeiros doutores da Igreja, acreditava que isso só se dava com o batismo, quando o ser se tornava cristão (*Homília sobre o Salmo 43*), o que deixava sem adequada proteção e guia todos os que assim não fossem habilitados. A questão relativa ao momento em que o corpo do nascituro adquire uma alma está na base da polêmica sobre o direito ao aborto.

Na busca atenta que fizemos na Bíblia, a "guarda" direta dos seres humanos parece ter estado nas mãos de Iahweh e não na de um anjo protetor. Assim, lemos nos Salmos: "Iahweh é teu *guarda*, tua sombra,... Iahweh te *guarda* de todo o mal" (121: 5 e 7); no 145: "Iahweh *guarda* todos que o amam, mas vai destruir todos os ímpios" (145:20). Em Provérbios 2: "é Iahweh quem dá a sabedoria... Ele *guarda* para os retos a sensatez... Ele vigia a senda do direito, e *guarda* o caminho de seus fiéis" (2: 6-8). No Novo Testamento, é o próprio Jesus que assume a função de guardião. Diz ele ao Pai: "Quando eu estava com eles (os homens), eu os *guardava* em teu nome" (João 17:12). Na Segunda Epístola aos Tessalonicenses diz São Paulo: "o Senhor é fiel e há de fortalecer-vos e *guardar*-vos do Maligno" (3:3). Em Provérbios 6, é por instrução direta que Iahweh guarda o homem fiel: "Meu filho, *guarda* os preceitos de teu pai, não rejeites a instrução de tua mãe. Leva-os sempre atados ao teu coração e amarra-os ao teu pescoço: quando caminhares te guiarão; quando despertares te guiarão" (6:20-22).

Nenhum texto específico no Novo Testamento se refere à questão do anjo da guarda e a referência feita, com frequência, a Mateus 18:10, é um completo *non sequitor*: "Não desprezei nenhum desses pequeninos, porque eu vos digo que *os seus anjos nos céus veem constantemente a face de meu Pai* que está nos céus".

O *Catecismo*, vimos, diz que a crença nos anjos é artigo de fé. O mesmo não faz no que respeita à crença nos anjos da guarda. Sua presumida existência está nele apresentada não com base em citação da Bíblia, mas na obra de São Basílio (336, nota 417), o que a remete à Tradição, não à Revelação.

Os Anjos das Igrejas

Uma palavra tem que ser dita às referências que faz o Apocalipse aos "Anjos" das sete igrejas da Ásia: Éfeso, Esmirna, Pérgamo, Tiatira, Sardes, Filadélfia e Laodiceia.

São conhecidas as dificuldades de interpretação das imagens e das palavras que figuram no Apocalipse. Não é meu propósito esclarecer as que derivam desse primeiro capítulo do Apocalipse. No que concerne a este ensaio, interessa apenas tentar interpretar quem são ou o que são os Anjos cujos nomes estão associados àquelas igrejas. E tudo parece indicar que não se trata de seres espirituais, pois a ordem dada a João pelo ser que as formula, "alguém semelhante a um filho do Homem" e que se identifica dizendo "Eu sou o Primeiro e o último [...] e tenho as chaves da Morte e do Hades", é que "escreva" a cada um dos Anjos daquelas Igrejas, dando instruções sobre o seu ministério (Apocalipse 1:-3). Não parece apropriado considerar que seres angelicais precisem se comunicar por escrito. O assunto é polêmico, tanto entre os pastores eclesiais católicos como entre os protestantes que aceitam ou recusam interpretar o texto apocalíptico como uma equiparação de funções pastorais a seres angelicais.

II
Rudimentos de Demonologia

O DEMÔNIO: PRELIMINARES

Falar do demônio exige algumas considerações preliminares para situar no contexto adequado a utilização do termo nas Escrituras.

É preciso, primeiro, observar que a crença na existência dos seres maléficos aos quais o designativo tem sido empregado é anterior, independente e distinta da que figura em muitas das civilizações do Oriente Médio. Os demônios, como os anjos, são encontrados em todas as mitologias das civilizações antigas circunvizinhas no Oriente Próximo. A diferença fundamental está em que, quase sempre, o demônio dessas civilizações antigas é o representante dos poderes do Mal, em concepções dualistas quanto ao governo do mundo, o que não ocorre numa cultura monista como a hebraica. Nesta, os demônios participam da natureza espiritual dos anjos, como foram criados.

Na concepção popular, a palavra ficou associada a "satanás" ou "diabo", como sinônimos e substantivos comuns, enquanto nas Escrituras, elas tendem a ser apresentadas como substantivos próprios, não, porém, designando um deus inferior, ou alternativo, o que levaria ao dualismo, mas uma "criatura" de origem divina, o que imediatamente introduz a questão de compatibilizar o Criador com a origem do Mal. Para obter esse resultado, a Tradição introduz o conceito da "queda" dos anjos, em nenhum lugar explicitado na Bíblia. Criaturas de Deus, os anjos não podem ser senão bons. A mudança de sua natureza não seria o resultado de um ato divino mas uma opção da própria criatura, dotada de livre-arbítrio.

Nada figura na Bíblia sobre a criação dos anjos, sua oportunidade e natureza, assim como sobre a rebelião angelical, suas causas e consequências. Em decorrência dessa exígua e insuficiente base escritural para a determinação de quanto se reporta a esses seres espirituais e sua história, quase tudo o que a eles diz respeito é fruto da Tradição. Esta não oferece uma visão homogênea e incontroversa sobre qualquer dos aspectos fundamentais quanto à origem, à natureza, às funções e ao destino desses seres, os fiéis ao seu destino original, como os anjos, ou os dele apartados, como os demônios. É a Igreja, através de seus instrumentos apropriados (basicamente os Concílios), que determina sua ortodoxia e incorporação no *corpus* dogmático.

A vinda do Redentor supostamente se destina a liberar o homem do pecado e livrá-lo do Mal, o que poderia presumir o fim do poder do Diabo. Assim não ocorreu e o Diabo continua seu obstinado combate para apoderar-se da alma dos bons (Lucas 8:12). Segue sendo "o potentado da Terra". Mas o objetivo do demônio, ao contrário do julgamento popular, não é tanto causar o mal, mas o de impedir que os homens creiam em Deus, o maior dos pecados, o pecado contra o espírito, alega uma certa teologia.

Se é pequena a base de dados sobre os anjos que se pode extrair do Antigo Testamento, menor ainda é a relativa aos demônios. Igualmente sumária é a informação que nos traz o Novo Testamento. Quase toda a que deles temos nos chega por meio da Tradição e está longe de ser unânime.

O presente ensaio não tem em vista o exame enciclopédico da questão do demônio. Não pretende, assim, abordá-la como tema da Tradição. Esforça-se por estudá-la do ponto de vista apenas de suas fontes na literatura bíblica, ou seja, na Revelação. A Tradição será utilizada, esporadicamente, para complementar algum comentário relevante, não como contribuição essencial para sua confirmação, mas apenas para seu esclarecimento.

ORIGEM DOS DEMÔNIOS

O primeiro problema a se pôr é o da origem dos demônios.

Não há nos livros sagrados uma teoria angelical explícita. Nada claro e definitivo sobre sua criação, natureza, funções e destino. Nem mesmo indício que permita ser conhecido o momento da sua criação, uma teoria da "queda" dos anjos que teria permitido a transformação de algumas das criaturas angelicais em agentes de oposição ao Criador.

Que os demônios são anjos diz a Bíblia explicitamente. Mateus, falando do último julgamento, diz que, então, Deus apartará de si os "malditos", "para o fogo eterno, preparado para o diabo *e para os seus anjos*" (Mateus 25:41). Por serem demônios, não perderam, portanto, sua qualidade angelical. São alguns desses anjos originais que, rebelando-se contra o Criador, foram por este castigados com sua expulsão do céu e destinação ao inferno. Tornaram-se demônios. Assim como houve uma "queda" dos seres humanos, teria havido, igualmente, uma "queda" de seres celestiais. Não de todos os anjos, como no caso da humanidade, de todos os homens, em virtude da hereditariedade do castigo. No caso dos anjos, como eles não se reproduzem, a condenação restringiu-se, exclusivamente, aos revoltados. A rebelião angelical, que só pode ter sido única e instantânea, pois não há notícia de ocorrências posteriores de caráter semelhante, abrangeu, portanto, a totalidade dos demônios possíveis.

A expressão "queda" no que respeita essa rebelião nos céus não figura na Bíblia. Como, aliás, não aparece, também, na Bíblia no que diz respeito ao episódio que motivou a expulsão de Adão e Eva do Éden. Tampouco aparece na Bíblia a expressão "anjos caídos".

A queda é, no entanto, indiscutível, e isso o afirma expressamente o *Catecismo*, citando a lição dogmática do IV Concílio Lateranense: *Diabolus enim et alii daemones a Deo quidem natura creati sunt boni, sed ipsi per se facti sunt mali* ("O Diabo e os outros demônios foram por Deus criados bons em (sua) natureza, mas se tornaram maus por sua própria iniciativa"). Nada figura nas Escrituras sobre o momento em que esses anjos, criados bons como os demais, se fizeram maus e perderam seu lugar na corte celestial. Nem qual a razão de sua rebelião. A única citação em apoio à presunção de que em algum momento isso tenha ocorrido, encontrada no *Catecismo* como fonte dogmática, são as palavras da Segunda Epístola de Pedro, uma das chamadas epístolas católicas, onde se lê, em 2:4: "Deus não poupou os anjos que pecaram, mas lançou-os nos abismos tenebrosos do Tártaro, onde estão guardados à espera do julgamento..." E nada mais.

Uma tentativa de identificação da justificativa para a "queda" dos anjos pode ser encontrada na interpretação dada, segundo a BJ, por "Padres" da Igreja, ao que figura em Isaías 14:11-14 (ver nota à p. 1382). O capítulo 14, na verdade, trata da morte do Rei da Babilônia, com a qual o Profeta se regozija, ao vê-lo "caído" para as profundezas do Xeol. Vale a pena transcrever os versículos na sua integralidade:

> O teu fausto foi precipitado no Xeol, juntamente com a música de tuas harpas. Sob o teu corpo os vermes formam um colchão, os bichos te cobrem como um cobertor. Como caíste do céu, ó estrela d'alva, filho da aurora! Como foste atirado à terra, vencedor das nações! E, no entanto, dizias no teu coração: "Hei de subir até o céu, acima das estrelas de Deus colocarei o meu trono, estabelecer-me-ei na montanha da Assembleia, nos confins do Norte. Subirei acima das nuvens, tornar-me-ei semelhante ao Altíssimo". E, contudo, foste precipitado ao Xeol, nas profundezas do abismo.

A confusão com o Anjo rebelado pode ter resultado do fato de que a palavra "aurora", em latim, é "lúcifer".

Embora me tenha proposto não recorrer à Tradição no tratamento de qualquer aspecto dos temas deste ensaio, como a Bíblia não fala da "queda" dos anjos, não posso enfrentar o assunto sem remeter à sua introdução pela Tradição. Recorro ao *Catecismo*, que seria o repositório dogmático da Tradição. E o que encontro sobre a "queda" dos anjos? Nada. A fonte citada no capítulo sobre a suposta "queda" dos anjos é uma só: o IV Concílio Lateranense, de 1215. A fonte da Tradição é a própria Tradição (*Catecismo*, p. 391, nota 485). E o texto conciliar nada explica sobre a corrupção angelical. Ora, o que se quer saber, precisamente, é como essas criaturas angelicais, criadas boas em sua natureza, se tornaram más. Por outras palavras, o que se quer saber é como o Mal pôde nelas tomar assento. Nenhuma das referências sobre a origem do Mal, listadas pelo *Catecismo* (pp. 397, 413, 1707, 2583, 2851) trata do assunto. Ilações a respeito são obra dos teólogos hermeneutas.

São Tomás é um dos Padres a que faz referência a BJ que vê em Isaías 14:14 ("tornar-me-ei semelhante ao Altíssimo") o fundamento para a explicação do pecado do anjo que capitaneou a rebelião, embora argumentando que o anjo rebelde pensava em "semelhança" e não em "igualdade". Ora, "semelhança" era o que o próprio Criador se havia proposto conceder aos homens, e, pode-se supor, também aos anjos, embora não haja testemunho quanto a isso nas Escrituras. O próprio São Tomás reconhece que nem *todo* desejo de semelhança poderia ser pecado, pois não o seria aquele orientado ao próprio desejo expresso pelo Criador. Haveria pecado apenas quando esse desejo fosse "desordenado", aproximando-se do que ele próprio chama de "orgulho". Ora, de onde pode ter vindo essa intenção "desordenada", não existindo um ser ou algo que pudesse desordenar a vontade de uma criatura divina? Esse ser teria sido criado a partir de si próprio? Isto nos leva a uma postulação fundamental que não é objeto deste ensaio: o da origem do Mal. Não existindo um Princípio do Mal fora e oposto ao Princípio do Bem, no sistema monista, o mal teria que ter sido criado pelo único Criador. O que é, aliás, o que está dito pelo próprio Criador pela boca do mesmo Isaías: "Eu formo a luz *e crio as trevas*, asseguro o bem-estar *e crio as desgraças*: sim, *eu, Iahweh, faço tudo isto*" (Isaías 45:7). E, mais uma vez, aqui presenciamos uma expressa bowdlerização do texto clementino, repetido na *Nova Vulgata*, no processo de tradução para o português. Lê-se, em ambas: *Formans lucem et creans tenebras, faciens pacem et creans malum, ego Dominus faciens omnia haec* ("Eu formo a luz e crio as trevas, faço a paz e crio o mal, eu, Senhor, tudo faço"). É *o Mal*, que é criado por Deus, e não *a desgraça*!

Não menos especulativa é a hipótese de Suárez, este sem nem mesmo a escora de uma citação bíblica: o pecado dos anjos rebeldes, segundo ele, teria sido a inveja dos homens e consequente revolta contra o Criador ao saberem que, em algum momento, o próprio Criador se uniria hipostaticamente na pessoa do Filho para redenção da humanidade e que toda a hierarquia celestial deveria submeter-se à adoração da Palavra Encarnada! Mas, se no caso do ser humano, a tentação (o Mal) poderia ter surgido pela ação de um demônio, que ser anterior aos anjos poderia ter tentado o anjo predileto de Iahweh a capitanear a rebelião angelical? De onde teria surgido a inveja que a teria provocado?

A CRIAÇÃO DOS DEMÔNIOS

Nada diz a Bíblia sobre o momento em que apareceram os demônios. Ora, figura no *Catecismo* a afirmação dogmática de que foi de um demônio "a voz sedutora" que levou os primeiros homens ao pecado da desobediência (*Catecismo*, p. 391). Ao dizê-lo está, implicitamente, afirmando que a chamada "queda dos anjos" é anterior à dos homens, o que reacende a questão de saber se a criação dos anjos fez parte da obra da Criação narrada no Gênesis, onde não figura. E contraria a tese da criação conjunta dos seres visíveis e dos sobrenaturais. Incidentalmente, poderíamos deduzir que, se a revolta dos anjos é anterior à criação dos homens, fica desacreditada a teoria de Suárez sobre a natureza do pecado de Lúcifer. O *Catecismo* avança, anacronicamente, a presunção de que o "tentador", na cena do diálogo entre a serpente e Eva, fosse "um anjo destronado, chamado Satanás ou Diabo", nomes que, veremos adiante, só vão surgir muito posteriormente. Sem aprofundar a questão, mencionemos apenas que não diz o Gênesis, nem explícita, nem implicitamente, que a serpente encarnava um ser diabólico. Ao contrário, diz da serpente que era apenas "o mais astuto de todos os animais dos campos que Iahweh Deus tinha feito" (Gênesis 3:1)

O NÚMERO DOS DEMÔNIOS

Se criados instantaneamente em represália à revolta contra os desígnios de Deus, o número dos demônios tem de ser limitado ao de participantes da rebelião. Não há notícia de adesões posteriores nem de novas rebeliões. Como os demônios não se reproduzem, seu número não pode sofrer alteração.

As mais conhecidas tentativas de quantificação das forças do Mal datam do entorno do século XVI, nenhuma encontrando base em qualquer documento da Escritura. Por mera curiosidade menciono a de Jean Wier, médico em Clèves, que chegou ao número de 7 406 920 demônios subordinados a 72 príncipes, número ligeiramente superior ao que estima Nicolas Froumenteau, na obra *Cabinet du Roy de France, dans Lequel il y a Trois Perles Préciouses d'Inestimable Valeur* (*Gabinete do Rei de França, no Qual Há Três Pérolas de Inestimável Valor*), de 1591, que o põe em 7 405 926, resultado da multiplicação do número pitagórico 1 234 321 por 6, não explica por qual razão. Guilherme de Paris, citado por Pereira da Costa, chega a 44 435 556. Outros estudiosos fizeram apurações alegadamente mais precisas e estimaram o total em 1 758 064 176, baseados no cálculo de que são seis as legiões de demônios, cada uma com 66 coortes, tendo cada coorte 666 companhias, e cada companhia 6 666 demônios. Não é necessário comentar essas estatísticas.

O DEMÔNIO NO ANTIGO TESTAMENTO

Em uma única coisa Texto Sagrado e Tradição estão de acordo: os demônios são anjos, seres espirituais, puramente espíritos. Quando se refere à natureza dos anjos diz, no entanto, o *Catecismo*, que os anjos são seres "dotados de inteligência e de vontade", "criaturas pessoais e imortais", "superam em perfeição todas as criaturas visíveis" (p. 330). Se assim eram, antes da "queda", como esta se explica? Quando foram perdidas essas qualidades, em que medida e com que consequências? Para serem consideradas verdadeiras, no contexto das presentes reflexões, as respostas têm que ser encontradas nos textos revelados. Vamos, pois, a eles.

A palavra demônio só vai aparecer no Antigo Testamento, no versículo 17 do capítulo 32 do Deuteronômio, no Cântico pronunciado por Moisés, *in articulo mortis*, sob ditado divino, ao despedir-se do povo que trouxera até às bordas da Terra Prometida, na qual não vai entrar, pois, como sabemos, Iahweh, que o tomara pela mão durante o Êxodo, a ele, o condutor, havia vedado o direito de nela entrar. E aí a palavra "demônio" figura praticamente como sinônimo dos deuses de outras religiões. Iahweh, em uma de suas periódicas irritações contra o povo eleito, queixa-se: "provocaram seu [dele] ciúme com estranhos e com abominações o [a ele] deixaram enfurecido; sacrificaram a *demônios, falsos deuses*, a deuses que não haviam conhecido, (deuses) novos, recentemente chegados, e que vossos pais nunca haviam temido".

O nome volta no livro de Tobias e já na figura "do pior dos demônios", Asmodeu (Tobias 3:8). O episódio se insere na história de Sara, filha de Raquel, com quem Azarias (na realidade o anjo Rafael), protetor de Tobias, a ele diz que deve casar-se. Sara já se casara sete vezes, e, a cada vez, a união não chegara a realizar-se, tendo Asmodeu matado sucessivamente todos os seus esposos antes da consumação das bodas. Ora, a maneira de tirar Asmodeu do cenário é simples: fritar um peixe nas brasas. A fumaça que sobe é o que há de melhor para afastar demônios definitivamente

(Tobias 6:18). Esse teste cumprido e o resultado obtido, o casamento entre Sara e Tobias pôde realizar-se sem maiores problemas.

Como se vê, não é ainda como "tentador" que aparece o demônio na Bíblia. Aparece como exterminador.

Nos 150 Salmos, a palavra ocorre uma única vez, no 106, onde diz o salmista que os judeus extraviados do bom caminho "serviram seus ídolos, que se tornaram uma cilada para eles! E sacrificaram seus filhos e suas filhas aos demônios" (Salmos 106:37). Como se vê, é ainda como falsos deuses que os demônios aparecem. Encontramos em Samuel a menção a Belial na citação de um salmo de Davi: "As vagas da Morte me cercavam, as torrentes de Belial me apavoravam" (II Salmos 22:5). Pode-se presumir que Belial seja nome do demônio, mas este é o único exemplo nominal explícito no Antigo Testamento. A última ocorrência se encontra no pequenino Livro de Baruc, e ainda aí a palavra surge como sinônimo de falso deus. O profeta proclama a exasperação da ira de Deus, "de quem vos fez, sacrificando a demônios e não a Deus (Baruc 4:7).

O DEMÔNIO NO NOVO TESTAMENTO

Ao contrário do Antigo Testamento, o Novo Testamento está repleto de menções ao demônio. A tônica nos Evangelhos é apresentá-lo não como tentador, mas como possuidor da alma de suas vítimas. E parece ser a expulsão dos demônios uma das missões principais de Jesus, além da de pregador. Narra Marcos o episódio ocorrido na Galileia em que, estando Jesus a orar sozinho numa madrugada, foi procurado por Simão e seus companheiros, ansiosos por orientação sobre o que fazer, e Jesus lhes responde: "Vamos a outros lugares, às aldeias da vizinhança, a fim de pregar também ali, pois foi para isso que eu saí". E foi Jesus por toda a Galileia, "pregando em suas sinagogas *e expulsando os demônios*" (Marcos 1:38).

A primeira menção à expulsão dos demônios no Novo Testamento reporta o leitor aos tempos finais quando, face ao Deus julgador, as almas condenadas irão implorar clemência dizendo: "Senhor, senhor, não foi em teu nome que profetizamos e em teu nome que expulsamos demônios e em teu nome que fizemos muitos milagres? Então eu lhes declararei:

'Nunca vos conheci. Apartai-vos de mim, vós que praticais a iniquidade'" (Mateus 7:22). Na narração dos milagres de Jesus, aparece, novamente, a referência à expulsão dos demônios: "ao entardecer trouxeram-lhe muitos endemoninhados e ele, com uma só palavra, expulsou os espíritos" (Mateus 8:16). Ainda em meio à descrição dos milagres vamos vê-lo expulsar o demônio em um possesso mudo (Mateus 9:32-34). Na mesma ocasião, dá aos apóstolos a faculdade de expulsar demônios (Mateus 10:1 e 8). Em 12:24 discute com os fariseus que atribuem a capacidade de expulsar demônios a Beelzebu e Jesus os desafia dizendo ser "pelo espírito de Deus" que ele (Jesus) tem a capacidade de expulsá-los. Quando chega a Tiro e a Sidônia, Jesus é acossado por uma mulher que lhe pede liberte a filha de um demônio. A princípio reticente ("Eu não fui enviado senão às ovelhas perdidas na casa de Israel", Mateus 15:24), Jesus termina por ceder aos insistentes rogos da cananeia e concede-lhe o milagre que pede (Mateus 15:28). Por ocasião do episódio conhecido como da transfiguração, mais uma vez Jesus concede atender às súplicas de um homem que dizia estar seu filho endemoninhado ("Ó geração incrédula e perversa, [...] até quando vos suportarei?") para que desaloje um demônio, êxito que os discípulos não haviam logrado obter (Mateus 17-17).

A mesma tônica encontramos em Marcos, o que não surpreende, pois é grande a similitude entre os dois evangelhos sinóticos. Vemos, já no primeiro capítulo, Jesus curando as enfermidades e expulsando os demônios de uma grande quantidade dos habitantes de Cafarnaum (Marcos 1:32-39). Pregando na Galileia, Jesus confere aos discípulos a faculdade de expulsar demônios. Marcos narra com mais detalhes o que Mateus já dissera a respeito de desfazer o que espalhavam os fariseus, que não era ele que expulsava os demônios senão o príncipe dos demônios, Beelzebu. Ao que Jesus retruca: "Como pode Satanás expulsar Satanás? Se um reino se dividir a si mesmo, tal reino não poderá subsistir. E se uma casa se dividir contra si mesma, tal casa não poderá manter-se. Ora, se Satanás se atira contra si próprio e se divide, não poderá subsistir, mas acabará" (Marcos 3:22). E com essa parábola apaga a dúvida lançada no coração dos doze pelas argumentações dos escribas. O curioso a notar é que Marcos usa a palavra Satanás como equivalente a Beelzebu. Beelzebu, como sabemos, não aparece no Antigo Testamento, mas somente no Novo, em Mateus, Marcos e Lucas. Sabemos por Marcos que os discípulos, confiantes agora na capacidade que lhes havia sido outorgada por Jesus, passaram a curar enfermos e "expulsar demônios" (Marcos 6:13). Marcos reconta a história da mulher a quem Jesus não quis atender, por não ser do povo de Israel, dizendo ter sido ela "uma grega, siro-fenícia de nascimento" (Marcos 7:24-30). Reconta, igualmente, e com abundância de detalhes, o episódio narrado por Mateus do demônio mudo (Marcos 9:14-20). Quando os discípulos lhe perguntam como fora que eles próprios não conseguiram expulsar um determinado demônio, Jesus lhes explica: "Essa espécie não pode sair senão com a oração" (Marcos 9:29). Marco termina seu Evangelho com as palavras: "Estes são os sinais que acompanharão aos que tiverem crido: em meu nome expulsarão os demônios, falarão em novas línguas, pegarão em serpentes e, se beberem algum veneno mortífero, nada sofrerão: imporão as mãos aos enfermos, e estes ficarão curados" (Marcos 16:17). Todas as ocorrências relativas ao demônio resumem-se em falar dos possessos e da capacidade de expulsar demônios.

Lucas não fará diferente. Narra detidamente o episódio de Cafarnaum (Lucas 4:33-35). Repete *ipsis litteris* o que diz Mateus sobre o equívoco dos fariseus a respeito de João Batista, que diziam estar endemoninhado (Lucas 7:33). Conta em detalhes a história do geraseno que vivia endemoninhado e que, ao ver Jesus, lhe pergunta: "Que queres de mim, Jesus, filho do Deus Altíssimo? Peço-te que não me atormentes". Jesus pergunta, então, ao demônio que possui o geraseno: "'Qual é o teu nome?' 'Legião' respondeu o homem, 'porque muitos demônios haviam entrado nele'" (Lucas 8:28-31)[1]. Em 9:1 narra como Jesus, chamando os doze (apóstolos), a eles deu poder e autoridade para expulsar demônios. Em 10:17 vemos como não só os doze, mas os 72 discípulos escolhidos por Jesus se vangloriam dos resultados obtidos pela promessa de Jesus: "Senhor, até os demônios se submetem em teu nome!" (Lucas 10:17). O episódio do demônio mudo é também tratado por Lucas (Lucas 11:15), assim como a discussão com os fariseus sobre quem expulsava os demônios (Lucas 11:18).

É fácil perceber que, no fundo, são poucos os episódios narrados pelos três textos sinóticos, quase sempre os mesmos e até sem variação de

---

1. Sobre o sentido da palavra "legião" já tratamos páginas acima.

palavras. No Evangelho de João há uma única menção ao demônio que repete, igualmente, episódio narrado nos sinóticos, a descrença dos judeus quanto à santidade de Jesus: "Muitos diziam: 'ele tem um demônio! Está delirando! Por que o escutais?' Outros diziam: 'Não são de um endemoninhado essas palavras; porventura um demônio pode abrir olhos de cegos?'" (João 10:20).

O "demônio" está ausente das epístolas de Paulo, nas quais aparece apenas com a designação de Satanás, nome próprio. Na de Tiago aparece só uma vez e para dizer que os demônios creem em Deus: "Tu crês que há um só Deus? Ótimo! Lembra-te, porém, que também os demônios creem, mas estremecem" (Tiago 2:19). É no Apocalipse, ao referir-se aos "adoradores do demônio", que vamos encontrar as únicas menções ao demônio como agente e não como ocupante do corpo de fiéis (Apocalipse 9:20) e então voltamos à concepção do Antigo Testamento dos demônios como falsos deuses. As demais menções se encontram em Apocalipse 16:10. O profeta vê sair da boca da Besta, quando o sexto anjo derrama sua taça sobre o Eufrates, "três espíritos impuros, como sapos. São, com efeito, espíritos de demônios". E em Ap 18:2, quando outro anjo desce do céu e ilumina toda a Terra com sua glória e proclama "com sua voz poderosa: 'Caiu! Caiu Babilônia a Grande!/ Tornou-se moradia de demônios'".

O que podemos deduzir do exposto é que as menções aos demônios, com esse nome, na Bíblia, não chegam a constituir matéria suficiente para uma demonologia. No Antigo Testamento são sempre falsos deuses, objeto de adoração de judeus transviados. No Novo Testamento são espíritos maléficos que se apoderam do corpo de suas vítimas escolhidas e lhes desviam a vontade para coisas impuras. O demônio não é figurado uma só vez como um ser tentador, exceto como tentador de Jesus, com o nome de "Satanás" em Marcos e de "diabo" em Lucas. Aparentemente, ele invade suas vítimas, simplesmente se instala nos seus corpos e toma possessão de suas vontades.

Curiosamente, com exceção das menções feitas uma só vez ao demônio Asmodeu, no livro de Tobias, a Belial, num Salmo atribuído a Davi, e Diabo, no Livro da Sabedoria, todas as menções nominais ao demônio, Beelzebu, Lúcifer, Satã, Satanás, e mesmo as designações genéricas, como "o Maligno", figuram apenas no Novo Testamento. Vejamo-las uma a uma.

OS NOMES DO DEMÔNIO

Asmodeu

Conforme mencionado, figura apenas no Antigo Testamento e uma só vez.

Beelzebu

A palavra aparece três vezes no Novo Testamento, em Marcos e Mateus, quando da narração do momento em que Jesus, chegando junto ao Mar da Galileia, vem precedido da fama de curador de enfermos e capaz de expulsar os demônios do corpo dos possuídos. Diz Marcos: "[Jesus] subiu à montanha e chamou a si os que ele queria, e eles foram até ele. E constituiu Doze, para que ficassem com ele, para enviá-los a pregar, e terem autoridade para expulsar os demônios" (Marcos 3:13-16). O momento é solene e muitos dos que acompanhavam Jesus não entenderam o que estava acontecendo. "Enlouqueceu!", dizem alguns (Marcos 3:21). "E os escribas que haviam descido de Jerusalém diziam: 'Está possuído por Beelzebu', e também 'É pelo príncipe dos demônios que ele expulsa os demônios'" (Mateus 3:21). Mateus narra o episódio com palavras semelhantes. Jesus reúne os doze apóstolos, os nomeia, e a eles confere "a autoridade de expulsar os espíritos imundos e de curar toda sorte de males e enfermidades" (Mateus 10:1). Retomando Marcos, que deve ser a fonte original entre os sinóticos, ao ter notícia do que se propalava a seu respeito, Jesus convoca os doze e lhes pondera: "Como pode Satanás expulsar Satanás? Se um reino se divide contra si mesmo, tal reino não poderá subsistir...", conforme já foi narrado. Mateus aborda o tema, mas com palavras bem menos claras, e repete a apelação do demônio como Beelzebu: "Não existe discípulo superior ao mestre, nem servo superior ao seu senhor. Basta que o discípulo se torne como o mestre e o servo como o seu senhor. Se chamam Beelzebu ao chefe da casa, quanto mais chamarão assim aos familiares!" (Mateus 10:24).

Lucas narrará de forma diferente o episódio. Diz ter ocorrido "em um certo lugar", que não define, por ocasião da pregação durante a qual um discípulo pede a Jesus que o ensine a orar, ao que Jesus responde com as palavras que deram origem ao "Padre Nosso", seguidas de alguns conselhos complementares sobre o ato de pedir: "se vós, que sois maus [sic], sabeis dar coisas boas aos vossos filhos, quanto mais o Pai do Céu dará o Espírito Santo aos que o pedirem!" (Mateus 11:13). E, imediatamente, o narrador passa a dizer:

> Ele [Jesus] expulsava um demônio que era mudo. Ora, quando o demônio saiu, o mudo falou e as multidões ficaram admiradas. Alguns dentre eles, porém, disseram: "É por Beelzebu, o príncipe dos demônios, que ele expulsa os demônios". Outros, para pô-lo à prova, pediam-lhe um sinal vindo do céu. Ele, porém, conhecendo-lhes os pensamentos, disse: "Todo reino dividido contra si mesmo acaba em ruínas, e uma casa cai sobre outra. Ora, até mesmo Satanás, se estiver dividido contra si mesmo, como subsistirá seu reinado?" [...] Vós dizeis que é por Beelzebu que eu expulso os demônios; ora, se é por Beelzebu que eu expulso os demônios, por quem os expulsam vossos filhos? Assim, eles mesmos serão os vossos juízes. Contudo, se é pelo dedo de Deus que eu expulso os demônios, então o reino de Deus já chegou a vós (Lucas 11:14-20).

O episódio narrado é o mesmo, apenas diferindo as palavras com que é narrado. Satanás e Beelzebu mostram-se, assim, sinônimos absolutos.

A evocação do nome Beelzebu, neste único episódio da Bíblia, tem sido matéria de especulação e alguns autores pretendem ver alguma conexão com a referência a Ba'al Zebub, deus de Acaron, uma localidade não identificada, mencionada em IIReis 1:2. De fato, lê-se no Livro dos Reis que, estando enfermo Ocozias, rei da Samaria, como resultado de haver caído da sacada de seu palácio, enviou o monarca mensageiros para "consultar Ba'al Zebub, deus de Acaron", a fim de saber se ficaria bom de seu mal. Ao que o Anjo de Iahweh apressou-se em dizer a Elias: "Levanta-te e vai ao encontro dos mensageiros do rei da Samaria, e dize-lhes: 'Porventura não há um Deus em Israel, para irdes consultar Baal Zebub, deus de Acaron?'" (II Reis 1:6).

A relação entre os dois episódios, distantes no tempo e na substância, parece demasiado tênue para justificar qualquer ligação direta entre os mesmos. Apartada essa exceção, nada mais figura na Bíblia a respeito de Beelzebu como nome para Satanás.

Belial

Com o nome de Belial figura na Segunda Epístola de São Paulo aos Coríntios, mas trata-se, seguramente, do mesmo Belial que aparece, de passagem, num salmo atribuído a Davi, citado por Samuel, como visto acima. É curiosa essa evocação, única no Novo Testamento, de um nome que tão fugazmente surgira, também por uma única vez, no Antigo Testamento. Diz São Paulo aos Coríntios: "Que comunhão pode haver entre a luz e as trevas? Que acordo entre Cristo e Belial" (IICoríntios 6:15). Estaria o público ao qual a exortação se dirigia familiarizado com os termos da comparação?

Lúcifer

Não há uma menção sequer ao termo Lúcifer como sinônimo de demônio, Satã, Satanás ou Diabo, no Antigo Testamento como no Novo. A palavra aparece apenas duas vezes, no Antigo Testamento, na tradução de São Jerônimo, em Isaías 14:12, referindo-se ao brilho da estrela d'alva, numa alusão quase que explícita ao rei da Babilônia: *Quomodo cecidisti de caelo, lucifer, fili aurorae?* ("Como caíste do céu / ó estrela d'alva, filho da aurora!", e, em Jó 11:17, com sentido semelhante, na imprecação de Sofar de Naamar: *Et quasi meridianus fulgor consurget tibi ad vesperam, et, cum te caligine tectum putaveris, orieris ut* lucifer ("Tua vida ressurgirá como o meio-dia, a escuridão será como a manhã"). Como é fácil verificar no texto da *Vulgata*, a palavra "lucifer", em ambos os versículos, não está com letra maiúscula e não tem a natureza de nome próprio. Por essa razão não figura, como tal, nas traduções da BJ.

Satã

A palavra Satã (*Satan*) é encontrada no Antigo Testamento no Livro de Jó (nove vezes) e em Zacarias (duas vezes), em ambos os casos com letra maiúscula. Não aparece no Novo Testamento.

As traduções de *Satan*, para o português, são erráticas, por vezes erradas. Ocorre serem encontradas como tradução de "diabo" ou de "adversário", em textos onde a palavra *Satan* não existe. Assim a palavra *diabolum* no versículo 21:27, do Eclesiástico, na *Vulgata Clementina, Dum maledicit impius* diabolum, *maledicit ipse animam suam*, é traduzida erroneamente por Satã, na BJ. Curiosamente, o mesmo versículo é encontrado na *Nova Vulgata* com uma redação original diferente, *Dum maledicit impius adversarium, maledicit ipse animam suam*, a palavra *diabolum* sendo substituída por *adversarium*, o que deveria ter conduzido a BJ a uma tradução diferente para o português na qual, em vez de Satã, devia ser encontrada a palavra "adversário".

Satã não aparece no Novo Testamento onde invariavelmente o Diabo figura como Satanás.

Satanás

É com o Novo Testamento que a palavra Satanás vai substituir as diversas designações do Diabo no Antigo. Ela aparece pela primeira vez em Mateus. Trata-se do episódio da tentação de Jesus no deserto. Quando o Diabo conduz Jesus ao alto da montanha para tentá-lo com a promessa de retribuições terrenas, Jesus a ele se dirige dizendo: "Vai-te, Satanás, por que está escrito: 'Ao Senhor teu Deus adorarás, e só a ele prestarás culto'" (Mateus 4:10). A segunda menção, também em Mateus, é para evocar o debate dos fariseus sobre a impossibilidade de que Satanás (em Marcos, Beelzebu) seja quem ordena a expulsão dos demônios do corpo de um endemoninhado (Mateus 12:26). A terceira é a mais conhecida. Ocorre quando Jesus previne aos apóstolos que terá que ir a Jerusalém, e sofrer, e ser morto, confiando-lhes, no entanto, que ressuscitará no terceiro dia. Pedro, solícito, lhe implora: "Deus não o permita, Senhor. Isso jamais te acontecerá". Ao que Jesus retruca, um tanto asperamente: "Afasta-te de mim, Satanás! Tu me serves de pedra de tropeço, porque não pensas as coisas de Deus, mas as dos homens!" (Mateus 16:22-23). O episódio e as palavras trocadas irão figurar literalmente em Marcos, 8:33. Este começa seu Evangelho com o episódio da tentação. Não foram os diabos que levaram Jesus para o deserto, como diz Mateus, mas o Espírito Santo, para ali ser tentado por Satanás (Marcos 1:12), o que difere radicalmente da versão de Mateus. Marcos repete a exaustiva referência ao debate com os fariseus sobre quem tinha o poder real de expulsar os demônios (Marcos 3:24-26). A contribuição original de Marcos para mencionar Satanás vem à tona com a parábola do semeador: "os que estão à beira do abismo onde a Palavra foi semeada são aqueles que ouvem, mas logo vem Satanás e arrebata a Palavra que neles foi semeada" (Marcos 4:15). Lucas narra, também, já no início de seu Evangelho o episódio da tentação. Jesus é "levado", "conduzido", "colocado" pelo diabo, como se fosse um joguete, aos vários cenários onde será tentado. Quando, afinal, é "acabada toda a tentação", o diabo o deixa "até o tempo oportuno" (Lucas 4:1-13). A cláusula é perturbadora. A que "tempo oportuno" pode estar se referindo? As próximas menções de Lucas a Satanás não se referem a episódios de tentação. Narra ter dito Jesus aos 72 que vira "Satanás cair do céu como um relâmpago" (Lucas 10:18). Recorda o debate de Jesus com os fariseus sobre quem tinha o poder de expulsar demônios (11:18). E diz, quase que de passagem, que Satanás entrou em Judas, um dos doze, antes da ceia pascal, para denunciar Jesus (22:3).

João não menciona Satanás. Fala do diabo, como veremos adiante.

Atos narra o grotesco episódio de Ananias e Safira, ambos mortos porque tinham escamoteado parte do pagamento recebido pela venda de um terreno. Pedro repreende Ananias por haver deixado Satanás apoderar-se de seu corpo para cometer o delito (Atos 5:3). Paulo fala da "autoridade de Satanás para [com] Deus" depois de narrar a cena do aparecimento de Deus na rota de Damasco (Atos 26:18). Aos romanos promete que o "Deus da paz não tardará em esmagar Satanás debaixo de vossos pés" (Romanos 16:20). Em 1 Coríntios 5:5, Jesus, sabendo que entre os que lhe escutam há um homem que vive incestuosamente com a mulher de seu pai, adverte: "É preciso que, em nome de nosso Senhor Jesus, entreguemos tal homem a Satanás para a perda de sua carne, a fim de que o espírito seja salvo no dia do Senhor" (1 Coríntios 5:5). O castigo para o incestuoso sabemos ser a maldição, com todas as suas aterradoras consequências descritas no Deuteronômio (Dt 27:22 e 28:15 e ss.). Há ainda nesse capitulo uma curiosa instrução dada por Paulo aos que fossem casados: "Não vos recuseis um ao outro, a não ser de comum acordo e por algum tempo, para que vos entregueis à oração; depois disso, voltai a unir-vos, a fim de que Satanás não vos tente mediante a vossa incontinência. Digo isto como concessão e não como ordem" (Deuteronômio 7:5-6). Se alguém procede de modo a causar tristeza a um outro, "exorto-vos a que deis prova de amor para com ele... Àquele a quem perdoais, eu perdoo! Se perdoei... eu o fiz em vosso favor, na plena presença de Cristo, a fim de que não sejamos iludidos por Satanás" (IICoríntios 2:5-11). Paulo adverte contra a malícia de Satanás. "[P]ois o próprio Satanás se transfigura em anjo de luz" (II Cor 11:14). E, mais adiante: "[P]ara eu não me encher de soberba, foi-me dado um aguilhão na carne – *um anjo de Satanás para me espancar – a fim de que eu não me encha de soberba*" (IICoríntios 12:7). Nas Epístolas aos Tessalonicenses, Paulo acusa Satanás de havê-lo impedido de visitá-los em ocasiões anteriores (ITessalonicenses 2:18) e refere-se à vinda de um ímpio (o Anti-Cristo) que precederá a Deus nos últimos tempos, esclarecendo que eles serão assinalados pela atividade de Satanás com toda sorte de portentos, milagres e prodígios mentirosos, por todas as seduções da injustiça, para aqueles que se perdem, porque não acolheram o amor de verdade para serem salvos" (IITessalonicenses 2:9,10). Entre os que naufragam na fé, menciona Paulo, explicitamente, Himeneu e Alexandre, "*os quais entreguei a Satanás*, a fim de que aprendam a não mais blasfemar" (ITimóteo 1:20).

As próximas menções a Satanás encontram-se todas no Apocalipse. Em Apocalipse 2, escreve João ao Anjo da Igreja em Pérgamo dizendo onde Satanás habita (2:13,14). Ao Anjo da Igreja em Laodiceia, escreve dizendo: "Vou entregar-te alguns da Sinagoga de Satanás, que se afirmam judeus mas não são, pois mentem" (Apocalipse 3: 9). No capítulo 12, que narra o aparecimento no céu de uma "Mulher vestida de sol" e em seguida a batalha entre o arcanjo [?] Miguel e o "Dragão, cor de fogo, com sete cabeças e dez chifres e sobre as cabeças sete diademas", podemos ver uma descrição física do Diabo (12:3) que não se coaduna bem com tudo o que dele se disse em todos os demais livros da Bíblia. "O Dragão batalhou, juntamente com seus Anjos [com maiúscula], mas foi derrotado, e não se encontrou mais um lugar para eles no céu. Foi expulso o grande Dragão, a antiga serpente[2], o chamado Diabo ou Satanás, sedutor de toda a terra habitada – foi expulso para a terra, e *seus Anjos* [com maiúscula] foram expulsos com ele" (Apocalipse 12:7-9).

Lido à risca, além de ficarmos sabendo que Diabo é substantivo próprio e outro nome para Satanás, tomamos ainda conhecimento de que até esse momento o Diabo, ou Satanás, *tinha morada no céu!* Satanás é

---

2. É a primeira referência explícita à serpente como espírito do mal.

mencionado pela última vez no antepenúltimo capítulo do Apocalipse. Desce um anjo do céu "trazendo na mão a chave do Abismo e uma grande corrente. Ele amarrou o Dragão, *a antiga Serpente* – que é o Diabo, Satanás – acorrentou-o por mil anos e o atirou dentro do Abismo, fechando-o com um selo para que não seduzisse mais as nações até que os mil anos estivessem terminados" (Apocalipse 20:1-3). Não é o fim da História. "Quando se completarem os mil anos, Satanás será solto de sua prisão e sairá para seduzir as nações dos quatro cantos da terra" (20:7). Efêmero regresso. Depois de solto, junta-se a Gog e Magog[3] e "seu número é como a areia do mar" e parte para novo combate com os santos e a Cidade amada. "[M]as um fogo desceu do céu e os devorou. O Diabo que os seduzira foi então lançado no lago de fogo e enxofre [...] [onde] serão atormentados dia e noite, pelos séculos dos séculos" (Apocalipse 20:10).

Diabo

O diabo aparece, com esse nome, no Antigo Testamento, somente uma vez, no Livro da Sabedoria: "foi por inveja do diabo que a morte entrou no mundo" (2:24). Embora escrito com inicial minúscula, pode-se presumir, pelo contexto, que o autor do Livro da Sabedoria esteja se referindo a um diabo particular, no caso o *Diabo*, que em vários outros livros da Bíblia aparece com o nome de Satanás.

Com maiúscula ou com minúscula, aparece com frequência no Novo Testamento, a começar por Mateus que descreve, com detalhes, os quarenta dias em que, por determinação do Espírito (o Espírito Santo, supõe-se), Jesus foi levado ao deserto "para ser tentado pelo diabo" (com minúscula). As Escrituras não explicam a razão desse experimento. Ao fim de quarenta dias de jejum completo, Jesus *tem fome* e "o tentador" lhe aparece para dizer:

"Se és Filho de Deus, manda que estas pedras se transformem em pães". Mas Jesus respondeu: "Está escrito: Não só de pão vive o homem, mas de toda palavra que sai da boca de Deus". Então o diabo o levou à Cidade Santa e o colocou no

---

3. Uma imprecisão aqui. Gog é rei de Magog, segundo se lê em Ezequiel, capítulos 38 e 39.

pináculo do Templo e disse-lhe: "Se és Filho de Deus, atira-te para baixo, porque está escrito: E dará ordem a seus anjos a teu respeito, e eles te tomarão pelas mãos, para que não tropeces em nenhuma pedra". Respondeu-lhe Jesus: "Também está escrito: Não tentarás o Senhor teu Deus". Tornou o diabo a levá-lo, agora para um monte muito alto. E mostrou-lhe todos os reinos do mundo, com o seu esplendor e disse-lhe: "Tudo isto te darei, se, prostrado, me adorares". Ao que Jesus lhe disse: "Vai-te, Satanás, porque está escrito: 'Ao Senhor teu Deus adorarás e só a ele prestarás culto'". Com isso, o diabo o deixou. E os anjos [com minúscula] de Deus se aproximaram e puseram-se a servi-lo (Mateus 4:1-11).

É óbvio que o diabo mencionado nessa história não é um diabo qualquer, mas o Diabo, com direito à inicial maiúscula que a BJ não lhe confere, e o próprio Jesus o reconhece ao chamá-lo de Satanás. É difícil dizer o que de mais estranho figura nessa narração: que uma das pessoas da Trindade ofereça outra a ser tentada pelo Diabo; que essa tentação tenha sentido e, nesse caso, qual o seu propósito; que Jesus, Filho de Deus, possa ser "levado" de um lugar para outro, ao arbítrio do Diabo.

Em Mateus, ainda, quando Jesus narra a parábola do joio e do trigo, aos que lhe perguntam o que queria dizer, responde: "A boa semente são os filhos do Reino. O joio são os filhos do Maligno. O inimigo que a semeou é o Diabo", agora na BJ com direito à maiúscula (Mateus 5:37, 13:19 e 13:38). No último aparecimento em Mateus, mais uma vez é o diabo, tendo embora o seu nome escrito com minúscula inicial, que recebe de Jesus a invectiva: "Apartai-vos de mim, malditos, para o fogo eterno preparado para o diabo e todos os seus anjos" (Mateus 25:41).

Marcos não fala do Diabo. Voltamos a encontrá-lo em Lucas, com quase as mesmas palavras de Mateus (4:1-11), mas com um fecho algo enigmático: "Tendo acabado a tentação, o diabo [com minúscula] o deixou até o tempo oportuno" (Lucas 4:13). E é só. Disso já tratamos e nos perguntamos sobre o que seria o tempo oportuno.

João o menciona no episódio em que Jesus, na Galileia, antecipa a traição de Judas e, a uma pergunta de Pedro, responde: "Não vos escolhi, eu, aos Doze? No entanto, um de vós é *um* diabo" (*Nonne ego vos Duodecim elegi? Et ex vobis* unus *Diabolus est*, João 6:70), Diabo personalizado com inicial maiúscula na *Vulgata* e generalizado com inicial minúscula na tradução da BJ, e o artigo indefinido sugerindo ser diabo substantivo comum. Já na discussão com os fariseus, em Jerusalém, ao dizerem os judeus que também são filhos de Deus, Jesus replica: "Se Deus fosse vosso pai, vós me amaríeis, porque saí de Deus e dele venho; [...] Vós sois do diabo, vosso pai" (João 8:44), e, novamente, o diabo aparece como sujeito singular. Da mesma forma, por ocasião da última ceia, "quando já o diabo colocara no coração de Judas Iscariotes, filho de Sião, o projeto de entregá-lo", deve ser ele o Diabo, e não um diabo, e Jesus, não obstante, lava-lhe os pés, como aos demais apóstolos (João 13:2). Outra vez é singularizado quando é mencionado nesta passagem: "passou fazendo o bem e curando a todos os que estavam dominados pelo diabo" (Atos 10:38). Quando Paulo chega a Chipre e o pró-cônsul Sérgio Paulo o manda buscar "desejoso de ouvir a palavra de Deus, é interceptado pelo falso profeta Elimas que se opõe a que o apóstolo seja ouvido. Então Saulo, que também se chamava Paulo, repleto do Espírito Santo, fixando nele os olhos, disse: 'Homem cheio de toda a falsidade e de toda a malícia, filho do diabo e inimigo de toda a justiça, não cessarás de perverter os caminhos do Senhor, que são retos?'" (Atos 13:9--10). E, mais uma vez, está o diabo singularizado, pelo contexto, embora grafado com inicial minúscula.

Nas Epístolas de Paulo, o diabo é mencionado com frequência. Aos Efésios instrui: "não se ponha o sol sobre a vossa ira, nem deis lugar ao diabo" (Efésios 4:26-27). E, mais adiante: "Revesti-vos da armadura de Deus, para poderdes resistir às insídias do diabo" (6:11). Na primeira epístola a Timóteo, ao ensinar as qualidades que deve ter o epíscopo, diz: "que ele não seja um recém-convertido, a fim de que não se enso-berbeça e incorra na condenação que cabe ao diabo" (1Timóteo 3:6). E na segunda epístola recomenda educar os opositores com suavidade, "na expectativa de que Deus lhes dará não só a conversão para o conhecimento da verdade, mas também o retorno à sensatez, libertando-os do laço do diabo, que os tinha cativos de sua vontade" (IITimóteo 2:25--26). Aos hebreus, ensina Paulo que Deus se fez carne a fim de destruir pela morte o dominador da morte, isto é, o diabo (Hebreus 2:14). Em todas essas referências o diabo continua sendo singularizado embora tenha o nome grafado com inicial minúscula.

Nas epístolas católicas não será diferente. Tiago exorta "resisti ao diabo e ele fugirá de vós" (Tiago 4:7); Pedro, na primeira epístola: "sede sóbrios e vigilantes! Eis que o vosso adversário, o diabo, vos rodeia como um leão a rugir, procurando a quem devorar" (1Pedro 5:8); Judas, o irmão de Tiago, comenta que "o arcanjo Miguel, quando disputava com o diabo, discutindo a respeito do corpo de Moisés, não se atreveu a pronunciar uma sentença injuriosa contra ele, mas limitou-se a dizer: o Senhor te repreenda" (Judas 1:9), o que revela até uma certa consideração pelo adversário. João, na sua primeira epístola, adverte: "Aquele que comete o pecado é do diabo, porque o diabo é pecador desde o princípio. Para isto é que o filho de Deus se manifestou: para destruir as obras do diabo" (1João 3:8). Como podemos observar, em todas as precedentes citações, o diabo está singularizado.

No Apocalipse o Diabo é sempre referido com inicial maiúscula. Não deixa dúvida de que se trata de um ser singular.

Já vimos que no Apocalipse o Anjo da Igreja de Esmirna refere-se àqueles que se dizem judeus e não o são, "pelo contrário, são uma sinagoga de Satanás! Não tenhas medo do que irás sofrer. Eis que o Diabo vai lançar alguns dentre vós na prisão, para serdes postos à prova. Mostra-te fiel até a morte, e eu te darei a coroa da vida" (Apocalipse 2:9-10). Reafirma-se a identidade entre o Diabo e Satanás. O mesmo ocorre em Ap 12:10, que já citamos ao falar de Satanás. Explicitamente diz o autor do Apocalipse tratar-se do mesmo ser: "o chamado Diabo ou Satanás" (12:9), ou "a Serpente – que é o Diabo, Satanás" (20:2). Neste caso, regressamos à debatida identidade entre a serpente tentadora e Satanás, à qual já fizemos alusão.

Outros Nomes

O Maligno

Maligno é outro modo de referir-se ao diabo. João refere-se a Caim como sendo "do Maligno" (3:12). Curiosamente a palavra maligno está sempre escrita com inicial maiúscula, o que reforça a tese de que o diabo é um ser singular. Outras referências ao Maligno, sempre com inicial maiúscula, podem ser encontradas em Mateus 5:37, 13:19 e 13:38; em João 17:15; na epístola de Paulo aos Efésios 6:16, na segunda epístola aos Tessalonicenses 3:3 e na Primeira Epístola de São João 2:13 e 14, 3:12 e 5:18-19.

A Serpente

Em duas ocasiões, no Apocalipse, são encontradas referências à palavra Serpente, com inicial maiúscula, como identificada com o Diabo, Diabo entendida como sinônimo de Satanás: em 12:9, como já vimos, "a *Serpente* – que é o Diabo, Satanás, sedutor de toda a terra habitada", e em 20:2, "Ele [o Anjo que tem a chave do abismo] agarrou o Dragão, a antiga *Serpente* – que é o Diabo, Satanás – acorrentou-o por mil anos".

Essa identificação do Diabo com a "serpente" é, obviamente, anacrônica, pois suporia a preeminência do Diabo à criação da mulher, ou seja, a criação dos seres espirituais antes da do homem, e não depois, ou simultaneamente, com ela. Pressupõe, mais, que a revolução angelical, que deu origem aos demônios, teria sido anterior à criação dos seres humanos, já que é a recusa de Lúcifer em servir ao homem seria a razão a razão alegada para sua rebelião. Disso já tratamos.

O Dragão

Incidentalmente os versículos acima citados trazem um outro nome para o Diabo que é Dragão e só figura no Apocalipse.

A APARÊNCIA DO DEMÔNIO

Como para os anjos – e talvez devêssemos dizer "os anjos bons" –, os demônios (os anjos maus) não têm sua aparência descrita na Bíblia. As descrições que figuram no Apocalipse não podem ser tomadas ao pé da letra. A iconografia a respeito é fruto da imaginação dos que dele falam ou os representam ao longo da História, obviamente inspirada nas representações de espíritos maus presentes em todas as mitologias religiosas.

(Parêntese sobre o Enxofre)

A voz corrente associa à presença diabólica e às chamas do inferno o odor do enxofre. Isso me fez procurar se associado a esse elemento químico poderia encontrar alguma menção ao inferno. E o resultado foi surpreendente. Na Bíblia o enxofre está mais bem associado a atos de

Iahweh do que a emanações do demônio. Nenhuma menção mais clara do que a que faz Isaías ao dizer que em Tofet, o lugar onde eram sacrificadas as crianças ao deus Moloc, estava preparada, "com fogo e lenha em abundância", a fogueira sobre a qual, "como uma torrente de enxofre, o sopro de Iahweh a incendiará" (Isaías 30:33). Mas são muitas as demais menções em nenhuma das quais o odor do enxofre está associado ao demônio. No Gênesis, depois que Ló é retirado são e salvo de Sodoma, "Iahweh fez chover, sobre Sodoma e Gomorra, enxofre e fogo *vindo de Iahweh*" (Gênesis 19:24). No Deuteronômio, Moisés, referindo-se às pragas lançadas por Iahweh sobre o Egito, afirma que, no futuro, ao ver as terras devastadas, dirão os estrangeiros que as visitarem: "Enxofre e sal, toda a sua terra está queimada; ela não será mais semeada, nada mais fará germinar e nenhuma erva nela crescerá! Foi como a destruição de Sodoma e Gomorra, Adama e Seboim, que Iahweh destruiu em sua ira e furor" (29:22). No Salmo 11 é também Iahweh que "fará chover, sobre os ímpios, brasas e enxofre" (Salmo 11:6). E em Ezequiel vemos o próprio Iahweh ameaçar descer com o seu furor contra Gog e castigá-lo com a peste e o sangue: "Farei chover uma chuva torrencial, saraiva, fogo e enxofre sobre ele, e suas tropas, e os muitos povos que vierem com ele. Eu me engrandecerei, me santificarei e me darei a conhecer aos olhos de muitas nações, e elas saberão que eu sou Iahweh" (Ezequiel 38:22-23). No Novo Testamento é apenas Lucas quem usa a palavra, e o faz evocando o episódio de Sodoma e Gomorra: "No dia em que Ló saiu de Sodoma, *caiu do céu* fogo e enxofre, eliminando a todos" (Lucas 17:29). A única referência ao enxofre como matéria associada ao demônio se encontra no Apocalipse. Num "lago ardente de fogo e enxofre" serão jogados "vivos", para serem "atormentados", os seguidores do Diabo, os covardes, os infiéis, os corruptos, os assassinos, os impudicos, os mágicos, os idólatras e todos os mentirosos. E essa será a sua "segunda morte" (Apocalipse 14:9, 21:8). Esclarece a BJ que a segunda morte é a morte eterna (p. 2326, nota *h*).

A MORADA DO DEMÔNIO

O inferno, tal como o entendemos hoje – residência dos demônios e lugar de castigo eterno para as almas condenadas por delitos ou impiedades cometidas na terra enquanto incorporadas nos seres humanos –, não é mencionado no Antigo Testamento. Na verdade, no primeiro sentido, não é mencionado expressamente nem no Antigo Testamento nem no Novo Testamento.

A questão não é vã. Quando expulsos do céu, para algum lugar foram eles destinados. E esse lugar, por definição, ainda não havia sido criado. Foi, por assim dizer, criado *ad hoc*, para recebê-los. Nem é o caso, também, de ser um lugar para onde seriam igualmente encaminhadas as almas dos homens pecadores, no caso de a revolta dos anjos haver precedido à queda dos homens. Seria gratuito responder a essas perguntas dizendo que Deus, sendo onisciente, além de onipotente, já havia preparado todos os cenários para a história dos anjos e dos homens.

Diz o Apocalipse que, quando houve a batalha "no céu" entre Miguel e o Dragão e seus respectivos anjos, o Dragão "foi derrotado, e *não se encontrou mais um lugar para eles no céu*. Foram expulsos o grande Dragão, a antiga serpente, o chamado Diabo ou Satanás, sedutor de toda a terra habitada – *foi expulso para a Terra, e seus Anjos foram expulsos com ele*" (12:7-9). Seria a terra, então, a morada do demônio e de seus anjos?

Em outra ocasião, o Apocalipse narra como um Anjo do céu *desce à terra* trazendo a chave do abismo e uma corrente com a qual aprisionará "o Dragão, a antiga Serpente, que é o Diabo, Satanás, fechando-o e lacrando-o com um selo", por mil anos. É na terra, pois, que o demônio está encarcerado? (20:1-3).

A referência mais clara a uma possível residência física para o Diabo e seus anjos se encontra em Mateus, quando trata do juízo final e faz Jesus dizer que nessa ocasião apartará as almas dos bons, que serão encaminhadas à sua direita, para que recebam a herança do Reino preparado para elas "desde a fundação do mundo", da dos maus, dirigidos para a sua esquerda, com as palavras: "Apartai-vos de mim, malditos, para o fogo eterno preparado para o diabo e para os seus anjos" (Mateus 25:42). O fogo eterno é o local preparado para o diabo e para os seus anjos. É importante notar que não está dito que tenha sido, igualmente, o local *preparado* para receber as almas dos pecadores apartados.

Deixemos de lado a questão da residência do demônio e seus anjos, de escasso tratamento na Bíblia, e nos voltemos para a de local para castigo das almas dos pecadores. Esse é um conceito estranho ao Antigo Testamento.

O Inferno

As traduções dos textos hebraicos e latinos para o português são, nesse sentido, erráticas. Na BJ, por exemplo, encontramos, na tradução do Salmo 41:9, atribuído a Davi, que trata da prece do doente abandonado, seus inimigos dizendo: "Caiu sobre ele uma praga do inferno", frase que a própria BJ diz encontrar-se literalmente, no original, sob a forma de "coisa de Belial" (p. 992, nota j). Na verdade, no texto da *Vulgata Clementina* não aparece nem a palavra inferno nem a palavra Belial. Diz o texto: *Verbum iniquum constituerunt adversum me: Numquid qui dormit non adjiciet ut resurgat?*, simplificado na *Nova Vulgata* para: *Maleficium effusum est in eo; et, qui decumbit, non adiciet ut resurgat*. Podemos, pois, ignorar essa menção da palavra "inferno" na BJ.

Outra menção, igualmente do salmista, se encontra no Salmo 139: "Se subo aos céus, tu [Iahweh] lá estás; se me deito no Xeol, aí te encontro" (139:8), que é a tradução da BJ do texto clementino: *Si ascendero in cælum, tu illic es; si descendero in* infernum, *ades*. Aqui acontece precisamente o contrário: é a palavra *infernus* que é deliberadamente traduzida por Xeol!

Um terceiro caso aparece, repetido, em Provérbios: *Infernus et Perditio coram Domino, quanto magis corda filiorum hominum*, na tradução da BJ, mais uma vez, a palavra *infernus* é traduzida por Xeol: "Xeol e Perdição estão diante de Iahweh: quanto mais o coração humano", em 15:11; e *Infernus et Perditio numquam implentur, similiter et oculi hominum insatiabiles*, na tradução da BJ "O Xeol e a Perdição[4] são insaciáveis, e também insaciáveis os olhos do homem", em 27:20. Em ambos os casos não se justifica a tradução de *infernus* por Xeol, o que a própria BJ não faz em outras instâncias, inclusive na mais famosa citação do Cântico dos Cânticos, *quia fortis est ut mors dilectio, dura sicut* infernus *aemulatio*, que a BJ traduz edulcorada como "pois o amor é forte, é como a morte! Cruel como o abismo é a paixão" (Cântico 8:6).

---

4. A BJ chama a atenção para o fato de que a palavra "perdição" neste contexto (*in loco perditionis*, na *Vulgata*) é *abaddon*. Não diz mais do que isso, mas uma consulta à etimologia da palavra *abaddon* conduz ao seu entendimento como lugar de perecimento, destruição, aproximando sua definição da que veio a adquirir a palavra inferno, como fogo eternamente consumidor. No entanto, os demais surgimentos da palavra no texto hebraico levam a conclusão diversa e estabelecem, mesmo, uma clara distinção entre *abaddon* e Xeol.

Esta análise nos leva à conclusão anunciada de que a palavra *infernus* não tem no Antigo Testamento nem o significado de moradia dos demônios, nem o de lugar de castigo para as almas pecadoras, conceito, aliás, inexistente na Tanak. Na verdade, como vamos ver adiante, na ocasião em que, depois da grande batalha no céu, causada pela rebelião dos anjos, foi necessário dali expulsá-los, foi para a Terra que eles foram transferidos, o que faz supor ou que tratou-se de uma transferência transitória, enquanto um lugar próprio para recebê-los não fosse instituído, ou, o que é pior concluir, teríamos que aceitar que é a Terra sua residência definitiva. O que, a rigor, não se pode excluir, já que em nenhum outro lugar na Bíblia se fala da instauração de um local próprio para a residência dos anjos excluídos, fora da terra.

É Mateus, no Novo Testamento, o introdutor do inferno no Livro Sagrado. Mas não o chama, normalmente de inferno, e sim de Geena. Menciona-o em 5:22: aquele que chamar o irmão de fátuo "terá de responder na geena de fogo" (*Qui autem dixerit fratri suo, raca: reus erit concilio. Qui autem dixerit, fatue: reus erit gehennæ ignis*)[5]. Em 10:28: "Não temais [sic] os que matam o corpo, mas não podem matar a alma. Temei antes aquele que pode destruir a alma e o corpo na geena (*nolite timere eos qui occidunt corpus, animam autem non possunt occidere: sed potius timete eum, qui potest et animam et corpus perdere in gehennam*). Em 18:9: "Melhor é que entre com um olho só para a Vida do que, tendo dois olhos, seres atirado na geena de fogo" (*bonum tibi est cum uno oculo in vitam intrare, quam duos oculos habentem mitti in gehennam ignis*). Em 23:15: "Ai de vós, escribas e fariseus, hipócritas, que percorreis o mar e a terra para fazer um prosélito, mas, quando conseguis conquistá-lo, vós o tornais duas vezes mais digno da geena do que vós" (*Væ vobis scribæ et pharisæi hypocritæ, quia circuitis mare, et aridam, ut faciatis unum proselytum, et cum fuerit factus, facitis eum filium gehennæ duplo quam vos*). E, mais adiante, em 23:33: "serpentes! raça de víboras! como haveis de escapar ao julgamen-

---

5. A BJ diz: "Aquele que chamar seu irmão de cretino" [sic]. A *Bíblia Tradução Ecumênica* (Ver *Bíblia TEB* na Bibliografia): "Aquele que chamar a seu irmão imbecil" [sic]. A *Bíblia Sagrada* da editora Ave Maria (tradução da dos monges de Maredsous, Bélgica): "Aquele que chamar a seu irmão *raca* [sic]", e explica em nota que *raca* é palavra grega que significa "idiota". Uso a palavra "fátuo" que é a tradução literal de *fatuus*.

to da geena?"(*Serpentes, genimina viperarum, quomodo fugietis a judicio gehennæ?*). E é apenas uma só vez que usa a palavra inferno, em 11:23: "E tu, Cafarnaum, por acaso te elevarás até o céu? Antes, até o inferno descerás" (*Et tu Capharnaum, numquid usque in cælum exaltaberis? usque in infernum descendes*). A palavra geena, utilizada pelos evangelistas dá, às vezes, a impressão de referir-se a uma espécie de inferno provisório. *Gê-Hinnom*, diz a BJ, "nome de um vale de Jerusalém profanado outrora pelo sacrifício de crianças veio designar mais tarde o lugar maldito reservado para o castigo dos maus, o nosso inferno" (BJ, p.1872, nota *m*).

Marcos repete o episódio da resposta de Jesus a João, em Cafarnaum, relatado por Mateus, e, se tomarmos a BJ como referência, por três vezes refere-se, também, à geena (Marcos 9:43, 45 e 47), nisso não reproduzindo fielmente a *Vulgata*, de onde deve ter partido para sua tradução, que fala de geena apenas no versículo 45, nos demais usando a expressão fogo eterno (*ubi vermis eorum non moritur, et ignis non extinguitur*).

Em Marcos não aparece a palavra inferno.

Lucas repete a imprecação de Jesus a Carfanaum, citada em Mateus, onde ela aparece: *Et tu Capharnaum, usque ad cælum exaltata, usque ad infernum demergeris*. O texto latino difere um pouco entre Mateus e Lucas, mas a tradução na BJ é quase idêntica (ver em Lucas 10:15: "E tu, Cafarnaum, te elevarás até ao céu? Antes, até ao inferno descerás!" (10:15) e em Mateus 11:23: "E tu, Cafarnaum, por acaso te elevarás até o [*sic*] céu? Antes até o [*sic*] inferno descerás"). Em Lucas 12:5, ainda durante o mesmo discurso, vemos Jesus dizer: "Vou mostrar-vos a quem deveis : temei Aquele que, depois de matar, tem o poder de lançar na geena", o que é o mesmo que narra Mateus em 10:28, como já vimos. Curiosamente, vamos encontrar na *Vulgata*, em Lucas, uma segunda menção ao inferno, esta não traduzida pela BJ. Trata-se, ainda, do longo discurso em Cafarnaum. Jesus narra a parábola do homem rico e do lázaro pobre e diz: "Aconteceu que o pobre morreu e foi levado pelos anjos ao seio de Abraão. Morreu também o rico e foi sepultado" (Lucas 16:22). Ora, o que a *Vulgata* diz é: *Factum est autem ut moreretur mendicus, et portaretur ab angelis in sinum Abrahæ. Mortuus est autem et dives, et sepultus est in inferno*, a palavra *inferno* aparecendo explicitamente. A BJ acrescenta, em pé de página, a observação de que a *Vulgata* diz que o rico "foi sepultado no inferno", mas não explica por que excluiu essa parte do texto da sua tradução.

João não trata do assunto.

E, com isso, esgotamos o aparecimento da palavra inferno nos Evangelhos. No resto do Novo Testamento ela aparecerá apenas na segunda epístola de Pedro: *Si enim Deus angelis peccantibus non pepercit, sed rudentibus* inferni *detractos in tartarum tradidit cruciandos, in judicium reservari,* o que não está refletido na tradução da BJ que omite a referência ao inferno: "Com efeito, se Deus não poupou os anjos que pecaram, mas lançou-os nos abismos tenebrosos do Tártaro, onde estão guardados à espera do julgamento..." lê-se em IIPedro 2:4. Na formulação de Pedro fica implícita a ideia de que o inferno (o fogo eterno) não existe.

A palavra inferno, como acima usada, não implica o conteúdo de lugar de castigo eterno, mas apenas o de residência dos mortos, reminiscência do Xeol do Antigo Testamento. Era seguramente com esse sentido que figurava no Símbolo dos Apóstolos com as constrangedoras palavras "desceu aos infernos" que tanto desconforto causava entre os fiéis antes de serem substituídas na liturgia pós-conciliar pelas palavras "Mansão dos Mortos".

O Xeol

Lê-se no prólogo à história de Jó, que "[n]o dia em que os Filhos de Deus vieram se apresentar a Iahweh, *entre eles* veio também Satanás" (Jó 1:6). A BJ chega a sugerir que "Deus recebe ou dá audiência em dias determinados, como faz um monarca" (p. 882, nota *g*), uma espécie de despacho regular com os anjos, do qual participava Satanás. Na ocasião, Iahweh pergunta a Satanás "Donde vens?" Ao que Satanás responde: "Venho de dar uma volta pela terra, andando a esmo". À pergunta direta sobre o lugar de origem de onde procede, Satanás responde evasivamente. Mas, ao fazê-lo, pode estar confirmando a hipótese de que a terra seja seu local habitual de residência.

De fato, o conceito de inferno (*inferus* ou *infernus*) está ausente na antiga literatura bíblica. Após a morte, as almas vão para o lugar dos mortos, o Xeol, onde não perdem o contato com Deus e de onde podem, inclusive, ser resgatadas. Assim diz Samuel: "É Iahweh quem faz morrer e viver, faz descer ao Xeol e dele subir" (ISalmo 2:6), deixando claro que o Xeol do Antigo Testamento não é o Inferno do Novo Testamento, de onde não se pode regressar. Vemos no Salmo 88:11 a alma rejeitada no Xeol apelando para a justiça divina com o que parece a esperança da redenção: "realizas maravilhas pelos mortos? As sombras se levantam para te louvar? Falam de teu amor nas sepulturas, de tua fidelidade no lugar de perdição? Conhecem tuas maravilhas na treva, e tua justiça na terra do esquecimento? Quanto a mim, Iahweh, eu grito a ti, minha prece chega a ti pela manhã, por que me rejeitas, Iahweh, e escondes tua face longe de mim?" (Salmo 88:11-15). O salmista se indaga, mas, em outro Salmo, afirma que as palavras gritadas do Xeol podem chegar aos ouvidos de Iahweh: "cercavam-me os laços do Xeol, as ciladas da Morte me atingiam. Na minha angústia invoquei a Iahweh, ao meu Deus lancei o meu grito, do seu templo ele ouviu a minha voz, meu grito chegou aos seus ouvidos" (Salmo 18:5-7). Iahweh os ouve e atende, dirá o salmista, "pois é grande o teu amor para comigo: tiraste-me das profundezas do Xeol!" (Salmo 86:13). Davi tem no Salmo 139 estas palavras definitivas sobre o Xeol: "Se subo aos céus, tu lá estás; se me deito no Xeol, aí te encontro" (Salmo 139:8). Jonas é explícito no que diz respeito à possibilidade de resgate do Xeol. Depois dos dias em que passou nas entranhas da baleia, quando é resgatado por Iahweh, exclama: "De minha angústia clamei a Iahweh, e ele me respondeu: do seio do Xeol, pedi ajuda, e tu ouviste a minha voz. [...] Então Iahweh falou ao peixe, e este vomitou Jonas sobre a terra firme" (Jonas 2:2-3, 11).

Esta visão leniente do Xeol não é unânime na Bíblia. Não faltam menções ao Xeol como lugar de afastamento eterno da visão de Iahweh. O Cântico de Ezequias pode deixar-nos confusos quanto à ressurreição na casa dos mortos, pois diz ele: "Tu preservaste a minha alma do abismo e da destruição. Lançaste atrás de ti todos os meus pecados. Com efeito, não é o Xeol que te louva, nem a morte que te glorifica, pois já não esperam em tua fidelidade aqueles que descem à cova" (Isaías 38:16--19). Jó o diz explicitamente: "Como a nuvem se dissipa e desaparece, assim quem desce ao Xeol não subirá jamais" (Jó 7:9). Essa parece ser a convicção de Jó, pois a reitera adiante em várias oportunidades: "Quão poucos são os dias de minha vida! Deixa de fixar-me para que eu tenha um momento de alegria, antes de partir, sem nunca mais voltar, para a terra soturna e sombria, de escuridão e desordem, onde a claridade é sombra" (Jó 10:20-22), o Xeol, esclarece a *BJ* (p. 895, nota *g*). O mesmo deixa subentendido em 14:13-22 onde acusa Deus de não ouvir a súplica do pecador arrependido no Xeol e de "continuamente" abatê-lo. E, sobretudo, em 16:22, onde diz: "passarão os anos que me foram contados e empreenderei a viagem sem retorno", e em 17:15-16: "onde então minha esperança? Minha felicidade, quem a viu? Descerão comigo ao Xeol baixaremos juntos ao pó?"

Abismo, Hades, Tártaro

Pensei que talvez pudesse descobrir alguma sinonímia entre as palavras "abismo" e "inferno". "Abismo" aparece abundantemente no Antigo Testamento, e mesmo no Novo Testamento, mas sempre no sentido literal de lugar profundo, e não como sinônimo de inferno. Esta última acepção poderia, talvez, ser encontrada no Deuteronômio, por exemplo, quando vemos Moisés apresentá-lo como um lugar ao qual se estende a benemerência de Iahweh: "A José ele diz: 'Sua terra é bendita de Iahweh: dele é o melhor orvalho do céu e do abismo subterrâneo'" (33:13). Mas é pouco. Na Epístola aos Romanos, escreve Paulo: "quem descerá ao abismo? [...] para fazer Cristo levantar-se de entre os mortos", o que é a tradução literal do versículo na *Vulgata: Quis descendet in abyssum? hoc est, Christum a mortuis revocare* (Romanos 10:7).

Em Atos, não obstante a palavra usada na *Vulgata* seja "inferno" (*quem Deus suscitavit, solutis doloribus* inferni, *juxta quod impossibile erat teneri illum ab eo*), sua tradução na BJ é Hades: "mas Deus o ressuscitou [a Jesus] libertando-o das angústias do Hades" (Atos 2,24-31). A mesma tradução vamos encontrar no Apocalipse: "tenho as chaves da Morte e do Hades", na BJ; *habeo claves mortis, et inferni* (Apocalipse 1:18).

Tártaro vemos utilizado apenas em Pedro num sentido que deixa presumir que nele ficam guardadas as almas dos pecadores na pendência do juízo final. Admite-se, assim, a possibilidade do perdão divino, na última instância, e a desocupação do inferno, qualquer que seja a designação empregada. Isso presume a eventual recuperação dos anjos que pecaram, uma hipótese absolutamente inaceitável para os teólogos medievais, mas que hoje encontra defensores no campo da teologia.

O Inferno

Não encontrando o "inferno" com o sentido de lugar de castigo eterno no Antigo Testamento, procurei-o por algumas de suas características como, por exemplo, "fogo eterno", e tampouco ali estão. Só as irei achar no Novo Testamento, em Mateus 18:8 e em São Judas 1:7. O castigo eterno, no fogo eterno, é uma contribuição do Novo Testamento.

É bastante explícita a afirmação que aparece no Novo Testamento de que os habitantes do inferno aí estão para sempre. Mateus informa:

> Quando o Filho do Homem vier em sua glória, e todos os anjos com ele, então se assentará no trono da sua glória. E serão reunidas em sua presença todas as nações e ele separará os homens uns dos outros. [...] Então dirá o rei aos que estiverem à sua direita: "Vinde, benditos de meu Pai, recebei por herança o Reino que está preparado para vós desde a fundação do mundo". [...] Em seguida dirá aos que estiverem à sua esquerda: "Apartai-vos de mim, malditos, para o fogo eterno preparado pelo diabo e para os seus anjos". [...] E irão estes para o castigo eterno (Mateus 25:31-46).

A crença na realidade literal do inferno como um lugar de fogo perpétuo é deixada sem contestação formal por parte da Igreja. Mas, se consultarmos o *Catecismo*, nos surpreende a reiterada afirmação de que "a pena principal" do inferno não é o "fogo eterno", que o *Catecismo* cita entre aspas, como para não se comprometer, mas "consiste na separação eterna de Deus, o Único em quem o homem pode ter a vida e a felicidade para as quais foi criado e às quais aspira" (p. 1035). Vai mais longe e, em longa explicação, oferece essa conclusão esclarecedora: "Morrer em pecado mortal sem ter-se arrependido dele e sem acolher o amor misericordioso de Deus significa ficar separado do Todo-Poderoso para sempre, por nossa própria opção livre. E é esse estado de autoexclusão definitiva da comunhão com Deus e com os bem-aventurados que se designa com a palavra 'inferno'" (p. 1033). Nenhuma correlação com a ideia de fogo eterno.

Se assim é, o inferno não existe e a questão da habitação do Diabo resta em suspenso.

AS RELAÇÕES ENTRE DEUS E O DEMÔNIO

Dois episódios marcantes, um no Antigo Testamento, outro no Novo Testamento, atestam, inequivocamente, que Deus manteve, em ocasiões específicas, relações quase que de entendimento com o Diabo. Quem o diz é a escritura Sagrada, sobre o primeiro caso no Livro de Jó e o segundo pela boca dos evangelistas Mateus, Marcos e João.

"No dia em que os Filhos de Deus vieram se apresentar a Iahweh, *entre eles* veio também Satanás", diz a Bíblia no Livro de Jó (1:6). A BJ trata o episódio com naturalidade. Não se surpreende com a presença de Satanás entre os "filhos de Deus". Na verdade, entanto que anjo, de fato o era. Nada comenta a respeito. Diz apenas, e é no mínimo curiosa a nota de pé de página que dedica a esse versículo, que "Deus recebe ou dá audiência em dias determinados, como faz um monarca" (p. 883, nota *f*). Sem comentário! O próprio Iahweh não parece surpreso com a presença de Satanás entre os seus filhos. Pergunta apenas a ele, como a alguém que há algum tempo não via: "Donde vens?" Ao que Satanás responde com naturalidade: "Venho de dar uma volta pela terra, andando a esmo", como já vimos. A resposta parece satisfazer a Iahweh que, como se ela o fizesse recordar algo que de repente lhe vem à mente, indaga: "Reparaste no meu servo Jó? Na terra não há outro igual; é um homem íntegro e reto, que teme a Deus e se afasta do mal". O comentário parece fora de propósito a menos que haja da parte de Deus a intenção de provocar o diabo, como se pode depreender pela continuação do diálogo. Diz Satanás: "É por nada que Jó teme a Deus? Porventura não levantaste um muro de proteção ao redor dele, de sua casa, e de todos os seus bens? Abençoaste a obra das suas mãos, seus rebanhos cobrem toda a região. Mas estende a tua mão e toca nos seus bens, eu te garanto que te lançará maldições em rosto." Deus sobe a aposta e desafia Satanás: "pois bem, tudo o que ele possui está em seu poder, mas não estendas a tua mão contra ele" (Jó 1: 6-12), cláusula esta, do contrato verbal então acordado, que nada irá significar, como veremos com o que Satanás pôde fazer com Jó, sob o olhar complacente de Iahweh, satisfeito, ao que parece, com antecipar, ele que é onisciente, ganhar a aposta que fizera com Satanás.

Ora – continua a Bíblia –, um dia em que os filhos e filhas de Jó comiam e bebiam vinho na casa do irmão mais velho, chegou um mensageiro à casa de Jó e lhe disse:

"Estavam os bois lavrando e as mulas pastando por perto, quando os sabeus caíram sobre eles, passaram os servos ao fio da espada e levaram tudo embora. Só eu pude escapar para trazer-te a notícia". Este ainda falava quando chegou outro e disse: "Caiu do céu o fogo de Deus e queimou ovelhas e pastores e os devorou. Só eu pude escapar para trazer-te a notícia". Este ainda falava quando chegou outro e disse: "Os caldeus, formando três bandos, lançaram-se sobre os camelos e levaram-nos consigo, depois de passarem os servos ao fio da espada. Só eu pude escapar para trazer-te a notícia". Este ainda falava, quando chegou outro e disse: "Estavam teus filhos e tuas filhas comendo e bebendo vinho na casa do irmão mais velho, quando um furacão se levantou das bandas do deserto e se lançou contra os quatro cantos da casa, que desabou sobre os jovens e os matou. Só eu pude escapar para trazer-te a notícia". Então Jó se levantou, rasgou o seu manto, rapou a sua cabeça, caiu por terra, inclinou-se no chão e disse: "Nu saí do ventre de minha mãe e nu voltarei para lá. Iahweh o deu, Iahweh o tirou, bendito seja o nome de Iahweh". Apesar de tudo isso, Jó não cometeu pecado nem protestou contra Deus (Jó 13-22).

Teria bastado Jó ter perdido todas as suas riquezas e os próprios filhos para Deus ganhar a aposta com Satanás? Parece que não. Satanás, que não pusera a mão sobre Jó, parte do trato, desafia Iahweh agora a permitir-lhe avançar sobre a pessoa física de Jó. E Deus o permite: Tudo bem. "faze o que quiseres com ele, mas poupa-lhe a vida" (Jó 2:6), o que, de todo modo, seria a única forma de comprovar a fidelidade em disputa. Satanás fere Jó "com chagas malignas desde a planta dos pés até o cume da cabeça". Jó tem que se valer de um caco de cerâmica para coçar as feridas que lhe cobrem o corpo. Mas, apesar dos rogos da mulher, que o incita a amaldiçoar Iahweh, persiste no seu absoluto abandono à vontade de Deus. Todos sabemos o fim da história. Deus termina por recompensar a fidelidade do servo Jó, dobra-lhe a fortuna que tivera e o número de filhos. Das três novas filhas que lhe dá diz a Bíblia não haver na terra mulheres mais belas, uma compensação, talvez, pelas que lhe levara, possivelmente de beleza inferior. E assim tudo termina com um *happy end*: Deus ganhou a aposta, Satanás não perdeu nada, apenas deixou de ganhar, Jó ficou mais rico do que tinha sido e ainda se beneficiou com uma posteridade mais vasta. Só saíram perdendo as vítimas inocentes da aposta letal.

A ocorrência no Novo Testamento é não menos surpreendente. Nela Satanás aparece ora com o nome próprio (como se vê em Marcos), ora mencionado como "o diabo", genericamente (como em Mateus). Trata-

-se do episódio da tentação a que é submetido Jesus após seu batismo por João Batista às margens do Jordão. Mateus dedica-lhe onze versículos (Mateus 4:1-11); Lucas treze (Lucas 4: 1-13). Marcos apenas dois (1:12,13). Em todos três, o episódio da tentação aparece imediatamente após a narração do batismo. Mateus diz: "Então Jesus foi levado pelo Espírito para o deserto *para ser tentado* pelo diabo [com minúscula]". A BJ esclarece que o Espírito, nessa frase, significa o Espírito Santo. Em Marcos lemos: "logo o Espírito o impeliu para o deserto. E ele esteve no deserto quarenta dias sendo tentado por Satanás; e vivia entre as feras, e os anjos o serviam". Mesmo esclarecimento da BJ sobre quem era o Espírito. Finalmente em Lucas: "Jesus, pleno do Espírito Santo, voltou do Jordão e era [foi] conduzido pelo Espírito através do deserto durante quarenta dias e tentado pelo diabo [com minúscula]".

Há nuances importantes entre as três narrativas. Em Mateus, Jesus é *levado* pelo Espírito Santo para o deserto com uma finalidade específica, "*para ser tentado* pelo diabo"; em Marcos, Jesus é *impelido* para o deserto pelo Espírito Santo. Não há menção de finalidade específica. Em Lucas, não apenas há o registro de uma finalidade específica, mas o Espírito Santo o *conduz* através do deserto, acompanha-o, portanto, por assim dizer de alguma forma, assistindo ou assistindo-o durante as tentações. O diabo está possuído do poder de transportá-lo de um lugar para outro, primeiro à Cidade Santa, onde o "coloca" sobre o pináculo do Templo, e depois para um monte muito alto, de onde pode avistar todos os reinos do mundo. Marcos nada diz dessas excursões aéreas. Lucas as repete na ordem inversa, Jesus é levado primeiro ao lugar alto, depois a Jerusalém. Mateus encerra a cena dizendo que, quando se viu derrotado, "o diabo o deixou... E os anjos de Deus se aproximaram e puseram-se a servi-lo" (Mateus 4:11). Hipótese mais verossímil do que a de Marcos, que diz dos quarenta dias em que Jesus esteve no deserto que "vivia entre as feras, *e os anjos o serviam*". Os anjos só aparecem ao fim dos quarenta dias previstos para a tentação.

A BJ, sempre pródiga em esclarecer dubiedades de sentido ou interpretação a respeito de episódios e comentários que figuram na Bíblia, nada observa a respeito deste, talvez o mais estranho episódio do livro sagrado. Como explicar que uma pessoa da Santíssima Trindade, no caso Deus, atue como outra pessoa, no caso o Espírito Santo, para acolher Satanás no périplo por montes e vales da terra, com o propósito de a ele, Satanás, comprovar a resiliência de uma terceira pessoa, no caso o Filho, à sua malícia tentadora?

O FIM DOS DEMÔNIOS

Não perdem os anjos caídos sua qualidade angelical. Não estão excluídos para sempre da possibilidade de recuperação. É o que, parece, podemos deduzir do que está escrito, por exemplo, na segunda epístola de Pedro: "Deus não poupou os anjos que pecaram, mas lançou-os nos abismos tenebrosos do Tártaro, *onde estão guardados à espera do julgamento*" (IIPedro 2:4). Neste caso fica claro que o Tártaro não é um lugar de fogo eterno. O mesmo diz São Judas: "quanto aos anjos que não conservaram o seu principado, mas abandonaram a sua morada, guardou-os [Deus] presos em cadeias eternas, sob as trevas, *para o julgamento do grande Dia*" (Judas 6)[6]. Ora, se aos próprios anjos caídos fica aberta a possibilidade de redenção futura, com maior razão é de se esperar que a mesma possibilidade se estenda aos homens destinados após a sua morte ao Xeol, à Geena, ao Hades, ao Tártaro, ao Abismo, ao Inferno, ao fogo eterno, ao lago ardente de enxofre ou a qualquer que seja a palavra que designe o lugar para onde sejam destinadas as almas dos mortos que não tenham sido escolhidas liminarmente para a subida aos céus. Não seria a exortação de São Judas aos fiéis no sentido de procurarem salvar os que se desviaram da lei divina "arrancando-os ao fogo" (Judas 4) a presunção de uma tal possibilidade? O que deixa aberta a reflexão sobre o próprio sentido da eternidade do Inferno. Se as cadeias são eternas, mas seus cativos estão nelas apenas "guardados" e conservam a possibilidade de serem delas livrados no julgamento final, de que servirão, preservadas pela eternidade, caso seus habitantes sejam todos resgatados pela liberalidade divina no fim dos tempos?

---

6. A BJ dá desse versículo a esdrúxula explicação de que a referência nele contida é "aos anjos que se teriam deixado seduzir pelas filhas dos homens", a que se refere Gênesis 6:1-2!

Referências Bibliográficas

ALLEGRO, John M. *The Chosen People*. Manchester, Panther Books, 1973.

ALTER, Robert & KERMODE, Frank (orgs.). *Guia Literário da Bíblia*. São Paulo, Editora da Unesp, 1997.

ARANA, Andrés Ibañez. *Para Compreender o Livro do Gênesis*. São Paulo, Paulinas, 2003.

ARIAS, Juan. *A Bíblia e Seus Segredos*. Rio de Janeiro, Objetiva, 2004.

ARMSTRONG, Karen. *A History of God*. New York, Ballantine, 1994.

_____. *In the Beginning – A New Interpretation of Genesis*. New York, Ballantine, 1997.

_____. *A Short History of Myth*. New York, Canongate, 2005.

_____. *The Great Transformation – The Beginning of Our Religious Traditions*. New York, Anchor Books, 2007.

_____. *The Bible – A Biography*. New York, Atlantic Monthly Press, 2007.

_____. *The Case for God*. New York, Alfred A. Knopf, 2009.

AUGUSTINE, Saint. *The Confessions of St. Augustine*. New York, Image Books, 1960.

BAHM, Archie J. *The World's Living Religions*. New York, Dell Publishing Co., 1964.

BANON, David. *Il Midrash – Vie ebraiche alla lettura della Biblia*. Milano, San Paolo ed., 2001.

BARKER, Dan. *Godless: How an Evangelical Preacher Became one of America's Leading Atheists*. Berkely, California, Ulysses Press, 2008.

BARTH, Karl. *Conceito Dialético de Revelação*. s.d. In: FERREIRA.

BECHTEL, Lyn M. *Repensando a Interpretação de Gênesis 2,4b-3,24*. s.d. In: Brenner, 2000.

BERKHOF, Louis. *A Visão Tradicional das Escrituras*. s.d. In: FERREIRA, Julio Andrade (org.). *Antologia Teológica*. São Paulo, Novo Século, 2003.

BERMANT, Chain. *The Jews*. London, Sphere Books, 1978.

BÍBLIAS

Bíblia –Tradução Ecumênica (TEB). Edições Loyola, 1994.

The Jewish Study Bible. Jewish Publication Society, Tanak Translation, Oxford University Press, 1999.

A Bíblia de Jerusalém. Nona edição revista, São Paulo, Sociedade Bíblica Católica Internacional e Editora Paulus, 2000.

The New Oxford Annotated Bible: New Revised Standard Version with the Apocrypha. Oxford University Press, 1989.

Bíblia Sagrada. São Paulo, Editora Ave Maria, 2002.

BLAKE, William. "The Everlasting Gospel". *In*: NICHOLSON, D. H. S. & LEE, A. H. E. (eds.). *The Oxford Book of English Mystical Verse*. Oxford, The Clarendon Press, 1917; Bartleby.com, 2000.

BLEDSTEIN, Adrien Janis. "As Mulheres Foram Amaldiçoadas em Gênesis 3,16?" s.d. *In*: BRENNER, Athalya (org.), *Gênesis a Partir de uma Leitura de Gêneses*. São Paulo, Paulinas, 2000.

BLOOM, Harold. *O Livro de J*. Rio de Janeiro, Imago Editora, 1992.

_____. *Presságios do Milênio – Anjos, Sonhos e Imortalidade*. Rio de Janeiro, Objetiva, 1996.

_____. *Jesus e Javé – Os Nomes Divinos*. Rio de Janeiro, Objetiva, 2006.

BRENNER, Athalya (orgs.). *Gênesis a Partir de uma Leitura de Gênero*. São Paulo, Paulinas, 2000.

_____. *Profetas, a Partir de Uma Leitura de Gênero*. São Paulo, Paulinas, 2003.

BROWN, Harold J. *Heresies*. Garden City, New Jersey, Doubleday, 1984.

BUENO, Eduardo. *A Coroa, a Cruz e a Espada – Lei, Ordem e Corrupção no Brasil Colônia*. Rio de Janeiro, Objetiva, 2005.

CAMPBELL, Joseph. *Isto És Tu: Redimensionando a Metáfora Religiosa*. São Paulo, Landy, 2002.

CARR, David M. *The Erotic World – Sexuality, Spirituality, and the Bible*. Oxford University Press, 2003.

CATECISMO DA IGREJA CATÓLICA. Edição Típica Vaticana. São Paulo, Edições Loyola, 2000.

CAVALCANTI, Geraldo Holanda. *O Cântico dos Cânticos. Um Ensaio de Interpretação Através de Suas Traduções*. São Paulo, Edusp, 2005.

_____. "O Cântico dos Cânticos – O Fim do Alegorismo". Revista *A Ordem*, Rio de Janeiro, ano 85, vol. 95, 2006.

CHEVALIER, Jean. *Dictionnaire des Symboles*. Paris, Robert Lafont/Jupiter, 1969.

CHEVALIER, Jean et GHEERBRANT, Alain. *Dictionnaire des Symboles*. Paris, Seghers, 1974.

COMAY, Joan & BROWNRIGG, Ronald. *Who's Who in the Bible*. New York, Bonanza Books, 1980.

DEBRAY, Régis. *Deus: Um Itinerário*. São Paulo, Companhia das Letras, 2004.

DELUMEAU, Jean. *Que Reste-t-il du Paradis?* Paris, Fayard, 2000.

DENNET, Daniel C. *Breaking the Spell – Religion as a Natural Phenomenon*. Viking Penguin, USA, 2006.

DICIONÁRIO PATRÍSTICO E DE ANTIGUIDADES CRISTÃS. Petrópolis, Vozes e Paulus, 2002.

DUBAL, Rosette. *La Psychanalise du Diable*. Paris, Corrêa, 1953.

EHRMAN, Bart D. *The Orthodox Corruption of Scripture*. Oxford University Press, 1993.

_____. *God's Problem*. New York, Harper One, 2009.

ÉLIADE, Mircea. *Traité d'Histoire des Religions*, Paris, Payot, 1989.

EPSTEIN, Isidore. *Judaism*. London, Pelican, 1979.

FALCÃO, Waldemar. *Conversa Sobre a Fé e a Ciência, Frei Beto & Marcelo Gleiser*. Rio de Janeiro, Agir, 2011.

FERREIRA, Julio Andrade. *Antologia Teológica*. São Paulo, Novo Século, 2003.

FERRY, Luc et VINCENT, Jean-Didier. *Qu'est-ce que l'Homme – Sur les Fondamentaux de la Biologie et de la Philosophie*. Paris, Éditions Odile Jacob, 2000.

FIGES, Eva. *Actitudes Patriarcales: Las Mujeres en la Sociedad*. Madrid, Alianza, 1990.

FINKELSTEIN, Israel & SILBERMAN, Neil Asher. *A Bíblia Não Tinha Razão*. São Paulo, A Girafa, 2003.

FOHRER, Georg. *História da Religião de Israel*. São Paulo, Academia Cristã / Paulus, 2008.

FOX, Robin Lane. *Bíblia, Verdade ou Ficção*. São Paulo, Companhia das Letras, 1996.

FROMM, Erich. *O Antigo Testamento – Uma Interpretação Radical*. São Paulo, Novo Século, 2006.

FRYE, Northrop. *O Código dos Códigos – A Bíblia e a Literatura*, São Paulo, Boitempo, 2004.

FUKS, Betty B. *Freud e a Judeidade, A Vocação do Exílio*. Rio de Janeiro, Zahar, 2000.

GARAUDY, Roger. *Deus É Necessário?* Rio de Janeiro, Jorge Zahar, 1985.

GHEERBRANT, Alain (ver CHEVALIER, Jean).

GIUSSANI, Luigi. *O Senso Religioso*. Rio de Janeiro, Nova Fronteira, 2000.

GLUCKSMANN, André. *La Troisième Mort de Dieu*. Paris, Nil, 2000.

GREENBERG, Gary. *101 Myths of the Bible: How Ancient Scribes Invented Biblical History*. Illinois, Source Books, 2002.

GREENBLATT, Stephen. *Ascensão e Queda de Adão e Eva*. São Paulo, Companhia das Letras, 2017.

GRENZER, Matthias. *O Projeto do Êxodo*. São Paulo, Paulinas, 2004.

GRUDEM, Wayne. *Manual de Teologia Sistemática – Uma Introdução aos Princípios da Fé Cristã*. São Paulo, Editora Vida, 2001.

HARRIS, Sam. *The Moral Landscape*. New York, Free Press, 2010.

HECK, Christian. *L'Échelle Céleste, une Histoire de la Quête du Ciel*. Paris, Flammarion, 1999.

HENDEL, Ronald. *The Book of Genesis, a Biography*. Princeton University Press, 2013.

HOLL, Adolph. *A Mão Esquerda de Deus – Uma Biografia do Espírito Santo*. Rio de Janeiro, Rosa dos Tempos, 2003.

HUME, David. *História Natural da Religião*. São Paulo, Editora da Unesp, 2005.

_____. *Obras sobre Religião*. Lisboa, Fundação Calouste Gulbenkian, 2005ª.

INTERNATIONAL RELIGIOUS FOUNDATION. *World Scripture – A Comparative Anthology of Sacred Texts*, St. Paul, Minnesota, Paragon House, 1995.

JAEGER, Werner. *Cristianismo Primitivo e Paideia Grega*. Lisboa, Edições 70, 2002.

JAMES, William. *The Varieties of Religious Experience*. New York, The New American Library, 1958.

KELLER, Werner. *The Bible as History*. New York, Bantam Books, 1980.

KORSAK, Mary Phil. "Um Novo Olhar sobre o Gênesis". *In*: BRENNER, Athalya.

KUGEL, James L. *The Ladder of Jacob – Ancient Interpretations of the Biblical Story of Jacob and His Children*. Princeton University Press, 2007.

_____. *How to Read the Bible – A Guide to Scripture, Then and Now*. New York, Free Press, 2007.

LANDMANN, Jayme. *Sexo e Judaísmo*. Rio de Janeiro, Eduerj, 1999.

MACKINTOSH, H. R. *Teologia Moderna: De Schleiermacher a Bultmann*. São Paulo, Novo Século, 1964.

MAIMONIDES, Moyses. *The Guide to the Perplexes*. Na tradução de M. Friedlander, Londres, Pardes Publishing House, digitalizada e posta à disposição na Internet pelo Projeto Gutenberg.

MAZZAROLO, Isidoro. "*Gênesis 1-11: E Assim Tudo Começou*". São Paulo, Edição do autor, 2003.

MESSADIÉ, Gerald. *Histoire Générale de Dieu*. Paris, Laffont, 1997.

MEYERS, Caril L. *Papéis de Gênero e Gênesis 3,16 revisitado*, 1983. *In*: BRENNER, Athalya.

MILES, Jack. *Deus – Uma Biografia*, São Paulo, Companhia das Letras, 2002.

_____. *Jesus – Uma Crise na Vida de Deus*. São Paulo, Companhia das Letras, 2002.

MUCHENBLED, Robert. *Uma História do Diabo: Séculos XII a XX*. Rio de Janeiro, Bom Texto, 2001.

NIETZSCHE, Friedrich. *The Antichrist, in Essential Thinkers, Frederic Nietzsche*. Collectors Library, Barnes & Noble, 2005.

_____. *The Birth of Tragedy*. New York, Doubleday Anchor Books, 1956.

OLSON, Roger. *História da Teologia Cristã – 2000 Anos de Tradição e Reformas*. São Paulo, Editora Vida, 2001.

ORR, James. *O Problema do Mal*. s. d. In: FERREIRA, Julio Andrade.

PAGELS, Elaine. *Adam, Eve, and the Serpent*. New York, Vintage Books, 1989.

_____. *The Origin of Satan*. New York, Vintage Books, 1995.

_____. *Beyond Belief – The Secret Gospel of Thomas*. New York, Randon House, 2005.

PARDES, Ilana. "Para Além do Gênesis 3: A Política da Nomeação pela Mãe". 1992. In: BRENNER, Athalya.

PETERS, F. E. *Os Monoteístas*. Vol. I: *Os Povos de Deus*. São Paulo, Contexto, 2007.

RABELAIS, François. *Œuvres de Rabelais: Adaptation en Français Moderne*. In: GARROS, Jean (org.). Paris, Henri Beziat Éditeurs, 1936.

RICOEUR, Paul. *The Symbolism of Evil*. Boston, Beacon, 1967.

RÖMER, John. *Testament – The Bible and History*. Connecticut, Nonecky & Konecky, 1988.

_____. *Dark God – Cruelty, Sex, and Violence in the Old Testament*. New York, Paulist Press, 2013.

_____. *The Invention of God*. Cambridge, Harvard University Press, 2015.

ROUGEMONT, Denis de. *La Part du Diable*. Paris, Gallimard, 1982.

SAGAN, Carl. *The Varieties of Scientific Experience, A Personal View of the Search for God*. Penguin Books, 2007.

_____. *O Mundo Assombrado Pelos Demônios*. São Paulo, Companhia das Letras, 2009.

SCHONFIELD, Hugh J. *The Passover Plot*. New York, Batan Books, 1963.

SCHOTTROFF, Luise. "A Narrativa da Criação: Gênesis 1,1-2,4ª". 1987. In: BRENNER, Athalya, 2000.

SCHÜNGEL-STRAUMANN. "Sobre a Criação do Homem e da Mulher em Gênesis 1-3: Reconsiderando a História e a Recepção dos Textos". 1989. In: BRENNER, Athalya (org.). *Gênesis a Partir de uma Leitura de Gênero*. São Paulo, Paulina, 2000.

SEIDMAN, Naomi. *Faithful Renderings: Jewish-Christian difference and the Politics of Translation*. The University of Chicago Press, 2006.

SLOTERDIJK, Peter. *A Loucura de Deus: Do Combate dos Três Monoteísmos*. Lisboa, Relógio D'Água Editores, 2009.

SMITH, Houston. *As Religiões do Mundo*. São Paulo, Cultrix, 1991.

SMITH, Plínio Junqueira (org.). *Dez Provas da Existência de Deus*. São Paulo, L' Alameda, 2006.

Spong, John Shelby. *Re-claiming the Bible for a Non-Religious World.* New York, Harper One, 2011.

Scliar, Moacyr. *A Mulher que Escreveu a Bíblia.* São Paulo, Companhia das Letras, 2007.

Trebolle Barrera, Julio. *A Bíblia Judaica e a Bíblia Cristã – Introdução à História da Bíblia.* Petrópolis, rj, Vozes, 1999.

Tricca, Maria Helena de Oliveira (Compiladora). *Apócrifos – Os Proscritos da Bíblia.* São Paulo, Mercuryo, 1992.

Vermes, Geza. *As Várias Faces de Deus.* Rio de Janeiro, Record, 2006.

Vita Adae et Evae, Versão eletrônica disponível na Internet.

Vogels, Walter. *Moisés e suas Múltiplas Facetas.* São Paulo. Paulinas, 2003.

World Scripture – *A Comparative Anthology of Sacred Texts.* A Project of the International Religious Foundation, St. Paul, Minnesota, Paragon House, 1995.

Wright, Robert. *The Evolution of God.* New York, Little Brown and Company, 2009.

BIBLIOGRAFIA SUPLEMENTAR

Coyne, Jerry A. *Why Evolurion is True.* Penguin Books, 2009.

Dobzhansky, Theodosius. *The Biology of Ultimate Concern.* London, Collins, 1971.

Gleiser, Marcelo. *O Fim da Terra e do Céu.* São Paulo, Companhia das Letras, 2011.

Hawking, Stephen. *A Brief History of Time.* New York, Bantam Books, 1996.

_____. *The Universe in a Nutshell.* New York, Bantam Books, 2001.

Jaguaribe, Hélio. *O Posto do Homem no Cosmos.* São Paulo, Paz e Terra, 2006.

Krauss, Lawrence M. *A Universe from Nothing: Why There is Something Rather than Nothing.* New York, Atria Paperbacks, 2013.

Küng Hans. *The Beginning of all Things: Science and Religion.* Michigan, W. B. Eerdmans Publishing Company, 2007.

Rees, Martin. *Before the Beginning: Our Universe and Others.* Perseus Publishing, 1998.

_____. *Our Cosmic Habitat.* Princeton, Princeton University Press, 2003.

Ridley, Matt. *Genome, The Autobiography of a Species in 23 Characters.* New York, Perennial, 2000.

Sagan, Carl. *The Dragons of Eden.* New York, Ballantina Books, 1978.

_____. *Cosmos.* New York, Ballantine Books, 1985.

Shubin, Neil. *Your Inner Fish.* Vintage Books, 2009.

Silk, Joseph. *The Infinite Cosmos: Questions from the Frontiers of Cosmology.* New York, Oxford University Press, 2006.

Simpson, George Gaylord. *The Meaning of Evolution.* Bantam Books, 1971.

Título	O Livro das Origens – Uma Leitura *Descomprometida do Gênesis*
Autor	Geraldo Holanda Cavalcanti
Editor	Plinio Martins Filho
Produção editorial	Aline Sato
Capa	Hartmann Schedel, *Liber Chronicarum*, 1493. (imagem) Camyle Cosentino (projeto)
Editoração eletrônica	Camyle Cosentino
Revisão	Geraldo Holanda Cavalcanti Marisa Yamashiro
Formato	18 x 25,5 cm
Tipologia	Minion Pro
Papel	Cartão Supremo 250 g/m² (capa) Chambril Avena 80 g/m² (miolo)
Número de páginas	320
Impressão e acabamento	Lis Gráfica